U0954911

幼儿园探究型课程故事

朱莉玲　沈文莲　宋永忆　著

天津出版传媒集团
天津古籍出版社

图书在版编目（CIP）数据
幼儿园探究型课程故事 / 朱莉玲，沈文莲，宋永忆著. -- 天津 : 天津古籍出版社，2024. 8. -- ISBN 978-7-5528-1500-9
Ⅰ. G612
中国国家版本馆CIP数据核字第2024K6P936号

幼儿园探究型课程故事
YOUERYUAN TANJIUXING KECHENG GUSHI

朱莉玲　沈文莲　宋永忆 / 著

出　　版　天津古籍出版社
出 版 人　张　玮
地　　址　天津市和平区西康路35号康岳大厦
邮政编码　300051
邮购电话　（022）23517902

责任编辑　李　辰
美术设计　寒　露

印　　刷　河北万卷印刷有限公司
经　　销　全国新华书店
开　　本　710毫米×1000毫米　1/16
印　　张　17.75
字　　数　281千字
版次印次　2024年8月第1版　2024年8月第1次印刷
定　　价　78.00元

前 言

2021年，双城第一幼儿园在创建之初就确定了“探究”的办学文化方向。幼儿园以课程建构为切口，借助省级科研课题“幼儿园探究型课程建构的实践研究”，深研探究型课程的建构，通过引导幼儿进行主动观察、思考、实践和交流，帮助他们建立对世界的认知和理解的教育方法，也让其成为点燃孩子探究本性的火柴，激发出无限的探究兴趣，培植探究思维和方法，成就孩子的每一次创新，为他们终身发展奠定基础。

在本书中，我们通过分享一系列精心设计的课程案例，运用图文并茂的方式，向读者展示如何运用探究型课程，激发幼儿好奇心和求知欲，提高他们的动手能力和创新思维，促进儿童终身成长。这是幼儿园科研课题的研究成果，也是办园理念落地生根的充分体现。在书中每一个课程故事中，我们尽可能地还原孩子们的探究过程，让读者能够感受到他们的兴奋、疑惑、发现和成长，为读者呈现出一幅生动、有趣且具有启发性的教育画卷。

总之，《幼儿园探究型课程故事》是一本值得一读的优秀幼儿教育书籍，它不仅为读者提供了新的教育理念和方法，还为幼儿教育工作者的实践提供了有力的支持和帮助。

此外，我们特别推荐这本书给那些热爱幼儿教育事业、关心孩子成长的家长们。作为家长，都希望孩子能够在一个充满探索和发现的环境中成长，而这本书正为家长们提供了一个很好的指导。通过阅读这本书，家长们可以了解如何引导孩子进行探究式学习，培养他们的好奇心和求知欲，提高他们的动手能力和创新思维。这将有助于孩子在未来学习和生活中更好地应对挑战和困难，实现自己的梦想。

我们一起探索、实践并享受这个充满乐趣的教育过程吧！

谢谢您的阅读和支持！

课题研究团队

2023 年 12 月 18 日

目　录

第三章　大班　/　179

绪论

孩子是天生的探究者。我们希望孩子基于不同方式思考，通过不同角度看待这个世界。我们相信孩子自由的灵魂只有徜徉在宽松的环境中才能得以滋养，有意义的学习必须源于有意义的体验与操作。

我们以课程建构为切口，深研探究型课程建构，让其成为点燃孩子探究本性的火柴，激发出无限的探究兴趣，培植探究的思维和方法，成就孩子的每一个创新，为他们的终身发展奠定基础。

一、我们因何变革

新一轮教育课程改革突出强调创新精神和实践能力的培养，而儿童创新精神和实践能力的培养需要通过具体探究活动来实现。根据《幼儿园教育指导纲要（试行）》和《3 ～ 6 岁儿童学习与发展指南》，幼儿园教育应尊重幼儿的人格和权利，尊重幼儿身心发展规律和学习特点，以游戏为基本活动，保教并重，关注个别差异，促进每个幼儿富有个性地发展。强调在幼儿教育中，应该注重创新精神和实践能力的培养，同时要尊重每个幼儿的发展特点和权利，以游戏为主要活动形式，促进每个幼儿富有个性地发展。党的二十大报告也明确提出，必须坚持科技是第一生产力、人才是第一资源、创新是第一动力。创新精神要从幼儿抓起。由此可见，新时期特别重视创新型人才的培养。在幼儿时期以探究型课程方式进行学习就是为国家培养创新型、科技型人才的重要途径。

调查结果显示，在学前教育阶段特别是在新建幼儿园中受诸多因素影响，探究型教育普遍存在着以下问题：

（一）教师对探究型课程基础理论不深

1. 教师探究型课程理论知识不足

在双城第一幼儿园，教师组成结构中以合同制教师为主体，教师对幼儿教育的理论和实践经验欠缺。如图 0–1 所示，通过对我园教师问卷调查了解到，只有 5% 的教师对于探究型课程及相关专业理论非常了解，45% 的教师比较了解，36% 的教师不太了解，14% 的教师是完全不了解。由此说明幼儿教师对探究型课程理论的深入认识有待提高，因为对探究型课程及其相关理论的全面了解有利于教师教学理念的转变，从而使探究型教学进一步开展。

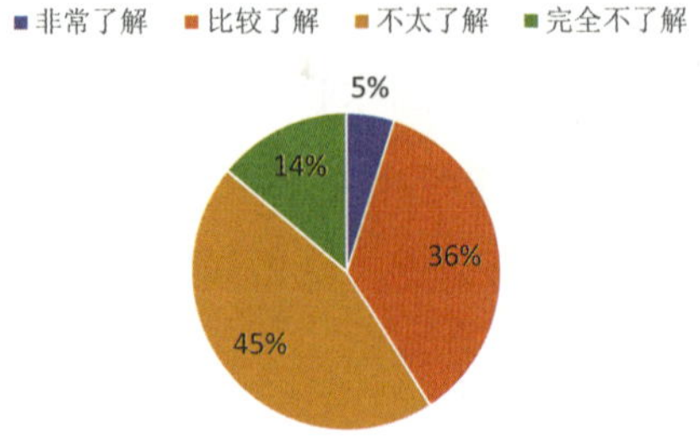

图 0-1　教师对探究型课程的了解程度

2. 幼儿园开展探究型课程培训效果不佳

在调查中得知，65% 的幼儿教师偶尔参加探究型课程方面的培训，21% 的幼儿教师很少组织参加探究教学培训，仅有 14% 的教师经常参加探究型课程的相关培训，幼儿园对探究教学方面的培训重视还不够，在访谈中得知，教师们认为：单纯聆听讲座或者线上培训收效甚微，网络培训只是偶尔认真听听，等着时长凑够等。因此真正有效的培训方式应该是先理论学习，再实践操作，最后再回到理论中去。

（二）探究型课程方案设计能力不足

1. 教师对探究型课程方案望而却步

在幼儿园教师上交的课程方案统计中，探究型课程设计的比例只占 20%。通过对教师进行访谈，我们了解到他们没有选择探究型课程的原因是觉得难以把握幼儿探究的自主程度，其次是教案设计、探究环节与知识的整合和探究情境的创设。在访问中，他们还谈到因为幼儿有个体差异性，幼儿不同发育水平使得教师很难把握幼儿在探究活动中的自主程度。此外，教师的自身教学水平及理论与实际的结合能力有限，也是让幼儿教师对探究型课程望而却步的重要原因。

2. 探究型课程方案设计自主性较差

在调查中发现，教师理论知识较为薄弱，他们在探究型课程方面的设计自主性较差，优质原创性课程极少。从图 0-2 中可以看出，只有 14% 的老师会选择大部分由自己设计，而 73% 的教师是参照别人的设计教案，根据班级情况再做部分修改，有 13% 的教师完全根据资料来制订，而完全没有自己设计。

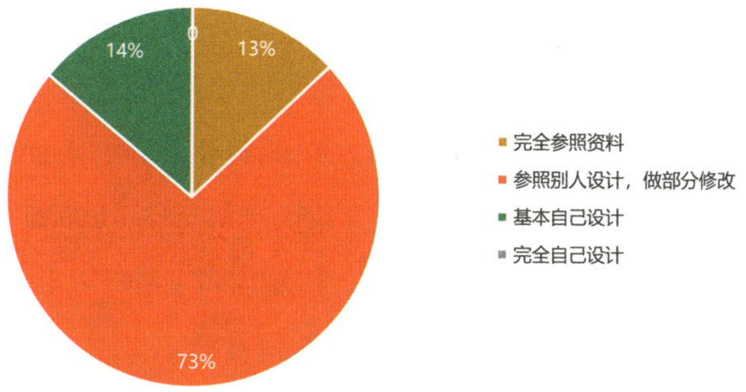

图 0-2　教师对探究型课程的设计情况

（三）探究型课程实施过程中专业素养不足

在探究型课程实施过程中，幼儿探究能力、幼儿已有经验和问题情境的创设是教师认为制约探究型课程开展最重要的因素。而幼儿当下的知识与技能的合理结构、有趣又可操作的情境设定以及丰富的材料，是决定探究型课程能够成功实施的重要环节。在调查访问中，很多教师认为以上关键因素存在不足。探究型课程实施中的影响因素如图 0-3 所示。

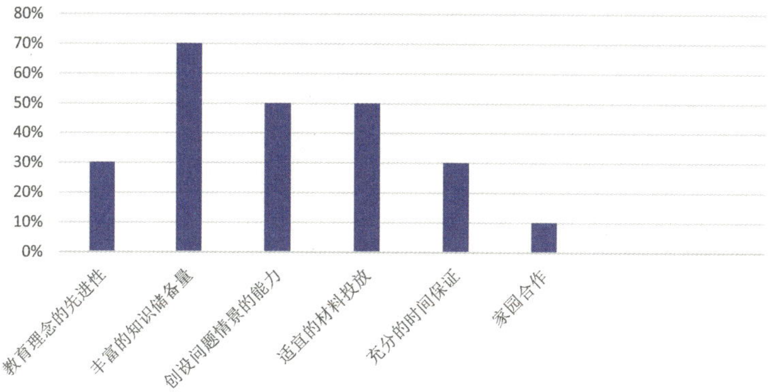

图 0-3　探究型课程实施中的影响因素

1. 教师知识储备不能支持幼儿进行深度探究

随着探究型课程深入开展，幼儿会有很多想法和很多为什么。如在探究型课程“我的那些牙”的活动中，孩子们会问这样一些问题：“谁在坚硬的牙齿上打洞洞？”“为什么会蛀牙？”“为什么有的牙齿大，有的牙齿小？”“牙齿是什么做的？”“牙膏为什么能预防龋齿？”又如在探究型课程“种子的秘密”活动中，孩子会问：“种子藏在哪里？”“为什么种子上面有个小黑点？”“苹果的种子为什么在果核里？”教师知识储备不足导致他们接不住孩子抛过来的球，接不住孩子的问题，也不能将孩子的问题转化成共同探究的新课程内容。这就需要通过课题研究，加强学习，尤其是加强对科学书籍和生物书籍的学习，如《科学小百科》《十万个为什么》《宇宙的奥秘》《好玩的生物学》等，提高教师知识储备，助推课程纵深开展。

2. 教师为主的问题不能激发孩子深度探究

探究型课程的来源往往是孩子的问题，探究问题有效提出的重要性体现在探究问题是探究型教学的开端，从图 0–4 中看出，在提问阶段，64% 的问题是由教师自己提出的，引导型幼儿提问占 23%，由幼儿提出的问题只占 13%。由此说明，在探究型教学中，虽然教师注意避免了“一言堂”现象发生，但并未让幼儿真正成为活动主体，探究意识缺失会影响幼儿在探究过程中自主地学习知识。

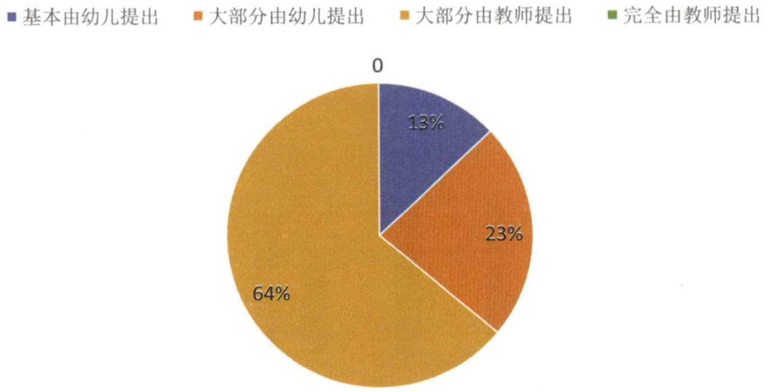

图 0–4　探究型课程的问题来源

3. 探究型材料提供不能满足孩子的探究需要

在班级区域设置时，往往是根据传统区域设置方式进行。如小班班级设置娃娃家、医院、理发店等，中班设置益智区、美工区、建构区、阅读区等。

这些传统游戏材料不能满足探究型课程实施中的材料需要，幼儿园没有很好地保证教师课程开展的材料和资金，老师在探究课程实施过程中的探究型材料不足，导致了课程浅尝辄止，不能激发幼儿深度探究式地学习。

4. 运用本土资源构建探究型课程的意识淡薄

幼儿园所在的三江新区是“长江上游绿色发展示范区、创新型现代产业示范区、国家产教融合示范区”，区域资源丰富，汇集了现代电子信息产业、装备制造产业，如大学城、科创城、凯翼汽车城、宁德时代、朵唯智能终端产业、科技馆、竹文化公园等丰富的人文资源和环境资源，这些资源可以丰富幼儿的生活经验和知识经验，可以成为教师建构探究型课程的重要内容。但是从教师上交的课程方案设计来看，很少运用到这些资源。

5. 探究型课程的效果评价不科学

由图 0–5 可知，在实际探究活动中，教师对幼儿活动评价时考虑的因素依次是：探究兴趣（91%）、探究积极性（82%）、实际操作能力（64%）、探究方法（41%）、探究态度（18%）和探究结果（14%）。说明幼儿教师在评价时较为关注幼儿的情感态度及自身能力，忽视了幼儿探究过程的形式和最终知识的获得。

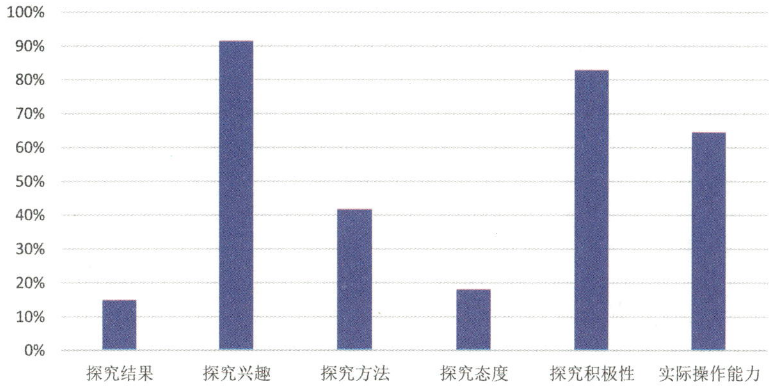

图 0–5 探究型课程中教师评价幼儿园的因素来源

（四）家长引导孩子开展探究式活动不科学

1. 家长缺乏科学的教育观

家长在家庭教育中，普遍关注显性的知识、技能、习惯的培养，对情感、态度、探究、发现、交往等不够重视。家长对幼儿的学习发展更多地关注于会写多少数字、会朗诵多少儿歌、会唱多少歌曲等，而对幼儿长远发展的探究能力、思维能力、创造能力、沟通能力培养的认识不足。

2. 家长缺乏科学的支持策略

在调查访问中得知，家长对幼儿园开展探究型课程表示认同，对探究型课程开展过程中的材料提供、资源收集、环境打造等都很支持。但是在这个过程中更多的是家长直接完成任务，缺乏带领孩子共同参与、共同完成的意识，也不能根据幼儿园当前的探究课程引导幼儿进行探究学习、拓展学习，如开展探究课程材料搜集时，还不能带领孩子一起查找问题根源，不能多渠道地带领孩子去发现问题、解决问题。

二、我们的探究路径

“幼儿园探究型课程建构的实践研究”最早提出于 2022 年 1 月，2022 年宜宾市委、市政府决定实施拔尖创新人才培养工程。于是我们以此为契机，考虑以培养幼儿数学直觉思维为切入点，力图以对幼儿数学直觉思维能力的培养为抓手，影响和带动其他学科对幼儿创新思维的培养，经过学习思考与准备，于 2022 年 8 月成立课题研究组，拟定课题研究计划开展研究。2022 年 11 月，获得四川省教育厅批复，《幼儿园探究型课程建构的实践研究》（课题编号 SCJG22A136）正式立项。

我们采用行动研究法、调查研究法、个案研究法、文献分析法、经验总结法等研究方法，遵循“学习—实践—优化—再实践，循环往复，不断提升”的研究思路，围绕幼儿学习方式的特点、探究型学习的方式、直觉思维的特性、创新性思维能力的培养与提升，经历准备阶段（学习相关理论，对幼儿进行抽样调研，梳理存在的主要问题）、实施阶段（针对问题，提出解决方案，形成一套有效做法）、总结提炼阶段（对上述做法进行理性思考，形成认识性成果和操作策略）、推广应用阶段（将提炼的做法在全市推广，并带动和影响学前教育发展），通过实证分析及实验研究相结合的方式，以确保课题研究的科学性和创新性。

三、我们的认识

（一）探究型教学“速度慢”但“效益高”

一个完整的探究型课程，需要遵循科学探究流程，带着孩子去探究或实践，在这个过程中让孩子自己建构知识和技能的结构，达到培养内在综合能力的目标。探究过程中，孩子要能自己描述问题，找出解决这个问题的限制条件；接着通过各种渠道收集资料，找出前人的方法；在已获得资料的基础上，根据自己拥有的知识提出所有能想到的解决方法；在这些方法中筛选出最好的一个，建立模型；利用材料，制作出实物，实现自己的想法；测试作品；为作品作出评估，并进一步完善设计。整个过程有的需要一学期，有的需要花费一年及以上的时间。但在此过程中，儿童不仅获得某个实验的知识点，感受到探究的乐趣，更多是能力的提升。这些能力包括探索学习能力、思考与问题解决能力、创意革新能力、科技实践能力、沟通与合作能力，以及积极人格与价值观。

（二）在探究型教学中教师的主导作用是“精心创设活动情境”

良好活动情境具有动力功能、发展功能、育人功能。创设活动情境的途径有：创设问题情境、创设思维情境、创设探究情境、创设分层教学情境、创设和谐情境。实践表明，良好活动情境是幼儿有效探究的“催化剂”。

（三）幼儿的探究型学习一定是基于现实的问题

一个完整的探究型课程应该是基于幼儿现实生活中的实际问题，提出自己的解决思路。如果缺乏了这一步，探究型教学的意义就缺失了最根本的基础。

（四）探究型教学具有层次性、差异性

同一个探究话题，可以出现在不同年龄段、不同班级，但不同基础、不同年龄段的幼儿探究问题的难度和教师指导的“度”是不同的。幼儿有效的探究是指幼儿本身真实的内在活动、亲身感受和体验（感到自己是一个发现者、探究者，觉得自己在这个世界上有价值、有实力、有能力、有用处，对学习充

满信心)，而不是用所探究问题的难度来衡量，这与科学家发明创造的衡量标准截然不同。探究式教学一般可分为三个层次：基础层次——给出的问题比较简单，对探究的主要步骤和思路给予比较明显的提示；中等层次——给出的问题具有一定的综合性和新颖性，对探究步骤和思路给予简要的启示，给幼儿指明探究的方向；较高层次——创设情境让幼儿自己发现问题或给出的问题具有一定的开放性，对解决问题的思路给予“暗示”，给幼儿创造时空，尊重幼儿的主体地位，对幼儿独特想法不硬性加以干涉，师生相互讨论和诘难、相互启发和鼓舞，教师一方面为幼儿指明方向，同时又从幼儿身上吸取思想活力和大胆想法，真正实现“教学相长”。

（五）幼儿的探究方法和技能是在“学中做”“做中学”交替中形成的

在幼儿学习过程中，幼儿必须通过自己操作、感知获取信息，因此要让幼儿主动地参与学习，教师应教给幼儿探究的方法和技能，这是幼儿参与主动学习的基础。例如在认识物体三态活动中，幼儿要运用观察、感知、操作等方法，没有科学的方法和技能，幼儿很难参与到主动学习中。科学方法和技能主要包括：学会使用感官，发展观察能力，如通过用眼对事物颜色的感知和辨别，通过用手触摸物体的表面特征、发展触摸觉等；帮助幼儿学会分类和测量的学习技能等。有了科学的方法和技能，就能使幼儿真正参与到科学教育中，避免了教师在操作性强的活动区组织幼儿探索时出现的“门庭冷落”“幼儿不知道如何玩”等问题。

四、我们的课程建构策略

培植探究型课程的基本程序和方法，倡导探究式学习，改变幼儿学习方式。遵循幼儿学习的基本规律，将探究的基本特征和要素融入一系列学习活动中，构建以促进幼儿探究学习为核心的教学模式。

（一）探究型课程资源筛选的流程和方法

探究型课程资源筛选的流程和方法如图 0–6 所示。

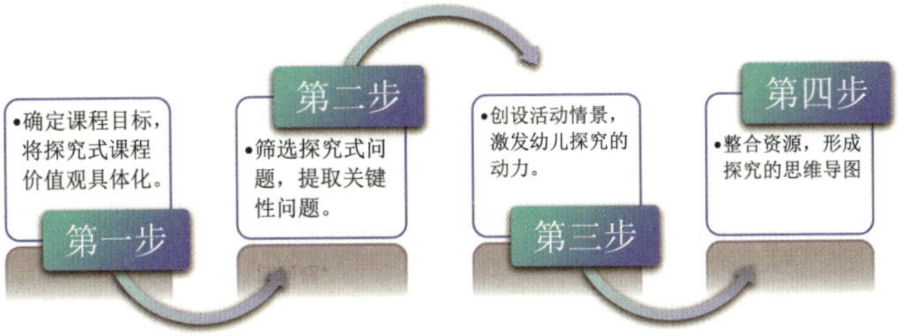

图 0-6　探究型课程资源筛选的流程和方法

第一步：确定课程目标。

将探究型课程价值观具体化，确定课程选择的三种基本取向关系，即确定作为课程内容的学科知识、当代社会生活经验、学习者的经验三者之关系。

第二步：筛选探究问题，如图 0-7 所示。

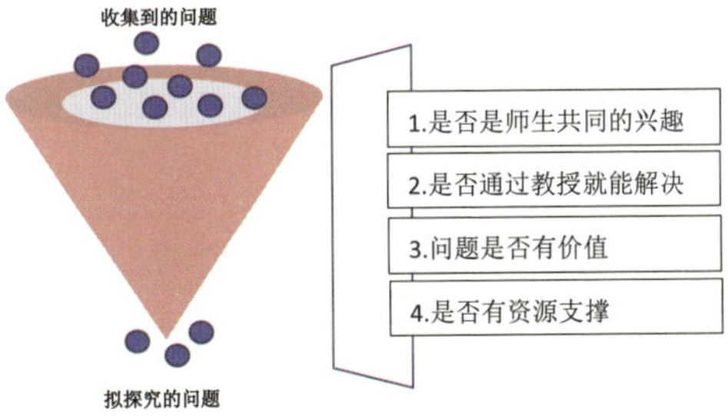

图 0-7　对拟探究的问题的筛选

运用筛查表（表 0-1），对问题进行筛查，并生成探究式问题。

表0-1　探究型问题生成筛查表

筛查内容	问题 1	问题 2	问题 3	问题 4	问题 5	备注
问题来源						问题是否来自儿童和教师共同的兴趣
						问题是否来自真实的实践性问题
问题可能性						问题能否以成果形式展示解决，并最终形成一个或多个具体物态

续表

筛查内容	问题 1	问题 2	问题 3	问题 4	问题 5	备注
问题价值性						问题是否是本质性问题①
						问题是否能有助于幼儿形成并运用高阶认知策略②
资源						是否有相关专家支持
						是否有物理环境提供给幼儿观摩、实践
合计						
最终确定研究问题						

第三步：创设活动情境。

幼儿的探究式学习往往包含着探究和解决问题。问题的复杂程度会影响游戏活动中学习的深度，而幼儿所能探索和解决问题的复杂程度，既受其发展水平影响，也受游戏材料和情境影响。因此，活动情景的创设具有追随和引领双功能。

第四步：整合资源。

教育心理学家布鲁纳说过："学习的最好刺激，乃是对材料的兴趣。"可见，物质材料对激发幼儿兴趣的重要性。教师通过对幼儿知识、能力的评估，构建幼儿已知知识图谱，找准幼儿的最近发展区，预设活动场景和内容，整合资源，与儿童共同商议绘制网络图谱，并形成初步的探究计划和方案。

1. 引进资源

引进资源简单地说就是根据探究计划，把幼儿园外部资源导入活动中，直接为活动服务。引进资源的主要特点是幼儿园教育活动开展的场所只局限在幼儿园内部。

2. 借用资源

借用资源是指幼儿园借用社区内一些无法直接引入的资源，以保证幼儿园活动的正常开展。在此，主要是借用一定设施、设备和场地等。在开展亲子

① 本质性问题是指幼儿在探究活动的学科学习中、人生历程中、对世界的理解中真正持久而重要的问题。它指向学科中的大概念，比如公平。

② 高阶认知策略：问题解决、创建、决策、实验、调查研究、系统分析。

教育等需要较大空间场所的活动时，通过良好沟通和协商，将附近小学的操场开辟为活动场所，并在相关器材等方面得到小学相应支持，从而弥补了幼儿园现有资源的不足，保证了教学活动正常开展，实现了社区内资源的共享。

（二）探究型课程的支持性环境创建

1. 促进儿童探究的自然环境

《3～6岁儿童学习与发展指南》中要求幼儿“亲近自然，喜欢探究”“在探究中认识周围事物和现象”等。本园户外游戏场地宽阔，约7000平方米，园里有樱花树、桃花树、银杏树、梨树等，这些都可以成为课程的来源。幼儿园拟打造6个探秘园，如动物园里养殖蚂蚁、青蛙、山羊等；泥巴园里提供不同颜色的泥巴，供幼儿探究和操作；种植园里种植向日葵、蔬菜、水果，打造山坡山洞探险区等，让大自然环境成为课程研究资源。

2. 引发师幼好奇的生活环境

幼儿园的一日生活和孩子的生活经历都是探究型课程的来源，我们以生活为基础，教师通过一日生活各环节捕捉幼儿表现出兴趣的行为和话题，从生活热点中筛选，催化出幼儿喜爱、需要、适合其发展的探究型课程内容。让幼儿通过亲身实践，获得对外界的直接感知，增强探究意识、问题意识，培养创新思维。

3. 支持儿童冒险的游戏环境

游戏是幼儿最基本的活动，是幼儿最基本的学习方法，也是幼儿获得发展最基本的途径。在室内外区域的游戏创设，都需要结合探究型课程来打造，引导幼儿构思环境、收集材料、布置环境、开展探究游戏。

4. 幼儿和教师看得见的社区环境

利用周边资源优势，带领幼儿在轻化工大学、凯翼汽车城、竹文化公园、科技馆等真实的环境中开展探究活动。

（三）探究型课程的形态营建

1. 项目教学

项目活动是幼儿在教师支持与鼓励下，将大家共同感兴趣的问题进行深入探究，教师通常会借助小组合作方式来帮助幼儿获得相关知识和建构经验。

项目活动的主要特征在于它针对某一主题进行探究，焦点在于寻找相关问题的答案，而这些问题有可能是幼儿、教师或双方共同提出的问题。例如我园中二班以幼儿为主体，以幼儿感兴趣的“糖果”为主题，并以“为什么吃了糖果牙齿会坏”为问题，进行了一系列体验与探究，通过项目活动的开展以及幼儿的探索，了解到牙齿的种类、龋齿产生的原因，怎样预防龋齿以及大人和小孩牙刷的差异、为什么牙刷的形状不一样等，最后通过自己设计牙膏、牙刷，再以宣传、义卖活动的形式结束整个项目活动。由此可见项目活动的根本是幼儿亲身体验与探索，在整个活动中教师应该尽可能提供多方面材料和资源，尽可能放手让幼儿自己商量决定、自己动手操作和亲身体验，让幼儿在动手操作和体验中得到全面发展。

2. 科学实验

幼儿园打造专门的科探室，打造光学、水流、电学、旋转、齿轮、色彩等探究体验区，投放可操作的成品或半成品材料，如藏着影子的暗箱、各种神奇变化的“魔镜”、显微镜、放大镜、磁铁、铁粉等。通过设计科学活动“小灯泡亮起来”，让幼儿操作电池、电线、小灯泡及电学等科学材料，探索其中所蕴含的道理。还通过科学小实验，如墙壁上的风、静电的气球、探究蛋壳、人体探秘、机器伙伴、神奇宇宙等探究互动墙，培养幼儿对科学的兴趣和对科学家的崇敬。

3. 庭院游戏

户外一个个庭院游戏能给予幼儿更多自主权利，使幼儿自主自觉地探索身边事物和环境，探索不熟悉的区域，探究未知领域，满足幼儿求知欲、好奇心。可在户外庭院环境自然区、沙水区、建构区、涂鸦区、野战区、运动区、种植饲养区等开展游戏，如沙水区中沙和水是幼儿比较喜欢的元素，在游戏过程中，幼儿不断体验游戏探究过程，在探索中发现水是顺着管道从高处向低处流的，从而发现沙水的特性，体验发现的乐趣。在沙水游戏中应注重工具和材料的投放，定期更换。要尽量创造条件激发幼儿参与探究活动的积极性。引导幼儿运用多种感官、多种方式进行探索，帮助幼儿提高探索能力。

4. 节日活动

幼儿园的节日庆祝活动可以让幼儿更好地表达对科技发现、科技探究、科技创作的热情。如童创节活动、建筑王国、绘本漂流、童话剧表演等，给幼儿提供他们自由选择的最感兴趣的科技类项目，支持他们进行创新。

5. 实地考察

从幼儿生活环境入手，利用周边资源优势，带领幼儿在轻化工大学、凯翼汽车城、科技馆等真实环境中探究。通过相关人员的讲解和引导，激发幼儿探究的兴趣，促进幼儿深入探究。

第一章 小班

幸福一家人

一、筛选资源

对于孩子的陪伴问题，很多家长认为分身乏术，一方面要忙于工作，一方面要忙于应酬，根本没有时间陪伴孩子，所以一般是爷爷奶奶、外公外婆这些长辈陪伴和照顾孩子衣食起居。孩子对于时刻陪伴在身旁的人更会产生依赖心理，如果你问孩子“谁最爱你、你最爱谁”，那孩子的回答大概率会是陪伴他时间最多的那位。针对孩子的这一认知现象，我们将通过主题活动“幸福一家人”让孩子进一步认识家和家人，体会家庭生活的幸福时光、感受父母长辈无微不至的呵护和关爱，知道家人工作的辛劳并感恩家人，增进与家人的亲密感情。“家”是我们展开人生的第一场所，家也是温暖、安全与爱的代名词。小班幼儿入园后，提及最多的是有关“家”的词语，“我家”“我爸爸”“我妈妈”“我爷爷奶奶、外公外婆”……提到家，幼儿确实有很多可分享、愿意分享的内容。基于这个原因，我们选择了“家”作为新学期入园后的第一个主题，经常与幼儿谈论家的内容，还能帮助幼儿在心理上更顺利实现从“家”到“园”的过渡，此外也能够使幼儿对家人、关系、责任等有更多的认知和理解，从而促进其社会性发展。由此我们班就开启了这一趟关于“幸福一家人”的探究之路。

二、感知与认知

通过幼儿自主观察、探究、实践、反思等过程，让幼儿认识家和家人，体会家庭生活的幸福时光、感受父母长辈无微不至的呵护和关爱、知道家人工作的辛劳并感恩家人，增进与家人的亲密感情。在课程影响下，幼儿能够从以下五大领域中得到发展，如表 1-1 所示。

表1-1 “幸福一家人”课程目标

领域	目标
健康	1. 在参与各种家庭活动时能注意安全，遵守规则，保护自己和他人 2. 能独立完成一些简单的家务，如收拾玩具、叠被子、擦桌子等，培养良好的卫生习惯和自理能力
语言	1. 能用恰当的语言和家人进行交流，表达自己的想法和感受，倾听和理解家人的话语，学会礼貌用语和赞美用语 2. 能欣赏和讲述有关家庭的绘本故事，理解故事的主题和寓意，运用丰富的词汇和语句描述故事中的人物和情节
社会	1. 能认识和尊重家人的不同角色和职责，理解家人的工作内容和价值，感谢家人为自己和家庭所做的贡献，与家人分享自己的成长和收获 2. 能与家人和睦相处，关心和帮助家人，体现家庭的温暖和支持，学会与家人分享快乐和困难，培养家庭责任感和归属感
科学	1. 能观察和探索家庭生活中的各种事物和现象，如家庭成员的相似和不同、家庭用品的功能和用法、家庭环境的变化和影响等，提出问题和猜想，寻找答案和解决方案 2. 能利用家庭生活中的各种资源，如废旧物品、家庭照片、家庭文化等，进行创造性活动，如制作家庭画册、家庭树、家庭玩具等，展示自己的想象力和创造力
艺术	1. 能欣赏和创作有关家庭的艺术作品，如家庭画、家庭歌、家庭舞等，表达对家庭的爱和美好的愿望，体现自己的审美情趣和艺术表现力 2. 能参与和组织有关家庭的艺术活动，如家庭游戏、家庭剧、家庭节日等，体验家庭的乐趣和魅力，增强自己的自信心和合作精神

三、探索和实践

（一）活动起源

由于孩子们对于家到幼儿园这个环境不适应，午睡环节迫使他们焦虑、不安、哭闹不止，所以一到中午我们老师都会化身为孩子的妈妈，通过耐心地安慰和聊天缓解孩子们的焦虑情绪。在与孩子的沟通中了解到在他们的认知中产生了家里只有某一位家长最爱他的这一偏差。为了使孩子顺利实现从“家”到“园”的过渡，也为了让孩子们了解到家里的每一位成员都很爱他，从而生发出了我们的课程，这也是我们活动的起源。

（二）对于家的印象

1. 什么是家

我们邀请孩子们围坐在一起，分享自己对家的印象和感受。“你认为什么是家？”孩子们纷纷说出了自己的想法。

宽宽：“家就是我住的地方，有爸爸妈妈和我，还有我的小狗。”

王子："家里有很多好吃的，还有我的玩具和画画的本子。"

茗茗："我的家里很暖和，是一座大房子，里面有爸爸妈妈、外公、外婆和我。"

小可乐："有妈妈给我讲故事，还有我的玩偶蛋仔和佩佩。"

童童："家里有爸爸妈妈和哥哥保护我，还有我的玩具。"

他们能够从自己的经验出发，表达自己对家的印象和感受，认识到家是一个温馨和安全的地方，是自己和最亲近的人生活在一起的地方，能用语言描述自己的家庭成员和家庭环境，分享自己的家庭故事，说明孩子们对家都有着美好的印象和感受。

2. 你的家在哪里

紧接着与孩子们讨论："你的家在哪里？"孩子们又开始了对家的新一轮探索，兴奋地说起自己家的位置和特点。

辰宸："我的家旁边有一个滑梯。"

雨辰："辰宸和我住一个小区，每次回家我都会经过那个滑滑梯，但是我的家还要往里面走，要看见一个小池塘才到我家。"

玥玥："我的家在一个坡坡上面，还会经过一个红绿灯。"

熹熹："我和弟弟住一个小区，他在38栋，我在52栋，我家门口有两只石头的小动物，弟弟家没有。"

云潇："我的家住在山里，那里有很多田和小鸭子，还有一条小河。"

采用表达和倾听的方式了解他们对家外部环境的认知及情感，孩子们的家都住在不同的地方，有的在城市，有的在山里，我们想要让孩子们更多地了解彼此的家庭环境，于是我们决定让孩子们用绘画的方式，画出自己家的样子，然后和同伴交换画作，看看别人家是什么样子的。孩子们拿着自己的画笔和纸，兴奋地开始了创作，他们用各种颜色和形状，画出了自己家的房子、院子、花草、小动物等。画好后，把自己的画贴在墙上，然后和同伴相互欣赏画作。他们发现，每个人的画都不一样，有的画得很大，有的画得很小，有的画得很简单，有的画得很明亮。他们对比了自己和别人的画作，发现了不同的特点和风格，也发现了不同的家庭环境和生活方式，在这一活动中我们认真倾听幼儿关于"家"的表征、表达，也逐渐了解幼儿眼里的"家"是什么样子、在什么地方，有哪些直接的感知与经历，孩子们也增进了彼此间的了解。

（三）关于家的认知

1. 绘本故事《我爱我家》

为了让孩子们了解不同家庭有不同的成员和相处模式，但都有共同的特点，我们选择了一本关于家庭的绘本故事《我爱我家》，希望能够通过故事的情节和画面，引导孩子们认识和欣赏不同的家庭。

这次我们活动区域选择在阅读区，让他们坐在喜欢的同学旁，给他们讲述故事。也会伴随着一些问题："你们喜欢这个故事吗？你们觉得这个家庭怎么样？让孩子们认真倾听和思考，说出自己的想法。"

瑶瑶："我很喜欢这个故事，我觉得这个家很幸福，他们都很爱对方，经常一起聊天。我的家里爸爸和妈妈就爱聊天。"

熹熹："我的家也有这么多人，我的弟弟就爱和爸爸一起玩，三嬢也爱和我们一起玩，但是我的家里没有小猫。"

他们能够通过聆听绘本故事，了解不同家庭有不同的成员和形式，但是都有共同的特点，就是彼此相爱、相互支持、共同成长。他们能够接受和尊重家庭的多样性，认识到每个家庭都是独一无二的，都值得被尊重和爱护。

2. 全家福

让孩子们了解自己的家庭成员、理解他们工作的辛苦、了解自己在家庭中的角色，各自的责任和义务。于是，我们决定让孩子们带来自己的全家福照片，希望他们能够通过看照片的方式，在表达和回顾中更加清晰地认识到家人对自己的爱。

3. 绘画家庭成员

通过上个活动了解到了许多关于家人的知识，继而延伸到本次活动，让孩子能够从更小更细致的方面去表达父母在自己心中的位置及形象。于是，我们决定让孩子们通过绘画的方式，画出自己家庭成员的肖像，然后将自己的作品布置在教室环境中，希望能够通过绘画的内容和细节，引导孩子们认识和介绍自己的家庭。"画谁？怎么画？画这个人是因为什么？"通过提问让孩子对家人有更清晰的认识。

桓桓："我要画我的爸爸，画他的头发、眼睛、鼻子、嘴巴。我很爱我的爸爸，他很聪明，有一些时候也很严肃，他在医院上班，每天都在医院里救治病人。"

熹熹："我画的是我的妈妈，她的头发很长，因为我们都是住在城堡里的公主。"

孩子们画完了自己家庭成员的肖像，然后将自己的作品贴在教室墙上，形成了一个美丽的家庭画廊。孩子们通过自己的画作和语言，展示了自己的家庭成员，也了解了别人的家庭成员，增进了彼此的认识和交流。

4. 送给家人的礼物

为自己的家人准备一份礼物，表达自己的爱意和感激，也想要让孩子们学会选择和制作适合自己家人的礼物，考虑他们的喜好和需要，制作一些简单而有意义的礼物，然后送给自己的家人。我们一起来到美工区，选择自己能用到的工具和材料然后开始制作自己的礼物。由于小班孩子年龄较小不能独立完成作品，所以将孩子们分成小组、我们老师会在适当的时候给予帮助和支持。首先让孩子们小组讨论，鼓励他们自己想一些礼物，让礼物更有个性和创意，然后给孩子们提供一些礼物的范例，让他们参考和选择。

草莓组："我们要送爸爸一个书签，因为他喜欢看书，我们想要给他一个可以标记书页的东西。"

香蕉组："我们给妈妈送礼物，送她一串项链，因为她很爱美，我们想要给她一个可以装饰的东西。”

西瓜组：“我们要给爷爷奶奶送礼物，我们可以送他们一个捶背的，他们就可以锻炼身体了。”

他们能够通过调查，更多地了解自己爸爸妈妈的喜好和特点，并且为他们准备一份礼物，表达自己的感激和爱意。在孩子的心灵撒下爱的种子，让孩子在操作中体验温情，在行动中收获成长。

（四）爱在行动里

1. 家的规则“不可以”

在家这个温馨的房子里享受着家人无限的呵护与关爱，可是在家里做什么都是被允许的吗？有没有什么是不可以做的呢？通过罗列家庭规则，明白家里有些事情是不可以去做的，学会遵守和尊重家庭规则和习惯，不要做一些危险或不礼貌的事情，不要让家人担心，也让孩子们了解不遵守这些规则和习惯会有什么后果和影响。于是我们发起家园联动，让孩子在家与家长共同探讨，采用录制视频和绘画的方式记录。

缦缦：“我用小手去插插座，妈妈大声说：‘不可以！’”

丽莉：“妈妈说一个人在家时‘不可以’给陌生人开门。”

熹熹：“小朋友‘不可以’爬到窗户上面玩。”

童童：“在关门的时候‘不可以’把手放到门缝里。”

◎ 分析与反思：

通过讨论家庭规则，明白家庭生活需要遵守一些原则和习惯，这样才能保持家庭的和谐和秩序，培养自己的责任感和规则意识。这一声声“不可以”实则蕴含的是爸爸妈妈深切的关怀，告诉孩子安全感、分寸感是有一定界限的，要学会在多变复杂的环境中更好地保护自己。

2. 爱的暖暖话

爱是双向的，家长与孩子之间有着浓浓的爱意，爸爸妈妈的爱其实要比我们想象得还要多很多很多……

3. 自己的事情自己做

听了爸爸妈妈的暖暖话，能意识到自己也是家里的一分子，爸爸妈妈白天要上班，回家还要照顾家里，那我们怎样才能帮他们分担一点呢？引导孩子自己的事情自己做，培养他们独立自主和勤劳的优良品质。

四、观察和质疑

（一）幼儿园也是我的家

亲亲爸爸、亲亲妈妈，高高兴兴离开家，做做游戏、听听故事，幼儿园也是我的家。这首动听的儿歌，传递着孩子们在幼儿园的快乐。慢慢成长中，我们也有自己的好朋友，在幼儿园里，我们也是温暖的一家。

王子："幼儿园的门卫叔叔他每天都在门口站着，他会跟我们打招呼，会保护我们的安全，我觉得门卫叔叔跟我爸爸有点像，他们都很关心我们。"

童童："医生老师每天早上都会给我们晨检，我们哪里不舒服或哪里受伤了他都知道，还会很温柔地问我们有没有哪里不舒服！"

小白："肖肖老师有点像我的妈妈，她会跟我们一起玩游戏，会给我们讲故事，而且我生病了她也会关心我。"

◎ **分析与反思：**

通过观察，感受到老师对孩子们的爱护和照顾。老师就像孩子们的亲人一样，给孩子们提供了温馨、舒适、安全的第二个家。孩子们在这里得到了幼儿园的认同和归属感，也表达了他们对幼儿园的喜爱和感激。这说明幼儿园的教育理念是正确的，即关注孩子的个性和需求，营造一个和谐、愉快、安全的学习生活环境。这样的环境有助于孩子们的身心健康和社会情感发展，也为他们将来的艺术学习和创造打下了坚实的基础。

（二）将爱传递

（1）我看见小妹妹遇到不开心的事情在难过地哭，我会去抱抱她、安慰她。

（2）看见幼儿园的物品坏了我们会主动去修理。

（3）每次吃完饭和同学一起整理碗勺。

我们每天都生活在幼儿园，我们和老师同学都是一家人，我们会互相关爱，互相帮助！透过孩子们的眼睛看他们的世界，我们一起发现、探索着家庭成员的爱，在家人的陪伴中，孩子们不断丰富着自己的体验，了解到家人的辛苦，感受到家人满满的爱，如今在幼儿园里也同样感受到了来自老师和同学浓浓的爱意。

◎ 分析与反思：

将在家庭中习得的经验迁移到幼儿园这个大家庭，我们也可以像爸爸妈妈一样去爱别人。让幼儿园这个大家庭变成一个充满爱的地方，知道老师和同学也是亲爱的家人，要互相关心，互相支持！从孩子们的角度看他们的世界，我们一起感受、发现着家庭的美好，在家人的陪伴中，孩子们不断丰富着自己的体验，了解到家人的努力，感受到家人无尽的爱。

五、思考与创新

在这一阶段，孩子们将他们对家的认知和感情延伸到更广阔的社会环境中，探索不同的家庭文化和生活方式，体验多元的价值观和情感交流。他们将运用他们的创造力和想象力，设计和制作属于自己的家庭主题作品，展示和分享自己的家庭故事和感受。所以我们设计了以下几个活动：

（一）了解不同的家庭

通过网络搜索，为孩子们准备了一些不同国家、不同地区、不同民族的家庭图片，让孩子们观察和比较这些家庭的特点和差异，例如家庭成员、住房、服饰、饮食、习俗等。引导孩子们思考和讨论这些家庭的生活方式和文化背景，以及他们的相同之处和不同之处。鼓励孩子们尊重和欣赏多样性，认识到每个家庭都是独一无二的，都有自己的美好和幸福。

（二）制作家庭地图

邀请孩子们回忆自己的家庭成员，以及他们的出生地、居住地、工作地、旅游地等，用彩色的线条和图标在一张大纸上画出自己的家庭地图，展示自己的家庭轨迹和故事。教师帮助孩子们标注地名、日期、事件等信息，让孩子们感受自己的家庭历史和文化传承。还可以让孩子们用相机或手机拍摄自己的家庭照片，贴在地图上，增强视觉效果和亲切感。

通过这些探索与创新的活动，孩子们能够深化和拓展自己对家庭的认知和感情，同时也能够开阔自己的视野和思维，体验和尊重多元的家庭文化和价值观，培养自己的创造力和想象力，增强自己的表达和沟通能力，以及与家人、同伴的合作和互动能力。这些活动为孩子们的成长和学习提供了丰富的经验和资源，也为孩子们的家庭和社会关系打下了坚实基础。

种子的秘密

一、筛选资源

一天下午吃点心时，坤坤咬到了梨子核，指着黑色的籽问道："老师，这是什么呀？"老师说："这是梨子的种子。"小朋友好奇地问道："为什么梨子的种子在肚子里呢？""水果都有种子吗？"教师基于偶发事件中幼儿的疑问，判断其中隐含的教育价值，而"种子"是孕育植物的源头，从种子的发芽、开花、结果，再到产生种子的过程，是一个漫长而又神秘的过程。"大自然、大社会都是活教材"，孩子们的课程来源于生活，亲近接触大自然，能激发他们对身边事物的好奇心和探究的欲望，体会大自然的神奇。在幼儿和班级老师的讨论下，决定开展主题探究活动——种子的秘密。接下来的过程中，孩子们带着满满的疑惑，开启奇妙的种子之旅。

二、感知和认知

课程总目标：

幼儿在玩中学，学中玩，通过自主探索，亲身体验，直观、全面地了解种子的奥秘，同时知道种子在生活中所起的重要作用，教师能在组织活动的探究过程中得到提升，进一步深化课程游戏化的理念，实现幼儿五大领域的发展。课程目标如表 1-2 所示。

表1-2 "种子的秘密"课程目标

具体领域	核心目标
语言领域	在个人和分组以及集体探究活动中，提供幼儿与他人进行交流和合作的机会，培养他们的沟通技巧和团队合作精神，通过多种活动形式，进一步拓展幼儿学习和生活经验
健康领域	了解种子是各种各样的，是植物繁衍后代的主要器官，在生活中对我们所吃的食物发挥重要作用，这些种子经过处理，成为我们常见的主食，提供我们所需的能量和养分

续表

具体领域	核心目标
社会领域	培养幼儿热爱大自然的情感，获得对周围世界感性认识，培养求知欲和探索精神，激发幼儿对种子相关活动的兴趣
艺术领域	通过种子大变身的知识探索，幼儿知道了种子不但可以种植，在生活中我们还可以用来当成作画材料、美味的食物以及精美的装饰品。在不断地学习与探索过程中，收获了无限快乐和满满成就感
科学领域	通过活动，了解一些常见种子的外形、颜色、结构。感知种子和果实的关系，体检种子多样性，培养幼儿观察和记录的能力，学习发现问题、分析问题和解决问题，喜欢探究活动

三、探索和实践

（一）种子大调查

一颗种子播撒在大地上，可以繁衍“万物生机”；一颗颗种子粘贴在画纸上，可以绘出“世间百态”，种子到底有多少秘密呢？我们一起去探索一下吧！什么是种子？我认识的种子有哪些？种子是什么颜色的？种子是什么形状的？种子可以吃吗？种子是长在哪里的？

灏灏：“老师，你看，我认识四种种子，有瓜子、土豆、花生、玉米。”

蔓蔓：“我也认识瓜子，形状是长长的。”

楠楠：“我认识绿豆种子，是绿色的。”

天天：“种子就是可以发芽的。”

真懿：“对，种子是可以发芽的！”

熙熙：“红薯的种子是长在土里的。”

天天：“我也见过红薯，吃起来甜甜的。”

（二）收集种子

想要观察更多种子我们可以怎样做呢？小朋友可以搜集一些种子来幼儿园吗？可以在什么地方收集到更多种子？

果果：“我家里有种子，明天我可以带来幼儿园。”

菡菡：“我让妈妈带我去超市，那里肯定有很多种子。”

嘉伟：“我家有核桃种子。”

伴随孩子们的想法，我们开始了种子搜集活动。第二天一早小朋友们来到班级外面就开始兴奋地展示自己的发现。

灏灏："我也收集到了很多种子。"

俊俊："这是我搜集的花生和黑豆种子。"

熙熙："这个种子我也不认识，黑黑的。"

楠楠："我也收集到了很多，你们看！"

悦悦："我收集的是核桃，你们吃过吗？"

"这些种子可以吃吗？"孩子们又提出了新问题。

（三）种子和果实一样吗

种子和果实一样吗？可以吃吗？哪些种子是果实可以吃？哪些种子不是果实不可以吃？

悦悦："我收集的是核桃，它是可以吃的，你们吃过吗？"

俊俊："瓜子是可以吃的，妈妈说种下一颗瓜子就可以开花结出很多瓜子。"

天天："我这个是西瓜种子，种下去会长西瓜，但是吃的是红红的。"

小禹："西瓜种子不可以吃。"

哪些种子种下去会直接结出种子，而且可以吃呢？

原来有的种子和果实长得一样，有的种子和果实长得不一样，种子种下去会长出果实，种子会藏在果实里，种子就像是果实的衣服一样，让我们一起来分辨一下吧！

（四）种子藏在哪里了

我们收集到这么多种子，你知道这些种子是藏在哪里的吗？我们一起来调查一下吧！

真懿："我知道豆角的种子是藏在豆角肚子里的。"

天天："我知道红薯的种子是藏在土里的。"

浩浩："我知道瓜子的种子是藏在树上的。"

俊俊："瓜子的种子不是藏在树上，是藏在向日葵里面的，我看到过。"

菡菡："草莓的种子是露在外面的，桃子的种子是藏在里面的。"

悦悦："核桃好像是结在树上的。"

冰冰："火龙果的种子有很多，是和肉长在一起的。"

通过调查发现，原来不同植物的种子藏身的地方也是不一样的，有的藏在果肉里，有的藏在壳里，有的藏在表面。

◎ 分析与反思：

在活动中，孩子从收集种子、认识种子，通过仔细观察、实际操作，探究不同种子藏在不同部位，观察能力得到进一步发展，探究欲望得到充分保护，探究能力得到有效提高。

教师在活动中始终以观察者、支持者的角色为孩子提供丰富的探究材料，与孩子一起探索种子的秘密。

四、观察和质疑

（一）一起来播种啦

想要亲自感知、探索种子种在土里后会发生什么变化，种植活动是比较直观的方式，种子种下去会发芽吗？我们要种什么？将种子种在哪里？怎么种？这些都成了孩子们讨论的话题。

俊俊："我想种草莓。"

天天："我想种白菜。"

浩浩："可以种榴梿吗？"

熙熙："我也想种白菜，我之前就种过，还长大了呢！"

小海："现在那么冷，种下去能长出来吗？"

菡菡："我们可以试试嘛，回家问问家长现在适合种什么？"

灏灏："那我们把种子种在哪里？"

菡菡："楼下种植区已经种满啦！"

孩子们都说出了自己想要种植的种子，但是想要种植的数量太多，种植地方太小，发生冲突怎么办？

天天："石头剪刀布，谁赢了就种什么。"

熙熙："我们投票吧！哪个种子的票数最多，我们就种什么吧！"

最后经过大家的讨论，孩子们决定以投票的方式确定种什么，经过投票，最终白菜种子以最高的票数 15 票获胜。

（二）种子的生长条件

种子什么时候会发芽呢？要生活在什么样的环境下容易发芽呢？

浩浩：“需要浇水，给它喝水就容易发芽。”

菡菡：“需要泥土，种在泥土里就会发芽。”

孩子们通过亲子讨论、上网观看视频发现：植物生长需要阳光、空气、水、土壤……

（三）一起照顾它

确定种植白菜种子后，孩子们开始了有趣的种植活动，先来看看白菜种子是什么样子的吧！

小海：“白菜种子也太小了吧！”

一丁：“圆圆的小黑点。”

俊俊：“摸起来滑滑的，你看钻在手指缝里去了。”

说着说着孩子们开始小心翼翼地将白菜种子捧在手心里，准备在种植槽里种下白菜种子。

真懿：“我得小心一点，不然它就会跑掉！”

菡菡：“对，刚刚我的白菜种子就从手里跑掉了，我都找不到。”

◎ 分析与反思：

活动中，想要种什么？怎么种？种在哪里？一直都是孩子们决定，当讨论种什么出现想法冲突时，孩子们商量以投票的方式决定，孩子在活动中有着充足的选择权和决定权，从发现问题到解决问题，从被动到主动，实现了孩子才是活动主体的方针。

教师始终尊重和支持孩子的想法，并引导孩子通过亲子讨论，上网查看等方式引导幼儿了解适合种什么。

（四）种子名片

种子已经成功种好了，可是现在还没有发芽，别人就不知道我们土壤里有种子，我们有什么办法让别人知道我们种的是什么呢？

熙熙："我们去告诉那些小朋友吧，我们种的是白菜。"

菡菡："那么多小朋友，需要很久才能说完。"

冰冰："我们可以画白菜，放在我们的种植地，他们就知道啦！"

灏灏："对呀，这样他们就知道啦！"

小哲："就是给它做名片吗？"

小海："对，就是名片。"

因此，我们开始给白菜设计名片，别人看到名片就知道我们这里种了什么东西啦！

（五）发芽啦

种下种子后，小朋友们都在轮流照顾，有的孩子负责浇水，有的孩子负责松土，有的孩子负责施肥，都在盼着种子早日发芽。时间一天一天过去了，终于在一个星期一，冰冰早早地来到幼儿园，走到班级门口，就听到了兴奋的声音。

冰冰："发芽啦！种子发芽啦！"

小杰："我看看！"

菡菡："真的发芽啦！快快长高吧！"

看着冒出头的嫩芽，孩子们照顾白菜苗更加急切了，每天都想给白菜浇浇水，去看一看，摸一摸，闻一闻，什么味道？

浩浩："香香的。"

灏灏："甜甜的。"

白菜苗真的有味道吗？或许有或许无，但我相信孩子心里肯定是甜甜的。在孩子们精心照顾下，白菜苗长高了不少，到底有多高呢？我们一起来量一量吧！用什么来量呢？在老师引导下，孩子们找来了各种长长的工具进行测量，有水彩笔、筷子、刷子等。

真懿："你看，白菜苗快有这个刷子那么高了。"

小海："你看，有这么高了。"

煜林："快快长吧！长成水彩笔那么高。"

（六）一起来做美食吧

转眼间，白菜种子已经从圆圆的、黑黑的"小不点"变成矮矮的白菜苗，最终长成了高高的小白菜。白菜可以做什么呢？可以吃吗？可以怎么吃呢？孩子们通过商量，我们决定做白菜鸡蛋面。白菜鸡蛋面需要怎么做呢？孩子们通过讨论、上网观看视频，一起探索着白菜鸡蛋面的做法，了解需要的材料，在老师引导下，了解做白菜鸡蛋面的任务，确定有剪白菜、洗白菜、搅拌鸡蛋、煮面条等。

熙熙："我来剪白菜。"

小海："我也想剪白菜。"

天天："那我洗菜吧！"

果果："天天我和你一起洗菜吧！"

煜林："我想搅拌鸡蛋，我可以让鸡蛋转起来。"

孩子们讨论好任务分工以后，我们开始了白菜鸡蛋面的制作，通过孩子的分工与合作，香香的白菜鸡蛋面出锅啦！孩子们正在品味这一份劳动果实，这是一分收获，更是一种成长！

◎ **分析与反思：**

幼儿与生俱来的好奇心，促使他们充分调动感官，在活动中通过看一看、摸一摸、闻一闻等感知，对事物进行比较观察和连续观察，并采用测量、猜测、验证等方法来探究事物，从中较好地发展了幼儿初步的探究能力。

五、思考与创新

班级是幼儿学习的主要载体，教师凭借着对儿童专业的知识，鼓励幼儿对提出的问题，以个人独特的方式与他人、物体和环境产生互动，并在寻求答案的研究活动中学习探究。陈鹤琴先生说过："大自然，大社会是活教材。"作为教师，要善于发现自然中具有教育意义的资源，孩子的学习不应仅限于教材的指引，更重要的是引导幼儿实际操作、直接感知、亲身体验，在活动过程中收获成长。

孩子们从收集种子、了解种子、寻找种子、种植种子等活动过程中，感受到不同植物的不同特征，探究种子的生长条件，感受植物的生长变化，体验自己动手的乐趣和成功的喜悦，解锁了很多种子的秘密。每一次观察和思考，都是孩子们对世界的探索、对未知的探险。孩子的学习与发展还在不断地延续，孩子们的种子活动虽已告一段落，但相信孩子们的探索精神一直都在。

汽车嘟嘟嘟

一、筛选资源

班里星辰小朋友的外婆在幼儿园工作，每天小朋友们放学排队准备离园时都能看见星辰在幼儿园玩，这一天小朋友们看见星辰骑着自己的小滑板车在幼儿园玩，第二天早餐后，孩子们有了这样的对话：

麒麒："星辰，你的滑板车看着好好玩啊。"

浩阳："我早上是坐自己的小车来的呢。"

鹏鹏："我爸爸开车送我来的。"

满满："我家有很多车，有大的，也有小的。"

……

随着社会不断进步，汽车变成了如今生活中常见的交通工具，通过观察，孩子们入、离园的方式有自己骑滑板车、坐玩具车、坐私家车、坐公交车等不同的交通工具。班级大部分孩子家里都有私家车，孩子家长中也有在汽车城工作的，这些资源为孩子们对车的探索提供了较好的支撑。通过与孩子们的谈话活动发现，他们对车的浓厚兴趣中也藏着很多的好奇：车是怎么来的？为什么会有车呢？不同的车有什么对应的特征？为什么车的号码牌有不同的颜色？车对生活做了什么改变？带着一系列的问题，我们与孩子们展开了一场汽车之旅。

二、感知和认知

通过倾听孩子们平时相互交流得知，大家对生活中的汽车有一定了解，简单知道许多汽车的名字和用途，对于汽车类的活动孩子们都非常乐于去发现、感受每种类型汽车的不同之处，在这个过程中能够慢慢深入不断巩固，在轻松愉快的活动中去获取更多经验。课程目标如表 1–3 所示。

表1–3　“汽车嘟嘟嘟”课程目标

目标领域	发展目标
健康	1. 了解并遵守基本的交通规则，培养基本的安全意识 2. 喜欢和同伴一起参加游戏活动，共同去发现设计游戏的新玩法，体会游戏带来的快乐
语言	1. 能够耐心倾听别人的谈话，并大胆用语言表达自己的观点，积极参与谈话 2. 乐于向别人表达自己对各类汽车的认识，能够用自己的语言概括汽车的特点
社会	1. 喜欢参与汽车有关的游戏活动，知道并且遵守基本的交通规则 2. 认识各种各样的车，简单了解汽车的结构特征，初步探究汽车各个部位的作用，感受车辆给我们生活认识常见的交通标志
科学	1. 能在观察和探索的基础上，尝试进行简单的汽车分类 2. 通过观察车轮花纹的不同，知道花纹的作用是为了增加摩擦力
艺术	1. 运用简单的图形和自己喜欢的颜色，大胆地、有意识地表现认识的汽车 2. 在设计汽车的活动中，能够在别人的帮助下设计出自己的汽车，并用画笔画自己想要的形状

三、探索和实践

（一）我认识的车

“生活中小朋友们都认识怎样的车呢？”小朋友们小手举得高高的，积极地说着：

星辰：“我知道滑板车，我每天都在骑它。”

鹏鹏：“我家有小车，是黑色的，还有四个轮子。”

杭杭：“我知道公交车，奶奶每天送我来都坐。”

（二）我身边的车

孩子们来幼儿园的方式多种多样，除了日常的车，身边还有什么车子，我们发动家长带着小朋友寻找身边不同的汽车。

承博：“看这个是救护车，是送病人的。”

妤欣：“这是我家的小车哦，白白的。”

蕊蕊：“这个车停在我家旁边，比我还高。”

……

（三）车的由来

在播放小朋友们寻找身边的车图片后，我请孩子们观察这些图片有什么发现。

鹏鹏："好多小朋友找的车都是白色的。"

阳阳："车都是四个轮子的。"

圆圆："不对不对，我看过三轮车，那是三个轮子的。"

星辰："我的滑板车也是三个轮子的。"

诗岑："还有两个轮子的车呢。"

佑之："我还看过一个轮子的车，一个叔叔骑着那个车表演节目。"

为什么不同的车有不同数量的轮子呢？以前的车也是现在这样吗？带着这些问题，与小朋友们通过观看视频、讲故事的方式了解了汽车的故事。

（四）车的种类

柯壹："以前出去没有车都是骑马的呀，我也想骑马，肯定好玩。"

蕊蕊："以前想要出去只能有马、轿子，后面才有自行车。"

翰林："我们现在有公交车、玩具车、小车，好多好多不同的车呢。"

洲洲："还有挖土机，我最喜欢了，它好厉害的。"

熙熙："我喜欢警车，它可以抓坏人。"

以前的人们出行都是通过马、轿子、自行车，现在我们的生活有了很大改变，有孩子们最喜欢的警车、挖土机，每天来幼儿园需要用到的滑板车、公交车、玩具车……这么多车，它们都有自己的一个小家，我们应该怎么分类呢？

（五）小车家族

老师："如果我们需要给车进行分类，应该怎么分呢？"

承博："可以根据颜色分。"

小杰："还有车轮，车的车轮数不一样。"

浚凯："座位也可以，有的车只能坐五个人，有的车能坐很多很多的人。"

老师："除了这些，还有没有别的办法？比如根据用途呢？"

会良："有的车是坐人的，有的是送物品、送快递的，可以这样分。"

言言："救护车和挖土机可以分开，救护车是救人的，挖土机是修房子的。"

孩子们经过自己的思考和表达后，通过集体活动，与小朋友们认识了载物车、载人车、工程车和特种车，并进行了简单的分类。小朋友们自己总结，载物车就是装载物品的，比如货车和快递车；载人车就是装我们小朋友和大人的，有公交车、玩具车还有爸爸妈妈开的小汽车；工程车就是修房子能用到的车；特种车全班小朋友一致认为最厉害、最威风，因为特种车是在大家需要帮助时就会出现的车，比如着火了，就需要消防车出现，有坏人出现了，就需要警车去抓坏人……

（六）车轮滚滚

蕊蕊："这个游戏好好玩，我都能成功地认出不同的车。"

柯壹："我喜欢的小车都是四个轮子的。"

星星："救护车、警车我看不见里面的图片，它们里面和别的小车都是一样的吗？"

晨晨："车为什么要有轮子呢？"

不同的小车内部结构是一样的吗？车的轮子是做什么的呢？小车除了有轮子还有什么？带着这些问题，小朋友们与车来了一次近距离接触。

（七）跟我走吧！米粒

回教室后孩子们将活动中自己的观察进行了分享。

杭杭："我看到轮胎上有一根一根的毛毛，为什么轮胎上有细细的毛毛呢？像刺一样。"

妤欣：“我看到两个车的轮胎花纹不一样，白色车的轮胎花纹弯弯曲曲的，绿色车的轮胎花纹像小花一样。”

星辰：“我们幼儿园的车的轮胎花纹也不一样。”

轮胎上不同的花纹有什么作用？为什么轮胎上要有“小刺”呢？通过集体活动，孩子们了解到原来轮胎上的小刺和花纹都是为了增加摩擦力，有了摩擦力可以让小车在路上更安全地行驶。为了让孩子们对摩擦力有更深的认识，我们请小朋友们带来了空矿泉水瓶、大米、筷子进行实验。

满满：“老师你看我成功啦，我的筷子成功把装满大米的瓶子提起来啦。”

佳颖：“摩擦力好厉害，一根筷子都能把它提起来。”

（八）车轮印画

汽车车轮上的花纹可以增加摩擦力，让小车在路上行驶更平稳、安全，小朋友们的玩具汽车车轮是不是同样也有花纹呢？

满满：“我的粉红小车是妈妈给我买的，我摸着轮子是不太平的，也有花纹。”

承博：“我的挖土机很大，轮子也大，轮子上面没有花纹，只有竖着的印子。”

通过观察，小朋友们发现自己玩具小车的轮子和观察的汽车轮胎、幼儿园中庭的轮胎都不一样，那这些小车轮子与颜料相遇，在纸上会有什么样的碰撞呢？

（九）车的构造

师：“汽车除了有车轮，还有什么其他物品组成的呢？”

阳阳：“我家的车除了有四个轮子，还有个圆圆的盘子，妈妈每次想让车往哪开，就会去摸那个盘子。”

小刘：“你说的那个东西我知道，叫作方向盘。”

佳颖：“我坐过公交车，车上有好多好多椅子。”

蕊蕊：“车上还有好多发光的灯，爸爸每次晚上出去都会开灯的，不然看不见路。”

栋昱：“车肯定有门呀，没门我们怎么进去。”

经过大家的分享，大家都对车子的构造有了更深刻的理解，有车轮、车门、发光的车灯等，孩子们眼中的车到底是什么样子的呢？来看看孩子们画笔下的车吧。

（十）车牌探秘

小杰：“我昨天把我画的车给爸爸看了，爸爸说我的车少了个很重要的东西，到底是什么东西我忘记了。”

星辰：“什么东西啊，我好想知道。”

涵涵：“我们去问问老师吧。”

听到孩子们的提问，我们开展了集体活动，小朋友们通过观察汽车的图片和自己画纸上的车子进行对比，发现了车子缺少了车牌。

鹏鹏：“我发现了，那个长方形的牌牌我们没有。”

承博：“我也发现了，而且它们的颜色还不一样。”

圆圆：“对呀对呀，上面的数字也不一样啊。”

熙熙：“为什么车的牌牌有这么多颜色啊，蓝色、绿色，好多好多颜色呀。”

麒麒：“它们有什么用呢？”

新的疑问产生了，于是我们播放视频，孩子们了解到车牌的用处以及不同颜色代表的含义。原来车牌是每辆汽车所必备的，而车牌的颜色是由车的燃料所决定的，油车就是蓝色车牌而电车就是绿色车牌，有的特殊车辆的车牌也有相应的颜色。

浚凯：“这个车牌就像我们小区的门禁卡一样，得刷一下才能进停车场。”

佑之：“我觉得它像我们的入园卡，每张都是不一样的，我们的入园卡是我们的信息，车牌是车子的信息。”

会良：“原来我家的车是油车呀，因为我家的车牌是蓝色的。”

杭杭：“我不记得我家的车牌是什么样子了，我想自己做一个，然后送给我的爸爸。”

经过观察和讨论，孩子们对车牌都非常感兴趣，听到小朋友的提议，都纷纷表示想要做一个自己的车牌，孩子们会设计出什么样的车牌呢？

四、观察和质疑

（一）乘车、行车安全

翰林：“我们的车有了车牌终于可以上路了，我们也可以当小司机啦。”

满满：“如果发生撞车了怎么办，平时在教室里面我有时候跑都会撞到小朋友。”

蕊蕊：“路上这么多车，它们为什么就不会撞车呢？”

妤欣：“看灯呀，路上好多红绿灯呢，红灯停，绿灯行，黄灯等一等。”

柯壹：“只要遵守这个规则，就不会发生撞车危险了吧”

鑫成：“除了这个规则，还有没有其他我们司机应该遵守的呢？”

星星：“肯定还有吧，我们坐车的人也有规则要遵守呢。”

栋昱：“妈妈说在公交车上不能随便下座位乱跑。”

佳颖：“还不能把我们的头和手伸到窗户外面，会很危险很危险的。”

（二）交通标志

通过谈话活动，孩子们对于乘车、行车时要遵守的规则有了了解，知道作为小小乘客有些事情不能做，不然会发生危险。那作为司机，真的只用遵守红绿灯的规则就可以了吗？孩子们又展开了讨论。

汐汐：“当小司机原来有这么多符号要去学习啊，真辛苦。”

绵绵：“那些红色的，有叉叉的就是不能做的，有黄色牌牌的地方是需要我们小心一点，慢慢走的意思。”

阳阳：“还有还有，其他那些箭头出现的地方我们需要跟着箭头走。”

（三）小司机上路记

通过集体活动和孩子们的探究与思考，对于许多安全标志，孩子们都能明白其中的含义，用自己的语言表述得头头是道。于是，小小司机的游戏被我们提上了日程。纸上的汽车已经不能满足孩子们的游戏需求，大家都希望拥有一辆能够自己坐进去、自己驾驶的车，于是我将孩子们的需求发送到了群里，寻求了家长们的帮助，家长们纷纷响应，利用周末的时间和孩子们一起打造了属于每个孩子的专属小车，一起画造型、设计、涂色，一辆辆独一无二的小车由此诞生。

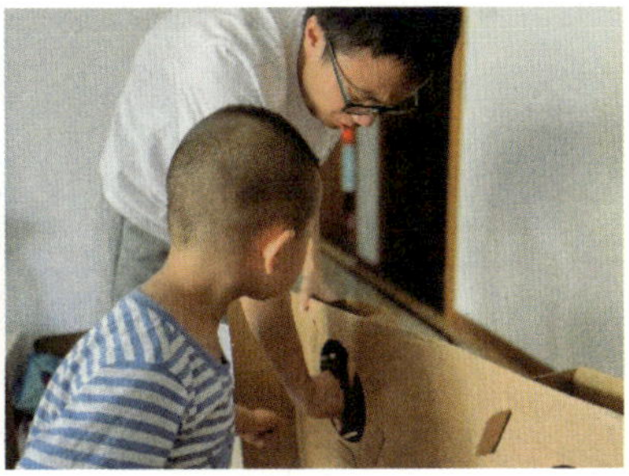

小车已准备就绪，小司机们也经过了驾车培训成功出师，一场“小小司机上路记”在大家的期待中如期展开。

◎ 分析与反思：

游戏是孩子们最喜欢做的事情，将汽车和游戏整合在一起，不仅让游戏贴近孩子们的生活，还增加了游戏的趣味性。在“汽车嘟嘟嘟”这个探究活动中，孩子们在不断地丰富游戏玩法的过程中，逐渐地熟悉自己身边的汽车，并对汽车有了新的认识。在认识汽车的同时，进而了解了汽车的基本构造以及用途，对车的认识进一步加深。

五、思考与创新

回顾整个活动，孩子们从讨论认识的车的对话出发，从已有的生活经验入手，根据自己的已有经验一步一步地深入探索，初步认识了车的发展史，了解到以前的人们没有汽车，要外出时只能用马来代替，后来再慢慢地变成了轿子、自行车。通过活动，孩子们感受到现在的生活更舒适，是来之不易的。通过对轮胎的探索，孩子们认识到轮胎上的“小刺”及花纹都是为了增加摩擦性，通过科学小实验直观感受到了摩擦力的作用。最后通过一系列的探索活动，利用亲子活动制作小车，把小朋友们变成小司机进行了一场游戏，在活动中把自主权还给了孩子们。他们自主分工讨论，分出小交警和小汽车，尽管小班孩子的年龄特点在讨论过程中会有争执，但在教师的引导下还是很顺利地完成了任务。

环境与材料是探究活动中的重要部分，我们跟随活动的开展及孩子们的发展，与孩子们一起收集材料、创设环境，记录下活动中孩子们的发现、问题与经验等活动轨迹，让环境不仅支持孩子们的学习，也成为他们获取信息、分享经验、成果展示的小天地。同时邀请家长协助，利用家长的资源丰富孩子们的经验。但区角材料中低结构材料较为缺乏，孩子们进行游戏时发挥创造性想象较少。

基于目前孩子们的年龄特点，本次“汽车嘟嘟嘟”探究活动充分发挥了孩子们的主观能动性，通过让孩子们对汽车的由来、构造、汽车各部位作用等进行深度了解，激发了孩子们对汽车的深度兴趣。随着孩子们兴趣的加深，会把关于汽车的探究活动继续延伸，孩子们与车的故事还在继续……

花田趣事

一、筛选资源

在一次次户外活动中，孩子们都自然地与“花”亲近。从他们对花的热切关注中，我们感受到了他们对自然的丰富情感。

春天是个万物复苏与生长的季节，为支持孩子们对美好事物的追求；我们思考如何开展花朵的种植活动。我们对环境和幼儿的经验进行分析：①我园的种植课程开展经验丰富，物质资源充足，便于活动开展；②家长资源丰富，支持活动开展，可借助家园平台，助推幼儿学习；③可借助现代信息手段，查询相关种植养护方式，便于问题的生发；④园内有植物养护专业人员，可提供经验；⑤小班前期有萝卜种植基础，便于深入开展活动。

《3～6岁儿童学习与发展指南》指出：“要充分尊重和保护幼儿的好奇心和学习兴趣。”基于儿童立场，追随幼儿的兴趣，利用实际生活机会支持幼儿主动学习。于是，向日葵的探索之旅开始了。

二、感知和认知

幼儿通过自主的种植体验，从播种—养护—开花—结果—分享中学习到种植的知识和技能，也进一步满足自我的情感需求，用自己的方式表达美，进而理解植物与我们生活的关系。课程目标如表1–4所示。

表1–4 “花田趣事”课程目标

目标领域	发展目标
社会领域	1. 能努力做好力所能及的事，不怕困难，有初步的责任感 2. 培养爱护公共花卉的意识。能通过种植活动产生爱护花卉、亲近自然情感

续表

目标领域	发展目标
科学领域	1. 对周围的事物、现象感兴趣，有好奇心和求知欲 2. 能运用各种感官、动手动脑、探究问题 3. 能用适当方式表达、交流探索的过程和结果 4. 能感知和发现动植物的生长变化及其基本条件
健康领域	1. 通过种植活动增加户外活动量，锻炼体质 2. 体验种植劳动带来的快乐
艺术领域	1. 在欣赏自然界和生活环境中美的事物时关注其色彩、形态等特征 2. 能经常用绘画、搓泥、手工制作等多种方式，表达表现自己观察到或想象的事物
语言领域	1. 愿意与他人交谈，喜欢谈论自己感兴趣的话题 2. 能基本完整地讲述自己的所见所闻和经历的事情 3. 愿意用图画和符号表达自己的愿望和想法

三、探索和实践

（一）活动起源

午饭后散步，我们来到种植区后面的樱花道，孩子们走到这里突然雀跃起来，因为路的两边开满了樱花，孩子们有的在地上捡花瓣，有的在树下转圈圈，嘴巴里也发出赞叹“好漂亮啊”。孩子们在落满樱花的道路上开心地玩耍、交流。

过了几天，幼儿园的小菊花相继开了，片片黄色点缀在绿色之中十分养眼，整个幼儿园也被装在春天里。这天，熙熙跑过来拉着我到门口对我说：“老师你看，梓钰把幼儿园的花花摘了。”一边说一边指给我看，还准备去抢梓钰妹妹手里的“证物”给我看。

小朋友们突然对于梓钰妹妹的这个行为非常不满。

语语：“花不能摘下来，摘下来就会很快死掉了。”

瑜晗：“你摘下来，别人就看不到了呀。”

梓钰妹妹：“我要把花花带回家送给妈妈，这是我的。”

针对“摘花”和“赏花”的现象，孩子们有“追求美”“拥有美”的情感需求，但又受到外在道德的约束。这二者似乎产生了根本的矛盾，我们开始思考如何让孩子们去拥有美，但又不会影响他人，于是我们准备种植花朵拥有一片属于自己的花田。

（二）播种

我们和孩子们一起来到了种植区，在设想我们将要种植什么植物时，他们有了不同的意见，我们请家长和小朋友一起调查在这个季节里可以种什么花？你最想种什么花？小朋友调查分享后，大家投票决定种向日葵，不仅好看，它的果实还可以吃。

1. 观察种子

佳怡妈妈给孩子们准备了向日葵种子带来幼儿园，孩子们仔细观察着向日葵种子。

子书发出感叹："这不就是瓜子吗，我奶奶最喜欢吃瓜子了。"

老师："你可以尝一尝和家里的有什么不一样。"

明明："不好吃，和买的味道不一样。"

昕昕："所有的葵花种子都可以种吗？"

西西："种子应该怎么插进泥土里呢？"

小朋友们带着一些疑问一起观看相关视频，发现原来我们平时吃的葵花子是已经炒熟的，不能用来种植，生的葵花子才能用来当种子。针对向日葵种植的朝向，孩子们大胆想象，发表自己的想法，有12位小朋友认为种子应该是尖尖的在上面，有14位小朋友认为是圆圆的朝上面。那如何验证自己的猜想呢？

2. 培育种子

我们在植物角进行了实验对照，选取了不同的种植方式，让孩子们在实验中，通过对比参照，自己观察发现正确的种植方式。为了区分采用不同杯子种植，实验组的种子种下后，为自己的种子宝宝做上标识。幼儿每天都会去观察，查看是不是发芽了，经过一段时间的观察，孩子们发现原来向日葵在种植的时候要尖头朝下，另外一些朝上的都发不了芽。

（三）养护

有了上学期种植萝卜的经验，小朋友们对于照顾向日葵很有心得，自从向日葵种子苗移栽以后，孩子们每天都要利用中午散步的时间去向日葵田里逛一逛，照顾我们的向日葵，或浇水或拔草。

这天，我们的向日葵结出了小小的花苞，小朋友们看见兴奋极了，佳怡大叫起来："老师，你快过来看，这里有花啦！"

1. 识花

小朋友们都跑过去了，花苗的中间果然有一团花苞，孩子们一个个地好兴奋，他们带上画笔、画板和向我借相机等，想要把向日葵生长的样子记录下来，保存住这美好的时刻。

对看到的花，孩子们刚开始用最简单的线条进行记录，却不知道如何画出观察到的花。于是我们开展了认识花朵的活动，引导孩子们先认识花的构造再赏花。活动中孩子们小心翼翼地由外到内逐层解剖花朵，分解出花瓣、萼片、雌蕊和雄蕊等并逐一讲解花的结构，通过探究和仔细地观察，小朋友们发现每一朵花都和我们身体一样有很多部分，而其中小蜜蜂喜欢的花蜜在雌蕊里，小蝴蝶帮助传播的花粉在雄蕊里。

通过对花的特征的学习，小朋友们把观察到的花的颜色、结构、形状都描绘得特别清楚。

2. 施肥

我们的向日葵为什么有的长高了，有的却很矮，还有的向日葵叶子烂了，是什么原因引起的？我们能做些什么帮助它呢？

我们号召家长带着小朋友们一同查阅资料，寻找解决办法。通过调查小朋友了解到，原来向日葵在慢慢长大，原本土里的营养跟不上，导致有的向日葵长得很矮，所以需要补充花肥。于是第二天妍妍带来了花肥，给向日葵增加营养。

3. 驱虫

在向日葵叶子上发现了瓢虫、蚂蚁、黑色小虫等，它们是来帮助向日葵的吗？

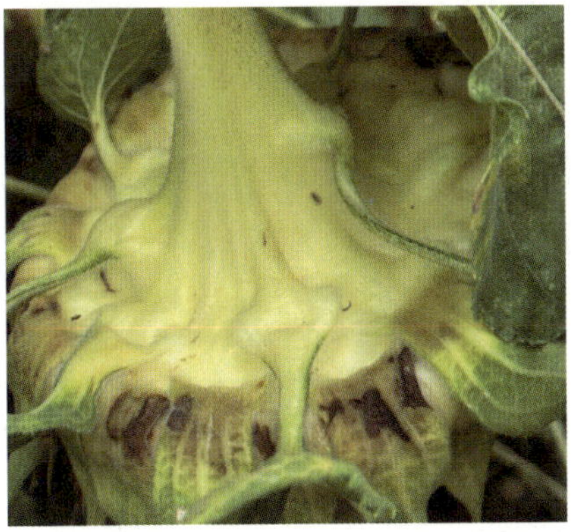

原来向日葵在快要开花时会出现伤害向日葵的蚜虫，这时候七星瓢虫就会来吃掉蚜虫，蚂蚁就是趁着向日葵开花，来吃花蜜的。黑黑的虫子是害虫，

要赶走它。小朋友们还请教幼儿园的花草养护叔叔如何驱赶向日葵上的害虫，叔叔告诉他们可以用花椒泡水喷洒在上面驱虫，于是我们去厨房向厨房阿姨领取了花椒制作花椒水驱虫。

我们一起设计了向日葵观察日记表，通过绘画方式记录向日葵的生长变化，随着课程的深入，孩子们的记录从单一的花朵、花的完整结构、天气、昆虫、人物到喷壶里的花椒都能观察并记录下来。老师能直观地发现幼儿观察记录的深度和广度有所提升。

四、观察和质疑

（一）花苗长高了吗

跳跳说向日葵又长高了，钦钦说没有，到底长没长呢？大家都不太确定。追随幼儿的兴趣，我组织孩子们进行了谈话：我们的向日葵开花已经好几天了，它们还在长高吗？怎样知道它们现在有多高了呢？

霈屹："量一量就知道了。"

吉祥："对，用尺子量一下就知道有多高了。"

教师："除了尺子，还可以使用什么工具量呢？"

有的说用木棒量，在上面做标记，有的说用绳子，有的说用吸管。于是大家拿上自己寻找的测量工具去记录向日葵的高度。

跳跳发现一根吸管太短了，两根又太长了，测量不成功。可是昕昕拿的接筒玩具就非常准确地记录了花苗的高度，于是小朋友们立刻转战寻找可拼接灵活增减的工具。孩子们顺利地量出了每一棵向日葵的高度，并把自己的测量方式记录下来。

在这个测量的过程中，孩子们从中习得了丰富的知识经验。分享环节幼儿发现测量工具数量的多少与测量工具长短有关。测量工具越长，所需的数量就越少；测量工具越短，所需的数量就越多。在筛选工具方面，知道用哪些工具合适，方便操作。在记录时，能够用数字和符号进行表达。同时孩子初步掌握了自然测量的方法，有了合作意识。从孩子们在探寻工具、尝试与测量过程中，我们可以看到孩子们获得的答案是一步步浮现的。有的小朋友测量失败，但是能很快地去思考学习有效的方法并运用起来，体验了测量探究的过程和乐趣。

（二）向日葵为什么跟着太阳转呢

珊珊："老师我记得做早操的时候向日葵还在看着大鹅，现在怎么向另一边了。"

洋洋："对啊，它们的头会动吗？"

我们把发现的现象画了下来，请小朋友回家查阅资料，观看视频，了解其中的秘密。

子书："因为他害怕阳光所以躲起来了。"

婧卓："因为他的这里有生长素，它不喜欢阳光。"

教师通过整合孩子们调查的结果，总结是因为向日葵的背后有生长素，生长素会害怕阳光，围着太阳转是为了保护生长素，生长素可以帮助向日葵长大。

（三）为什么向日葵有些低头、有些抬头

吉祥："老师你看，为什么有些向日葵抬头看着天上，有些好像断掉了一样低头朝下面的呢？"

涵涵："你看他有很多瓜子，头太重了把它压倒了。"

佳怡："他们为什么都不一样呢？"

老师："向日葵最喜欢太阳了，花盘每天被阳光照着，就抬头了。也有的是因为这朵花的花茎太细了，花朵结得大，就慢慢压弯了。"

昕昕："那我们可以把它固定一下。"

芮芮："怎么固定啊？"

言言："可以找个树枝，把它绑起来。"

我们围着幼儿园走了一圈没有发现合适的树枝，快要放弃时，一位小朋友发现教室旁边的搭建区有很多 PVC 管，他高兴地跑过去拿起来说这个可以帮助向日葵固定，小朋友们听到纷纷跟过去也要拿 PVC 管。

接着另一位小朋友在美工室发现了很多线，他决定用这个来帮助向日葵，也有小朋友决定用毛根也可以。

结果土太硬了，工具根本插不进去。

婧卓："可以用锤子把它锤进去就行了。"

于是她去寻找可以当锤子的东西，结果找来了一块木板，他们决定试一试，一人扶着，一人锤，结果真的成功了。其他小朋友纷纷效仿。

选择线的小朋友发现自己不能把管子捆起来，只能寻求老师的帮忙，选择毛根的小朋友在尝试了两次以后，自己把向日葵固定到了管子上。

◎ **教师思考：**

孩子们遇到了许许多多问题。我们可以给孩子提供一些方向和思路，让孩子们自己去思考和寻找解决的办法。要相信孩子们是有能力、有信念的问题解决者，相信"儿童的力量"。在整个活动中孩子们通过发现问题、探究合作、解决问题，在丰富生活经验的同时，体验了探究成功的喜悦，从而获得了自信。

（四）我们的瓜子被抠了

花开完，瓜子还没有成熟，我们的瓜子被抠下来了，小朋友们看到后非常生气和心痛，由此我们开展了谈话讲讲感受。

梓钰："摘瓜子的人是坏人，讨厌。"

小语："摘了是不对的。"

涵涵："我们都不应该摘花，摘了主人会非常生气。"

吉祥："是我们辛辛苦苦种出来的，别人不应该去摘。"

老师："那我们怎么去保护瓜子，提醒别的小朋友呢？"

昕昕："可以画一个标志提醒其他小朋友这是我们种的向日葵，不能去摘。"

木子："大叉叉就是不允许，再画只手。"

妍妍："爱心表示要爱护花朵"。

子书："画个眼睛请小朋友们看，不用手。"

我们把小朋友的心里话，用图文结合的方法标示出来，插在向日葵花田里提醒其他小朋友要文明观花。

通过种植活动，让幼儿感受植物的成长来之不易，让孩子学会尊重生命，有了对自然对生命的尊重，孩子们不会无缘无故或者单纯出于想占有而去摘花。从外部约束从而转化为内部驱动。

（五）享受成果

向日葵成熟啦！我们一起去收获吧！孩子们带上剪刀、小筐，一起去采摘，每当收获的时候，也是孩子们最开心的时候，终于可以收获到自己亲手种植的向日葵了，孩子们两三个一组，使用自己的方法，将向日葵剪下来。

诺一："向日葵摸上去刺刺的。"

妍妍："向日葵好像一个大喇叭。"

思瑜："用剪刀把瓜子剪下来。"

昕昕："用手一颗一颗拿不方便，用手在花盘上面上下来回拨动，瓜子就很快地掉下来啦！"

在孩子们的共同努力下，终于品尝到了期待已久的瓜子！

霈屺："你看这个瓜子上有很多条线，像斑马。"

淳希："这个瓜子比我们买的小多了。"

剥下来的壳也不能浪费了，在家长会上小朋友和爸爸妈妈一起合作完成了瓜子粘贴画。

大家一同将花盘中剩下的瓜子的花絮筛选干净，将它们晒干装袋。一部分带回家进行分享，一部分送给其他班的小朋友们，请他们来延续后面的故事。

孩子们用彩纸和牛皮纸做成了一个个小口袋，在上面设计好看的图案作为装饰。瓜子包装好后，孩子们把自己的劳动成果分享给幼儿园的老师、保安爷爷、食堂阿姨。

五、思考与创新

围绕幼儿的经验现状及其关注要点，我们结合“花”这一素材本身以及活动中随机生成的内容，梳理出从播种—养护—开花—结果—分享中学习到种植的知识和技能，也进一步满足了自我情感需求，用自己的方式表达美，进而理解植物与我们生活的关系。

（一）道德意识的发展，是非观的初步建立

从摘花到自己种花，从外在的道德约束到内在的情感驱动，孩子们的道德意识在逐步发展，同时对于“公共的事物不应该去破坏”有了更进一步的理解，对于自己种出来的花拥有自主分配权也有了更深刻的感受与体验。

（二）种植技能的获得，向日葵与“我”的关系

理解从育苗到养护中间解决了很多问题，并进行畅想和期待，孩子们经历了种植的整个过程。就像教育家杜威所说的“做中学”，孩子们在亲身种植、养护、发现、探究的过程中，以一种生活化、常态化的方式，自然地吸取多层次的相关经验。

（三）积极态度的养成，良好行为倾向的萌发

幼儿在活动过程中表现出的积极态度和良好行为倾向是终身学习与发展所必备的品质。在种植中，孩子们面对种什么、谁先发芽、驱虫、扶植等问题自主尝试解决，不畏困难，对于小班的他们来说，是非常值得珍视的品质和能力。三个多月的时间，需要他们的坚持和恒久忍耐，对于他们来说既是一种挑战，同时也是一种成长，更体会到付出努力才有所收获。

甜蜜之旅

一、筛选资源

虞永平教授说："课程在儿童的生活和行动里。"在生活中糖是经常见的，糖对于孩子来说有着很大吸引力，鲜艳的包装和酸甜的味道，都是孩子的最爱，班级孩子也喜欢带糖果来分享，吃着甜甜的糖果，小朋友们提出了很多问题："这么好吃的糖是怎么做出来的呢？用什么做出来的？我们能做出糖吗……"

根据《3～6岁儿童学习与发展指南》中的相关要求，教师要选择贴近幼儿生活，让幼儿感兴趣的事情和话题，有助于扩展幼儿的经验和视野。教师应善于发现和保护幼儿的好奇心，激发幼儿对事物愿意尝试探索的欲望。根据孩子的兴趣，坚持以"幼儿为主体、儿童为本"的教育理念，在实践操作过程中，幼儿将获得有益身心发展的丰富经验，于是我们围绕着糖，与孩子一起踏上了自制麦芽糖的甜蜜之旅。

二、感知和认知

幼儿通过直接感知、亲身体验、实际操作的方式，掌握如何成功制作麦芽糖的相关经验，最终达成关于糖知多少、我们做糖能成功吗、麦芽糖能做什么的初步认知。课程目标如表1-5所示。

表1-5 "甜蜜之旅"课程目标

目标领域	发展目标
健康领域	1. 做力所能及的事情，愿意洗小麦、清洗麦芽、拔麦芽等事情 2. 能用笔涂涂画画
语言领域	1. 愿意在同伴面前表达自己的需求和想法 2. 喜欢用涂涂画画表达一定的意思

续表

目标领域	发展目标
社会领域	1. 能根据自己的兴趣选择活动，喜欢承担小任务 2. 知道麦芽糖是我国一种非遗美食，萌发出对国家的热爱之情
科学领域	1. 能感知和发现麦芽的成长变化，对麦芽高矮长短进行比较 2. 通过亲身实践发现糖遇水的明显变化，并能用自己的语言描述
艺术领域	1. 能主动观看并欣赏麦芽的成长，发现颜色和形态美 2. 愿意用绘画、捏泥等艺术形式对糖果进行表现

三、探索和实践

（一）活动起源

孩子很喜欢与他人分享，会把家里喜欢的玩具带来幼儿园，这一天斯淇小朋友带来了许多糖果，大家都围观过去，挑选着自己喜欢的颜色、形状，细细品尝着“世间美味”。

斯淇：“我好喜欢吃大白兔糖，甜甜的。”

元哲拿着手中的糖说：“这么好吃的糖是怎么做出来的呢？”

瑶瑶：“我觉得工人叔叔们好厉害啊，能做出这样好吃的糖。不知道他们是用什么做出来的？”

一晨：“我也不知道，要是我们能做糖就好了。”

俊玮：“老师，我们能做出糖吗？”

（二）甜蜜寻糖

“甜甜的糖果在哪些地方有？糖果有什么形状呢？都有些什么味道呢？”带着这些疑问，孩子们和爸爸妈妈一起搜罗糖果，并且进行糖果大调查、糖果大收集……

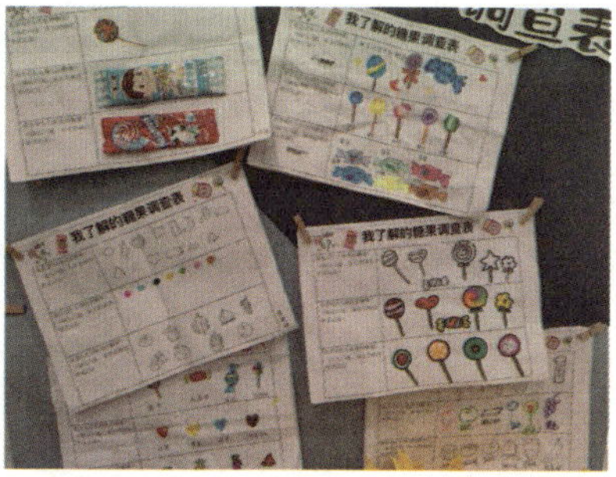

好妹："我在大超市找到了很多糖果，有软糖、硬糖，它们有很多形状，圆形的、星星的、三角形的……"

斯淇："我也看到了很多糖，它有很多种颜色，我喜欢彩虹糖。"

胤轩："老师，在商场我找到了榴梿味的糖果。"

博宇："我还发现了不一样的糖，冰糖、红糖，它们都是甜甜的。"

对于糖果的形状、颜色和味道，小朋友们说得津津有味。基于孩子们的兴趣，为了大家能直观观察糖果的形状和颜色，通过味觉感受糖果的味道，我们把糖果带来一起分享，并且开展了"糖果分类""我的糖果"等活动。

在活动中，小朋友们积极参与糖果分类，有的孩子提出根据软糖、硬糖、有小棍的糖分为三类，也有的小朋友提出根据糖的形状或颜色进行分类，由于分类方法太多，最终孩子们举手投票决定将糖果分为软、硬、有小棍的三类，在分类过程中也培养了孩子手口一致的点数能力。

（三）消失的糖

小朋友们品尝到糖果后发出疑问：为什么糖果放在嘴里会越来越小？为

什么会消失不见了？

俊玮：“因为我们嘴里有口水，糖就融化掉了。”

瑶瑶：“因为我们咬碎了，它就变小了。”

一晨：“因为它在我们肚子里，所以不见了。”

糖为什么消失不见了？引起了小朋友们激烈讨论，为了让孩子们亲身经历，直接感知糖遇水融化的变化，我们做了不同实验。

实验一：将糖敲碎放进有冷水的透明盒里搅拌。

实验二：将整颗糖放进有冷水的透明盒里搅拌。

实验三：将糖敲碎放进有热水的透明盒里搅拌。

实验四：将整颗糖放进有热水的透明盒里搅拌。

小朋友很快发现，实验三，将糖敲碎放进有热水的透明盒里搅拌，融化最快；实验二，将整颗糖放进有冷水的透明盒里搅拌，融化最慢。

追随孩子们的兴趣，老师立即抛出问题：“糖除了遇水融化不见了，还能怎么不见？”

桥桥：“我把它藏起来，它就不见了。”

小朋友们纷纷应和道：“我要把它藏在衣服里”“我要把它藏在篮子里”……于是小朋友和糖一起开展了“糖在哪里”的游戏，玩得不亦乐乎，随后我们通过家园互动开展了“护牙大行动”，知道糖好吃不贪吃，为了保护牙齿坚持刷牙的好习惯。

（四）初遇麦芽糖

小朋友们知道糖放在嘴里会融化后，都感慨糖是最好吃的食物，难道我们只能在超市买，不能自己做吗？带着这样的问题，小朋友们和爸爸妈妈一起调查，利用网络资源进行搜索怎样制作糖……

文辅：“老师，我和妈妈看了视频，我知道红糖是用甘蔗制作的。”

艺涵：“我也知道蜂糖，是蜜蜂它们辛辛苦苦做出来的，然后工人叔叔他们拿来卖。”

溪溪：“老师，我看过麦芽糖视频，麦子发芽做出来的，很好吃。”

小朋友们积极分享自己了解到的糖，根据孩子们反馈的信息，我们统计出来了三类糖：蜂糖、麦芽糖、蔗糖，是孩子了解、掌握信息量最多的糖，于是我们通过视频欣赏，了解三种糖类和制作方法，最后由孩子自主选择，通过画标识表征方式进行投票，我们将制作最高票数的糖。

瑶瑶：“我想制作蔗糖，所以我选择投它一票。”

斯淇：“我喜欢麦芽糖，我要做麦芽糖。”

最终蜂糖 7 票，麦芽糖 10 票，蔗糖 5 票，小朋友们很兴奋，很期待自己即将制作的麦芽糖。

（五）小麦种哪里

通过网络资源学习，小朋友们习得制作麦芽糖的经验，知道水培麦芽是最便捷的种植方式，小麦有了，但是小麦用什么容器来水培？

惟奕：“我们找一找教室里的材料吧。”

于是小朋友们在活动室四处找寻合适的水培材料。

玥玥：“老师，钢琴上有个空的饼干盒，可以拿来水培。”

景煜跑到美工区，拿出一个透明盒说：“老师，你看，这个可以。”

恩毅很开心地找到了一个空的矿泉水瓶。

瑶瑶和俊玮来到小仓库翻腾着，很快两人找到了沥水篮，兴奋地说：“老师，这个就是视频里的过滤篮，我们用这个来水培麦芽吧。”

小朋友们找来了不同的水培容器，大家进行比较，选择一个最合适的作为本次的水培器具，小朋友提出矿泉水瓶太高了，切开瓶子容易割到手不是很适合；饼干盒也太高了；最后只剩下美工区的透明盒与沥水篮。

桥桥：“麦子会长根，也会长麦芽，不能全都在水里，透明盒不适合。”

元哲：“沥水篮最适合，它的根会在篮子下面。”

瑶瑶：“我们都想用沥水篮，还能看到麦芽长出来了。”

俊玮：“那我们用标识投票吧！”

最终通过标识投票方式统计到：矿泉水瓶3票；沥水篮9票；饼干盒6票；透明盒5票。最终商议决定用沥水篮进行水培麦芽。

（六）水培小麦

水培麦芽的器具找到了，接下来就是水培小麦，该怎样水培呢？小朋友根据已掌握的水培信息，提出需要挑选出坏掉的小麦种子，然后浸泡。于是根据孩子要求，我把小麦倒进了盘子里，便于孩子们挑选。

可艺：“老师，坏掉的种子怎么办？放哪里啊？”

我回应道：“是啊，该放哪里？”

这时候阳阳走到美工区，拿起透明盒说：“放在这个盒子里，平时我们有笔需要放的时候老师就是拿的这个。”

我给了阳阳一个大大的赞，他拿了很多个盒子，分别放在了小麦旁边，小朋友们开始挑选。

溪溪：“老师，你看，我发现了坏了的种子。”

言豪："我找到了垃圾。"

瑾辰："这小麦种子小小的，硬硬的，好可爱。"

大家都认真地挑选着，很快就完成挑选，我说："接下来该怎么办呢？"

瑶瑶："老师我们需要用水清洗小麦，然后浸泡。"

我说："那谁愿意清洗小麦？"

瑶瑶回应："我去。说完就端着篮子往水池走去，洗完了又端回来放在小桌子上。"

斯淇："老师，刚才的饼干盒可以用来装水浸泡小麦。"

元哲："还有那个矿泉水瓶也可以装水浸泡小麦。"

为了满足孩子的探索欲望，我说："你们可以拿着这两个材料，帮助我们去盛水进行浸泡吗？"

两个孩子兴奋地答应下来，小心翼翼地装好水，慢慢地走了过来，轻轻地将水倒入小麦中进行浸泡。一转眼，到了午餐时间，于是我们把泡好的小麦放在一边，让它静静地浸泡着。

起床之后，小朋友们好奇地去看小麦有没有变化，突然好妹说："小麦变大了。"大家都过去围观，纷纷讨论麦子真的变大了，出于好奇，有的小朋友用手去摸小麦，玥玥制止了大家的行为，并说："不要去摸，待会捏坏了就不能发芽了。"小朋友们小心翼翼地围观着。

好妹："老师，小麦种子变大了，我们可以把它沥起来了吗？"

我回应："当然可以啊！"

好妹："那我去洗手池沥干它！"

于是，好妹来到洗手池轻轻地把泡好的小麦倒入沥水篮，约上好友一起平铺麦子，并且为小麦种子喷水保湿，小朋友们期待着麦芽的成长。

（七）周末谁照顾

水培麦芽之后，小朋友们每天入园放书包的时候，都会在走廊上认真观察麦芽的成长。水培麦芽第2天，他们发现麦子长出来一点白芽，当时很新奇，也会和好友交流自己的发现和观察，也会定时为麦子保湿。第3天，他们发现麦芽变长了，还有白白的、细细的根，为了记住麦芽成长的过程，小朋友们用图画表征的方式进行记录，但时间很快到了星期五。

溪溪："老师，明天就是周末了，谁来照顾麦芽啊？"

俊玮："我们来幼儿园照顾它。"

景煜："周末都不上幼儿园，要放2天假的。"

惟奕："我们请保安叔叔帮我们照顾。"

文辅："我们可以带回家照顾吗？"

小朋友们听到这个提议之后，都纷纷抢着说想带回家照顾麦芽，都想带回家那怎么办呢？

瑶瑶："我们来举手投票吧，票数最多的3个小朋友才可以带回家照顾。"

大家很赞同这个公平的提议，于是小朋友开始了自我推荐，并投票。最终可以带回家照顾的小朋友分别是玥玥、可艺、溪溪，在家长的协助下一起陪同孩子记录麦芽的成长，并拍照在班级群让孩子们一起见证麦芽的变化。

四、观察和质疑

（一）什么时候拔苗

经过小朋友们的照顾，麦芽一天天地长高，在水培麦芽的第6天，小朋友们对是否拔麦芽展开了讨论。

好妹："老师，麦芽长得好好吖，绿绿的。"

胤轩："它长得这么高了，我们什么时候可以拔它，制作麦芽糖啊？"

元哲："我们看麦芽糖视频的时候，说要 5 ～ 7 厘米就可以拔苗了。"

瑶瑶："5 ～ 7 厘米究竟是多高？"

佳遥："这么高……（用双手随意打开半米左右）"

桥桥："没有那么高，麦芽长得太高了就不能做麦芽糖了。"

好妹："现在我们的麦芽和看到过的视频麦芽，好像是一样高。"

师："为了让大家更加确定我们的麦芽是否有 5 ～ 7 厘米，我们应该用什么工具来准确测量呢？"

景煜："我知道，我们可以用尺子。"

俊玮："我们可以用那种卷卷的、圆圆的那种工具。"

师："卷卷的、圆圆的？是这个卷尺吗？"（出示准备好的卷尺）

俊玮兴奋地说："是的是的，就是这种。"

景煜："我爸爸说这种会割手的，尺子会安全一些。"

俊玮和其他小朋友附和道："那我们就用尺子。"

瑶瑶："老师，我们一起测量一下，看看麦芽有没有 5 ～ 7 厘米。"

师："哇，刚好 5 厘米。"

小朋友们兴奋过来围观，用手进行衡量 5 厘米的麦芽，同时他们激动地鼓掌说："可以制作麦芽糖了，太好了。"他们都期待着自己想操作的小任务。为了让孩子对 5 厘米这个长度有更深刻的认识，可以通过尺子的准确衡量，使幼儿在亲身体验、实际操作中获得经验。

溪溪："老师我的手指刚好有 5 厘米，我的手指和麦芽一样高。"

佳遥："老师，我也是，我也是。"

于是用尺子对孩子的手指（食指）进行测量，经过全部测量之后孩子的食指是 5 ～ 6 厘米。

瑾辰："老师，我两个手指也能做 5 厘米，你快看。"

我很新奇地看过去，这真是一个很新颖的测量，我立即为他测量，果真是 5 厘米，小朋友们也纷纷效仿。他们也在教室的区域里找到了扭扭棒、雪糕棒、绳子等物品，进行 5 厘米的测量。

◎ 分析与反思：

根据《幼儿园教育指导纲要（试行）》，教师要支持、鼓励幼儿用各种常见材料和工具进行简单的尝试和探索。在活动中，幼儿用手指、在区角搜寻材料，进行简单的尝试和探索，同时刺激并锻炼开放性思维。幼儿在本次活动中主动性及积极性都很强，幼儿通过多次的思考和反馈，已能掌握 5 厘米的测量方法。

（二）怎样制作麦芽糖

在等待麦芽长高的过程中，我们坚持学习制作麦芽糖的流程和方法，小朋友们每当看到熬糖成功的片段时，都是欣喜万分，直到麦芽长高我们能制作麦芽糖时，小朋友们主动诉说着自己的想法和意愿……

传熠："老师，我想拔麦芽、洗麦芽。"

好妹："我想挑战煮糯米。"

师："怎样制作麦芽糖呢？"

瑶瑶："要洗麦芽、切麦芽还要过滤了……"

根据麦芽糖制作流程，我们和孩子一起梳理了六个步骤，分别是：拔麦芽（洗麦芽）；切麦芽；煮糯米（搅拌）；过滤；熬糖；做糖。

基于孩子的兴趣和意愿，支持、鼓励幼儿自主参与操作环节，根据孩子的意向选择，最终统计结果为煮糯米（搅拌）2 人；拔麦芽（洗麦芽）6 人；切麦芽 8 人；过滤 2 人；熬糖 2 人；做糖 5 人。

制作麦芽糖需要煮熟糯米与碎麦芽一起发酵，为了合理充分利用时间，我们第一个流程是煮糯米，好妹和阳阳一起把糯米清洗干净，将洗干净的糯米倒入电饭锅中加入适量清水，在老师协助下煮糯米。

拔麦芽需要麦芽的根部和麦芽苗一起制作，小朋友们认真地挑选着。

景煜：“发了霉的不能要，不能用坏掉的。”

言豪：“很短的也不能要。”

拔好麦芽之后，几个小朋友积极地将麦芽拿到洗手池去清洗。

接下来交给了负责切麦芽的小朋友，切麦芽活动的开展，进一步丰富了幼儿的生活经验，提高了幼儿手眼协调、双手动作、手脑协调的能力，又锻炼了小臂肌肉的耐力，培养了幼儿友好相处、共同合作的精神和做事学习专注的品质。

小朋友们有条不紊地切完了麦芽，同时糯米也煮好了，好妹和阳阳把切好的麦芽和糯米饭充分搅拌，让其发酵一夜。第二天惟奕和钰辰小朋友将发酵好的麦芽糖汁用纱布过滤出来，瑶瑶和元哲将过滤出来的麦芽糖汁放入平底锅中，进行熬糖的工序，在这个过程中，小朋友需要不停地搅拌防止温度过高而煳锅影响麦芽糖的口感。

在不断地搅拌中，麦芽糖终于做好了。小朋友们迫不及待地品尝了自己制作的麦芽糖，负责做糖的小朋友认真地拿着筷子为大家做起了搅搅糖，并向

大家分享我们的麦芽糖。

◎ 分析与反思：

根据《3～6岁儿童学习与发展指南》中的相关要求，教师应引导幼儿通过观察、比较、操作、实验等方法，学会发现问题、分析问题和解决问题，通过直接感知、亲身体验和实际操作的方式，帮助幼儿不断积累经验，并运用于生活之中。孩子们亲手制作麦芽糖，全程参与，获取了关于麦芽糖的完整经验，观察到同一物体的不同状态（液态、固态），同时体会到做麦芽糖的不易，也了解到每种粮食制成的食物背后都需要有一系列工序、都需要付出辛勤的劳动，他们更是萌发了要节约粮食、杜绝浪费的思想。

（三）麦芽糖还能做什么

小朋友们品尝到自己制作的麦芽糖后，很想让爸爸妈妈也品尝到自己的劳动成果，于是提出再次制作麦芽糖。有了第一次的制作经验，大家都兴致勃勃，信心满满，相比第一次制作大家有了更多新颖的想法。

玥玥："我们上次用麦芽糖做了搅搅糖，这次我们做什么呢？"

溪溪："做棒棒糖吧！"

小朋友们都附和："那我们就做棒棒糖……"

博宇："老师，这次制作麦芽糖，我想当煮饭组的组长。"

俊玮："老师，我想当切麦芽组的组长，我会带着小朋友一起切得很碎的。"

斯淇："我想送给妈妈，想做可爱好看的糖。"

瑶瑶："我想要对糖进行包装，送给外婆。根据孩子的需求，我们开展了组长竞选、投票进组的活动。"

孩子们为了向家人表达爱，想要把最好的送给爸爸妈妈，经过家长代表们商议，决定为孩子们提供食品级的做糖模具、包装袋，以及礼品袋，材料准备好了，但是怎样将麦芽糖做成像超市里的糖一样色泽漂亮呢？

元哲："我们在网上查看一下吧，看看他们是怎么做的？"

于是我们再次利用网络资源查看网上的制作教程，小朋友们很快发现除了麦芽糖还需要冰糖，那么冰糖哪里有呢？

艺涵：“幼儿园的厨房有，因为甜汤需要冰糖。”

大家都很赞同艺涵的说法，我们一起向厨房阿姨借来了一包冰糖，熬好麦芽糖之后，加入了冰糖和水再次熬制，老师协助小朋友将熬好的糖用勺子盛入模具，等待糖成型后，孩子再进行包装。

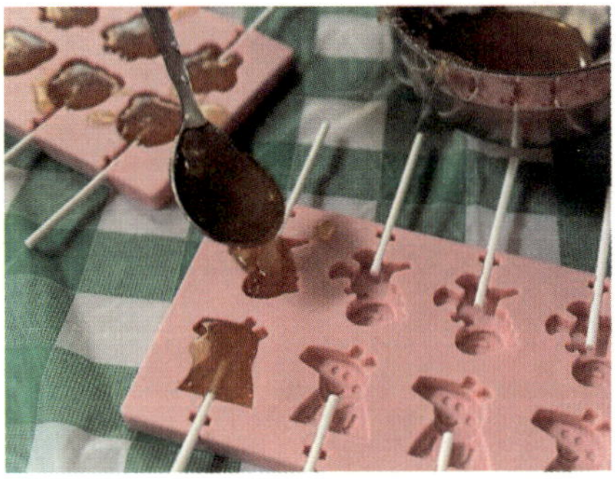

小朋友们用心设计出自己的专属礼物袋，每一个袋子都是独一无二的，并且装上“麦芽棒棒糖”分享他人。

五、思考与创新

在整个自制麦芽糖的甜蜜之旅活动中，一切都是由孩子们做主，孩子们发现问题，并探讨解决问题的方法，在实践操作过程中获得有益身心发展的丰富经验。我们教师应该尊重孩子，尊重孩子的主体地位，认真倾听孩子的真实想法，并及时给予孩子回应和支持。《幼儿园教育指导纲要（试行）》指出：“教师应成为幼儿学习活动的支持者、合作者、引导者。”在活动过程中，我们是共同成长的伙伴关系，鼓励幼儿主动思考和探究，推动和激励幼儿发现问题、解决问题，成为积极主动的学习者。

通过本次活动可以感受到，幼儿的好奇心几乎是一种本能，好奇心引导幼儿探索未知、积累经验，是幼儿一切活动的动力源泉。重视、引导与保护幼儿的好奇心，使其发展成为持久的求知欲。在好奇心影响下，幼儿积极主动参与活动，逐步构建自己的经验体系，从而体验成功，树立自信心，自信心反过来又促进幼儿更主动地探索，从而超越自我。

第二章　中班

我的那些牙

一、筛选资源

时光的车轮流光溢彩，随着幼儿慢慢长大，牙齿的变化也在悄然发生。在此期间，部分幼儿长了蛀牙，他们有的懵懵懂懂，有的兴奋不已，有的心生恐惧……《3～6岁儿童学习与发展指南》提出："幼儿阶段是儿童身体发育和机能发展极为迅速的时期，也是形成安全感和乐观态度的重要阶段。发育良好的身体、愉快的情绪、强健的体质、协调的动作、良好的生活习惯和基本生活能力是幼儿身心健康的重要标志，也是其它领域学习与发展的基础。"《3～6岁儿童学习与发展指南》还提出："幼儿身心发育尚未成熟，需要成人的精心呵护和照顾，但不宜过度保护和包办代替，以免剥夺幼儿自主学习的机会，养成过于依赖的不良习惯，影响其主动性、独立性的发展。"而4～5岁的幼儿喜欢关注自己的身体，作为教师我们应该支持幼儿的发展，关注其兴趣点，及时给予支持和帮助，那么如何帮助幼儿正确认识蛀牙的问题？"你的牙齿怎么了？""为什么你的牙齿有个黑色的洞洞啊？"面对孩子们层出不穷的问题，我们班级教师从幼儿熟悉的事例入手，结合幼儿的年龄特点和兴趣爱好，利用可利用的资源以及《3～6岁儿童学习与发展指南》的要求，开展了探究型课程活动"我的那些牙"。

二、感知和认知

（一）幼儿已有经验

牙齿保健意识的形成：中班幼儿逐渐意识到保护牙齿的重要性。知道刷牙、漱口以及定期拜访牙医来维护口腔健康，理解这些行为的益处。

刷牙技巧的掌握：中班幼儿已经学会使用牙刷和牙膏刷牙，知道应该用小圆圈的方式刷牙，从上往下、从前往后，将牙刷放置在牙龈和牙齿的接口处进行刷洗。

牙齿清洁的常识：了解食物中的糖分对牙齿的影响，并且清洁牙齿后避免饮食一段时间。

牙齿与营养的关系：知道牙齿的发育与健康离不开营养均衡的饮食。他们明白多吃水果、蔬菜和奶制品等富含营养的食物会有助于牙齿发育和健康。

（二）各领域目标

“我的那些牙”课程目标如表 2-1 所示。

表2-1　“我的那些牙”课程目标

领域	目标
健康	1. 通过观察和实践，让幼儿了解牙齿的结构和功能，明白保护牙齿健康的重要性 2. 培养幼儿自我刷牙的能力，并引导他们养成每天刷牙两次、正确使用牙刷和牙膏的习惯
语言	1. 通过互动游戏、讨论和故事，让幼儿探索牙齿的功能和作用，激发他们提出问题和表达观点的能力 2. 提高幼儿的口语表达能力，让他们能够用简单的语言描述刷牙的步骤和注意事项
社会	1. 组织小组活动，让幼儿一起探讨如何保护牙齿健康，培养他们在团队中分享和合作的意识 2. 通过角色扮演，让幼儿模拟牙医、护士和病人等社会角色，理解牙医的工作和职责
科学	1. 提供观察牙齿模型和口腔模型的机会，让幼儿观察和探索牙齿的特点、不同类型的牙和它们的功能 2. 开展简单的实验，让幼儿了解不同食物对牙齿的影响，促进他们的科学思维和观察技能的发展
艺术	1. 通过绘画、手工制作和音乐活动，鼓励幼儿探索牙齿与艺术的结合，培养他们的审美意识和想象力 2. 引导幼儿制作与牙齿相关的手工作品

以上目标的实施，使幼儿在健康、语言、社会、科学和艺术五个领域得到全面发展。他们将培养自主探究的能力，激发好奇心和创造力，同时树立保护牙齿健康的意识，为未来的学习和生活奠定基础。

三、探索和实践

（一）活动起源

活动起源于孩子们一次桌面游戏后的对话，收完玩具后，梓豪看见洋洋的门牙黑黑的，还有洞，于是就感到很好奇，问洋洋牙齿怎么了？然后几个小伙伴互相看对方的牙齿，进行了一些探讨。

梓豪：“洋洋你牙齿怎么回事？为什么会是黑黑的？还有洞？你回家吃了什么吗？”

汶积：“咦，洋洋你牙齿怎么弄的？是吃了很多的糖果没有刷牙吗？这样一点都不好看。我的牙齿可不能像你这样。”

基于孩子们的聊天，我们开展了一次关于牙齿的谈话活动，整个活动下来，孩子们对牙齿为什么会坏的回答都停留在吃了很多糖果，睡觉前没有刷牙等，尽管孩子们的回答比较表面，但是也挡不住他们的好奇心。

◎ 分析与反思：

通过关于牙齿的谈话活动，激发了孩子们的好奇心，他们在围绕“牙齿”的对话中，观察对方的牙齿，进行了一些简单的探讨。这有助于增加孩子们对牙齿健康的关注度，促使他们思考牙齿坏掉的原因。在对话中，我们发现孩子们的观点比较简单、片面，这需要我们适时介入和引导，让孩子们的探究更加深入。这样的活动很有价值，它提供了一个启发性的学习机会，并激发了孩子们思考和探索的兴趣，有助于培养他们的科学精神和健康意识。

（二）前期调查

首先，通过调查表的方式，利用家园合作，请小朋友在家长帮助下完成调查表的制作。孩子们通过调查开始有了初步认识，好奇心也进一步增加。老师通过出示各种牙齿的照片请孩子们观察，有洁白的牙齿、黑黑的牙齿，最后再请小朋友们互相观察小伙伴的牙齿，并告诉对方观察到的牙齿情况，通过这些小互动在孩子们心里埋下了一颗想深入探究的种子。

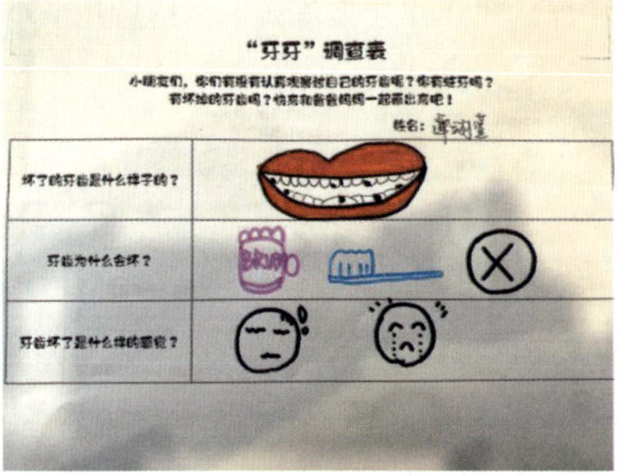

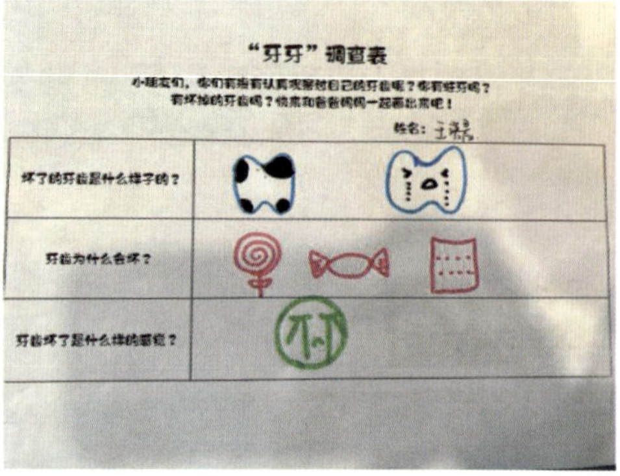

汐汐：“朵朵你的门牙也有洞洞，是不是没有好好刷牙？你再看看我的呢？”

小李：“我的牙齿怎么里面是黑黑的？”

梓豪：“看我的牙齿没问题，外面的牙齿和里面的牙齿都是白白的。”

◎ 分析与反思：

教师要认真对待幼儿的问题，引导他们猜一猜、想一想，与幼儿共同做一些调查，让幼儿通过对自己的调查和查看，知道自己牙齿的样子、龋齿的数量以及龋齿疼痛的感觉，通过融入孩子的经历和感受，挖掘更多的对于牙齿感性经验，加深他们对于牙齿的认识。同时通过调查表和家园合作的方式来引导孩子们了解牙齿，激发他们的好奇心。教师通过出示牙齿的照片来引发孩子们观察和思考，培养了他们的观察力和表达能力。而孩子们之间互相观察和交流，则增进了彼此间的沟通和理解。孩子们相互观察对方的牙齿，引发了孩子们对牙齿清洁的思考。这样的互动让孩子们开始思考牙齿健康与刷牙习惯之间的关系。通过引发孩子们的好奇心，培养了他们的观察力和表达能力，并引发了对牙齿健康问题的思考，既能够满足孩子们的学习需求，又能够培养他们的社会交往能力和健康意识。

（三）我的牙

1. 观察牙齿

在开展活动前，我们先请每位孩子带一面小镜子到幼儿园，活动中孩子们拿着带来的镜子仔细观察自己的牙齿，通过观察他们发现自己牙齿有的比较大，有的牙齿是尖尖的。

2. 我们的问题

涵涵：“为什么我们天天刷牙还是会出现蛀牙？”

茂茂：“天天刷牙牙齿怎么还会黄？”

3. 寻找与发现

老师：“那我们怎样才能够找到这些问题的答案呢？”

俊杰：“可以问爸爸妈妈。”

卓卓：“可以去牙医诊所问叔叔阿姨。”

天一：“看一看关于牙齿的绘本。”

俊逸：“回家查一查手机就知道了。”

带着对牙齿的好奇，我们开展了探索牙齿的旅程，通过查询相关资料，我们知道了儿童的牙齿有 20 颗，称之为乳牙，而乳牙又分为三种，分别是门牙、尖牙、磨牙。孩子们也和家长回家寻找答案，对于之前提出的问题做了相应的回答。

◎ 分析与反思：

孩子们在观察牙齿的过程中表现出了积极性和好奇心，同时他们提出的问题也表明了他们对牙齿问题的关注。教师引导孩子们用多样的方式寻找答案，鼓励了孩子们的主动学习和独立思考。同时通过观察牙齿、提出问题和寻找答案的方式，培养了孩子们的观察力、思考能力和信息获取能力。同时，也增强了他们对牙齿健康的关注。

4. 牙齿知多少

（1）牙齿的分类。孩子们对自己牙齿有了初步观察后，我们开展了牙齿的分类活动，引导孩子了解牙齿的三种类型以及对应的作用。

门牙

尖牙

磨牙

（2）牙的结构。了解了牙齿的三种类型后，接着通过图片、视频相结合的方式引导孩子对牙齿的了解，最后再通过游戏，进一步加深孩子对牙齿结构的认识。

（3）画画我的牙。通过前面的活动，孩子们对自己的牙齿有了比较全面的认识，这时我们邀请孩子通过绘画的形式，画出自己的牙齿。

晨雨："你看我的嘴巴里都是蛀牙，它们是黑黑的。"

霄宇："我的牙齿有很多。"

朵朵："你看我的门牙有那么大！"

◎ 分析与反思：

通过分类、结构和绘画等方式，让孩子们在观察、学习和表达中，加深了对牙齿的认识。活动设计得循序渐进，适合幼儿的认知能力和兴趣发展。同时，使用多媒体资源和游戏的教学方式，提高了孩子们学习的趣味性和参与度。教师引导也让孩子们更深入地了解了牙齿的分类和结构。孩子们的表达显示了他们对自己牙齿特点的观察和思考。这种活动不仅提高了孩子们的知识水平，还加深了他们对自己牙齿的认识和理解，也促进了他们的创造力和自信心的发展。

5. 牙齿大作战

（1）蛀牙初探究。

朵朵："老师，我的牙齿上有很多黑黑的东西。"

娜娜："我的牙齿白白的。"

茂茂："哇，嘴巴里有好多牙齿呀！"

鑫鑫："他的牙齿有点黑黑的。"

小朋友们带着好奇心，互相看看牙齿，发现嘴巴里有很多颗牙齿，牙齿是白色的，形状和大小都不一样。在观察中他们发现有的小朋友牙齿上有洞洞，还有黑色的东西，为什么牙齿上有洞洞还有黑色的东西呢？于是我们展开了一场“黑洞洞是什么”的大讨论。

萱萱：“为什么有些小朋友的牙齿上有黑点点、黑洞洞呢？”

洋洋：“我外公的牙齿也有黑洞的。”

小金：“是脏东西！”

慧慧：“我听我妈妈说过，那是蛀牙。”

通过讨论，小朋友们初步了解了“黑点点”和“黑洞洞”是蛀牙。

紧接着我们给孩子出示一张图片，孩子们观察到图片上的牙齿黑黑的，像虫一样，接着教师抛出问题：这些黑黑的是什么？为什么牙齿上会有这些东西呢？孩子们的回答充满了各种天马行空的想象，也有孩子说到了这是蛀牙，是没有爱护牙齿、没有好好刷牙才出现的。

晨雨：“原来我牙齿里面是这个样子的呀，这里还是黑黑的，我以后一定要好好刷牙。”

（2）牙齿再调查。基于孩子们的回答，我们再一次进行了调查，并请孩子们第二天将调查表带回幼儿园和小朋友分享自己的调查结果。

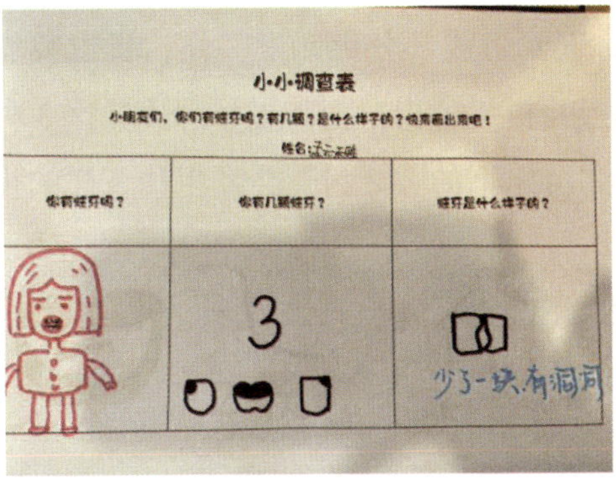

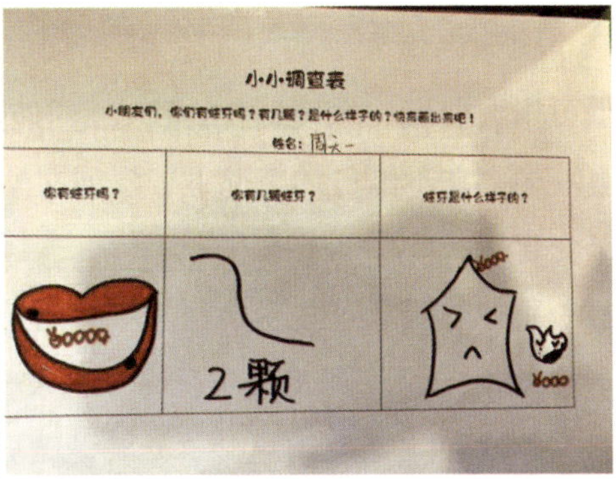

通过孩子们的分享我们发现，他们对蛀牙的形成还不是太了解，于是我们以视频动画、图片再加以幼儿能理解的话引导孩子们了解蛀牙的形成，使他们有进一步的认识。

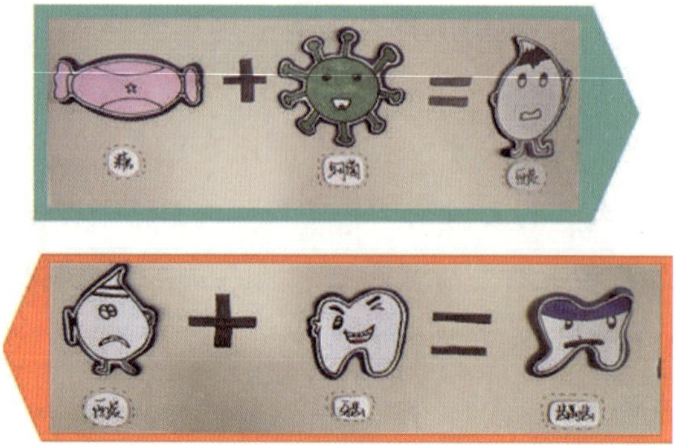

（3）我们的答案。

汐汐：“牙齿还没完全长出来时是波浪形的，长大以后吃了很多东西才会被磨平。”

霄宇：“刷牙的时候不仔细，牙缝里也要刷到，有的已经蛀牙了，小洞里会刷不到，牙膏只能除去小部分细菌，其他的还藏在里面。”

（4）科学小实验——酸性物质多厉害。孩子们在记录牙齿的时候发现了很多颗蛀牙，也知道了蛀牙不是真的有蛀虫，而是牙齿被不断腐蚀的结果。为了帮助孩子们进一步深入探究，了解蛀牙的形成，以便更好地预防，我们开展了牙齿小实验——酸性大怪兽。

【实验前】

因为鸡蛋壳中的钙元素和牙本质的重要组成部分钙元素一样，所以我们用可乐、白醋、水模拟食物残渣，用鸡蛋壳模拟牙齿。把鸡蛋分别放在这 3 种溶液中，在不漱口的情况下，浸泡在醋和可乐下的“牙齿”会发生什么样的神奇变化呢？

刚把鸡蛋放进去，小朋友就开始讨论了起来。

洋洋：“放在醋里的鸡蛋浮了上来，表面产生了很多泡泡。”

梦洁：“可乐也有泡泡，水的泡泡最少了。”

老师：“现在我们只能看到鸡蛋壳表面气泡的变化，等时间长一点，鸡蛋壳才会有变化，让我们持续观察，看看它们会变成什么样子。”

【实验中】

孩子们一有空余时间就会跑过去观察实验，直到下午的时候，大家惊奇地发现鸡蛋壳有了一点变化，白醋浸泡的鸡蛋壳开始脱落，有一层浅黄色的薄膜漂在鸡蛋周围；白水泡过的鸡蛋裂开了，但是没有破，外面还有白白的蛋清，像小气球；可乐泡过的鸡蛋还没有变化。

【实验一周后】

实验区的鸡蛋又有了不一样的变化，看一看，鸡蛋怎么样了？

发现：小朋友们发现白水里泡过的鸡蛋壳颜色不变，可乐里浸泡的鸡蛋壳变成了黑色，只有醋泡过的鸡蛋壳被软化了，鸡蛋摸起来软软的。

通过实验小朋友们了解到：嘴巴里有一种细菌会让食物残渣变酸，时间久了，就会像鸡蛋壳一样，将我们的牙齿变黑变软，变成蛀牙。所以说酸酸甜甜的食物会腐蚀牙齿，时间越久危害越大，牙齿就会慢慢变成蛀牙，所以我们要少吃甜食，少喝饮料，吃健康的食物，还要每天刷牙！

◎ 分析与反思：

《3～6岁儿童学习与发展指南》指出：5～6岁的孩子“能通过观察、比较与分析，发现并描述不同种类物体的特征或某个事物前后的变化”，“能用一定的方法验证自己的猜测”。在课程中，我们设置了研究蛀牙实验活动，让孩子在实验中提高了实际操作能力，有效地培养其善于发现、善于观察的能力。

6. 我的牙齿

在具体了解了蛀牙形成的基础上，我们再次请孩子们画一画自己的牙齿，从孩子们绘画出的作品可以发现，有的小朋友画出来的牙齿是黑黑的，有的孩子在了解了蛀牙如何形成后，在自己画的牙齿四周画了很多细菌，他们说就是因为这些细菌让牙齿变得黑黑的，自己要保护好牙齿，不让牙齿变成黑黑的。

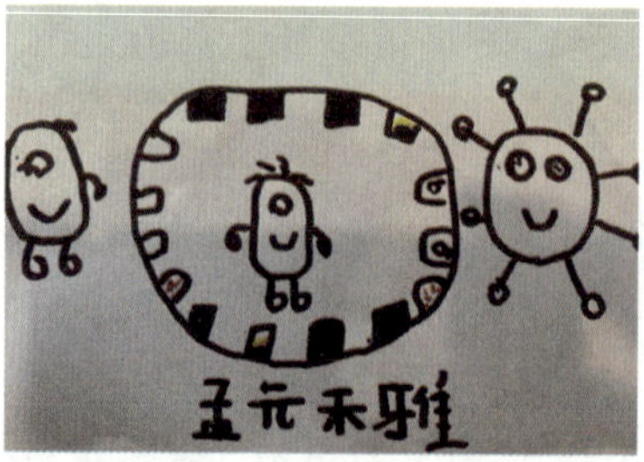

孩子们有了一定的经验后，接下来我们结合游戏开展了牙齿喜欢、不喜欢的活动，请他们思考哪些食物是牙齿喜欢的，哪些食物是牙齿不喜欢的，并鼓励孩子们大胆说出自己的想法。

活动过后，为了加深孩子们的理解，结合绘本故事《牙虫大搬家》和孩子们再次深入探索了蛀牙形成的秘密。通过生动的故事、形象的图片理解了蛀牙形成的原因，认识到刷牙的重要性，再一次加深了孩子对蛀牙的认识。

◎ **分析与反思：**

教育家陶行知提出“生活即教育”，我们从幼儿的兴趣出发，引发而生成问题，教师通过多途径、多形式的活动，先带领幼儿认识牙齿以及牙齿的结构，通过多种方式让孩子们正确认识自己的龋齿，同时了解龋齿形成的原因，消除了对于龋齿的紧张感与恐惧感。幼儿也在探索过程中不断地了解蛀牙的形成与牙齿保健的常识，深入地探究发现牙齿的奥秘等，帮助幼儿养成了良好的生活及卫生习惯，激发了他们的观察与探究兴趣。

（四）保护小小牙

1. 护牙小能手

知道了蛀牙产生的原因，那怎样来保护好牙齿呢？教师抛出这个问题请小朋友们思考。“要给牙齿做个保护罩”“把细菌消灭”“赶走牙虫”“要好好刷牙”，结合孩子们的回答我们引出刷牙的正确方法，引导孩子掌握正确刷牙的方法。

2. 一起来刷牙

幼儿的成长离不开家长的支持，在孩子们学习了正确的刷牙方法后，利用家园合作，请家长们分享孩子在家刷牙的视频、照片。

◎ 分析与反思：

《3～6岁儿童学习与发展指南》指出：“指导幼儿学习和掌握生活自理的基本方法。”我们通过带领幼儿学习正确的刷牙方法，引导幼儿正确刷牙，养成每天早晚刷牙、饭后漱口，临睡前不吃零食的习惯，要了解多吃水果蔬菜、五谷杂粮等牙齿保健知识。在此过程中，幼儿自主观察，发现问题，解决问题，这是一个幼儿自我学习、自我成长、不断积累经验的过程。

四、观察和质疑

（一）认识牙膏、牙刷

接下来我们请孩子们带来了牙膏盒、牙膏、牙刷，并让他们对带来的牙膏牙刷进行观察，通过教师引导，孩子们了解到牙刷和牙膏有大人使用的和小孩使用的，牙刷还分为普通牙刷和电动牙刷。

在对牙膏、牙刷有了初步的认识后，我们又请孩子们把自己带来的牙膏、牙刷和其他小朋友带来的牙膏、牙刷作比较，观察有什么相同和什么不同。孩子们通过观察、了解，变身成小小设计师，利用绘画、黏土等工具自己设计牙膏、牙刷。

（二）牙膏盒的新衣

在前面孩子们观察的过程中，有小朋友发现自己带的牙膏盒只有一个蓝色，丑丑的，而其他小朋友带来的牙膏盒上还有佩奇，我把小朋友的这个发现在全班孩子面前提出来，大家都说“那就帮牙膏盒设计一个包装吧”，设计牙膏盒的新衣活动由此生成。最后孩子们设计好后都很积极地来到教室前面向小朋友们介绍自己的设计。

沐辰：“我最喜欢草莓了，所以我在盒子上就画满了草莓，这样小朋友不认识字但是也能知道是草莓味的了。”

梦洁：“我喜欢好多好多水果，所以就把它们都画在了我的牙膏包装盒上，这样刷牙一次就能体验很多的口味，因为有很多的味道混合在一起，所以挤出来的牙膏颜色也会不一样。”

◎ 分析与反思：

整个活动从幼儿的兴趣需要出发，尊重幼儿的兴趣与自主性。从他们与同伴的日常对话或提出的问题生成活动，让孩子成为活动中的主人。同时根据幼儿兴趣需要，自己制定活动内容，自主选择操作材料与合作伙伴，使幼儿在游戏中自由自主地得到知识以及愉快的情感体验。游戏中体验到动手操作的快乐以及游戏的乐趣，有助于幼儿身心健康发展。同时，幼儿在制作牙膏和牙膏盒的过程中锻炼了手部精细动作。通过本次探究活动，幼儿对牙齿有了较系统的认识，知道了牙齿坏掉的原因，也知道了如何正确保护好牙齿。

五、思考与创新

回顾整个活动发现，幼儿在自信心、语言表达、观察能力方面有明显提高，从一开始的不愿意到小朋友前面表达、表达语序混乱，到活动后期能积极参与讨论，乐于和小伙伴分享。同时教师支持幼儿探索，关注幼儿的活动过程，及时进行引导，鼓励幼儿积极主动地参与进来，并为幼儿创设良好的环境条件与氛围。在整个活动中，幼儿的观察、语言表达能力均有较好的提高。

奇妙纸世界

一、筛选资源

纸，源于自然，纯粹质朴。纸，与我们的生活息息相关，仔细看看我们四周，都不难发现纸的踪迹。“纸”不仅是幼儿熟悉的物品，更是他们游戏、创作时的好伙伴。但随着各类活动的开展我们不难发现纸张消耗严重，我们班垃圾桶里经常是各种纸（卫生纸、皱纹纸、A4 纸等）堆得满满的。幼儿园的一日生活处处充满教育的契机，这时老师可以就现阶段存在的问题带领小朋友去讨论、探究、实践。“怎样节约用纸呢？”“废弃的纸还可以做什么？”“我们可以造一张纸吗？”资源是课程内容得以有效实施的必要条件，幼儿园、家庭、商店等场所都有纸和纸制品的影子，为幼儿了解纸的种类、用途、特性提供了丰富的探究资源。我们利用这些资源引领儿童开启“奇妙纸世界”的探秘之旅。

二、感知和认知

在活动中幼儿通过自主探究、观察、触摸、实践操作、发现问题、自我反思等，了解生活中常见纸的种类以及纸的性质和用处，用实际行动践行节约用纸。知道造纸流程，学会分工合作，体验废旧纸张再利用。课程目标如表 2-2 所示。

表2-2 “奇妙纸世界”课程目标

领域	目标
社会领域	1. 合作：在实践活动中与同伴分工合作，遇到困难能一起解决 2. 问题解决：遇到困难时能寻求外在帮助或自己协商解决 3. 认同感：知道纸是中国人最早发明的，感受非遗的魅力，萌发深深的民族自豪感

续表

领域	目标
科学领域	1. 观察：在造纸活动中运用多种感官和方式，有目的、有计划地进行较持久的观察 2. 记录与交流：在探究过程中通过图画、图表、符号等形式记录自己的发现并与同伴交流 3. 激发幼儿探索关于“纸”的其他性质。大胆尝试各种关于“纸”的科学小实验
健康领域	1. 喜欢参加和“纸”做游戏的体育活动，遵守游戏规则了解废纸的各种玩法 2. 在造纸活动中剪纸、撕纸、搅拌、捶打等实践活动中，发展手臂、手腕和手指等小肌肉的精细操作
艺术领域	1. 喜欢进行艺术活动并大胆表现感受非遗的魅力，小组合作体验废旧纸张再利用造纸工艺，学习花草纸制作工艺 2. 具有初步的艺术表现和创造，在活动中体验用不同纸创作大胆组合搭配的乐趣
语言领域	1. 了解生活中常见纸的名称和用途，在实践中探究纸的各种秘密和多样特性，大胆与同伴交流自己的发现 2. 尝试用自己的方法记录并大胆说出自己的记录内容。养成良好的记录习惯

三、探索和实践

（一）活动起源

诚诚：“老师，厕所没纸啦。”

菲儿：“老师擦嘴巴的纸也没有啦！”

艺杰：“老师晗晗把纸掉地上脏了。”

守义：“皮皮，你看看你把纸全部都打湿了，我们怎么用嘛。”

蒙蒙：“小白，你怎么拿这么多白纸画画。”

……

纸被浪费的现象严重，我们班垃圾桶里经常是各种纸（卫生纸、皱纹纸、A4 纸等）堆得满满的。老师可以就纸被浪费的问题带领小朋友去讨论、探究、实践。例如：“怎样节约用纸呢？”“说一说纸的起源。”“废弃的纸还可以做什么？”“我们可以造一张纸吗？”通过孩子们的方法和实践，去解决此问题并生成关于纸其他方面的探究性问题。纸作为生活用品为幼儿所熟悉，但这种熟悉仅是对纸的一些感性经验的积累，而对于纸的由来、特性、种类等缺乏系统的感知。

（二）节约用纸

问题一：生活中有哪些浪费纸的现象？

露露："我看到一些小女生擦屁屁一次拿很多纸。"

皮皮："对，小男生也是这样。"

菲儿："有些小朋友画画的纸也是，没有画多少就扔了。"

奕帆："嘿，我想到了，我们那些画画卡纸可以再用来做手工。"

佩琪："我们擦嘴巴用毛巾就不要再用纸了。"

露露："画画的纸反面还可以画画呢。"

问题二：怎样节约用纸？

老师："孩子们，你们知道这小小一张纸它的来源吗？"

晗晗："我妈妈说是大树变的。"

蒙蒙："上次妈妈给我说竹子也可以做纸。"

俊岐："大树、竹子都和纸长得不一样，怎么变成纸的呀？"

通过观看造纸视频，幼儿了解到我们现在所用的纸需要耗费很多木材才可以变成纸。后来我们通过班级与班级间的走访调查，了解到不止我们班浪费纸张现象严重，其他班也同样有此类问题。那怎样呼吁小朋友们节约用纸呢？

守义："我们去他们班给他们讲吧。"

悠悠："我们每天都要去给他们讲吗？"

相钰："我们录成视频让他们老师给他们讲。"

老师："那你们想用什么方式来表达呢？"

悠悠："我可以画画。"

菲儿："我可以画出来，还可以讲出来。"

通过孩子的节约用纸宣传海报，我们可以清晰地看到孩子们知道节约用纸就是爱护树木和环境。孩子们在幼儿园的洗手间、餐桌旁、美工区等用纸较多的地方都贴上了节约用纸的标志，在平时还能听到孩子们在提醒其他同伴“擦手可以用毛巾，不要用纸擦”“画画用的纸不要了把它放在篮子里，我们还可以做手工”“哎呀，上厕所不要拿这么多纸，你一次用不了这么多”我们还集中讨论了关于“纸的用量”这一话题，小朋友们对每种纸的用量提出新要求。如：

桐桐：“厕所，小便我们就用 1 ～ 2 张纸。大便用 4 张左右就可以啦。”

佩琪：“擦手的时候用毛巾代替纸。”

皮皮：“擦嘴巴的时候用 1 张纸就可以啦，不能一下子拿很多。”

岐岐：“画画的纸用完了才可以拿，不能像上次诚诚那样每张纸只画一点就不要了。”

言言：“我们还要将用过的 A4 纸收起来，下次可以废物利用。”

问题三：我们身边都有哪些纸？

奕帆：“冰糖葫芦的纸，还可以吃呢。”

俊生：“画画用的纸还有擦嘴巴用的纸。”

蒙蒙：“硬硬的卡纸还有我们最喜欢的贴纸。”

孩子们在教室和功能室找到了很多常见的纸（A4 纸、卡纸、锡箔纸、刮画纸等），关于生活中常见的纸还有很多，于是孩子们带着这些疑问回家。通过“纸张大调查”活动后，还发现生活中不仅仅有卫生纸、卡纸、贴纸，还有宣纸、标签纸、广告纸等，并通过家长们的讲解了解到这些纸的性状、质地以及作用都不一样，他们对这些纸产生了浓厚的兴趣。于是孩子们将家里的纸剪一点当样品带来幼儿园与大家分享。

菲儿：“看这是妈妈烘焙用的纸，她就是把食物放在这种纸里然后放进烤箱的。”

露露：“我带的是妈妈洗脸用的纸，你们摸一摸现在是软软的小小的一张，我放在水里就会变得大大的。”

恬恬：“对，我还知道它不怕水。”

馒头：“这是昨天妈妈他们吃烧烤用的纸——锡箔纸，妈妈说这样食物不会被弄脏，还可以保温。”

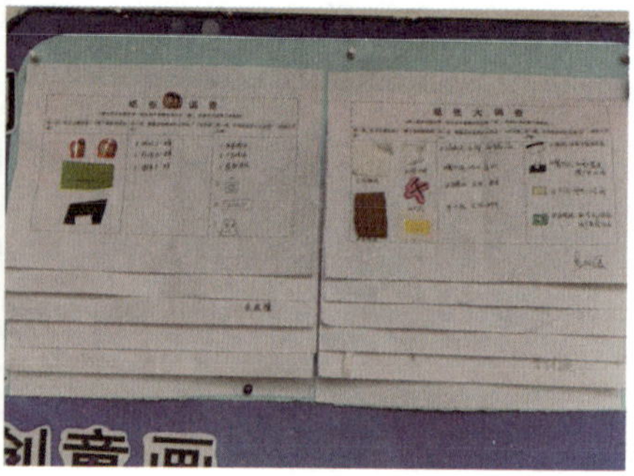

孩子们通过自由分享、经验共享了解到生活中各种各样纸张的特性、形状、用途等都不一样。

（三）“纸”想和你玩

经过一段时间孩子们与纸的接触越来越频繁，我们餐前游戏时有幼儿提出：“老师，我们可以用纸来和我们做游戏吗？”这个创意点被孩子提出后引起了大家的讨论。“纸可以怎么玩呢？”

Part1 ：音乐游戏——报纸音乐会

音乐游戏是我们班孩子最“激动”的时刻，随着音乐摇摆，听着音乐的节奏玩纸、撕纸、传纸等，还有的孩子创造出新的玩法。

Part2 ：探索活动——报纸多样玩法

揪尾巴、顶报纸、贴报纸、叠报纸、折纸飞机。

户外活动时孩子们将报纸拿到户外探索，他们利用风的压力原理，迎风跑起来的时候，看纸会不会掉在地上。运用纸的各种特性，纸一时之间成了我们户外活动中的“宠儿”。在中庭随处可见有的孩子在玩纸飞机，有的小女生在一起玩贴报纸、叠报纸的游戏，纸成为我们亲密无间的伙伴。

Part3：纸的科学小实验

彩虹桥、吸纸片、神奇的纸桥、会飞的纸屑。

Part4：亲子活动——手工花草纸灯笼

一年一度中秋佳节来临，为迎接这喜庆的节日、弘扬传统民族文化，给孩子们营造一个充满节日气氛的环境，同时增进亲子感情，我班开展了利用废旧纸巾、玻璃瓶、塑料瓶、气球等废旧材料，让孩子们与家长一起绘制我们的花草灯笼。

Part5：建构游戏——搭建“小区”

孩子们遨游在多姿多彩的纸世界中，探究纸的奥秘，体验“纸”带来的快乐。“纸”想和你玩儿的游戏涵盖各个领域活动，教师应从孩子们的兴趣出发，由小见大，促进幼儿的整体发展。同时也协调家长资源与我们的节日活动相结合，促进亲子感情和家园之间的联系。

（四）“纸”为遇见你

问题一：纸是一直都有吗？

蒙蒙：“老师我知道一个秘密，是你们不知道的。”

老师：“哦，那我想知道什么是我不知道的，说出来看看我们知道吗？”

蒙蒙：“我姐姐读初中，她给我说以前人们没有纸的。”

颖颖：“没有纸？怎么可能没有纸呢？”

馒头：“我觉得有纸。”

老师：“是吗，小朋友们你们觉得古代的人有没有纸呢？”

孩子们就这一问题展开了激烈讨论，大部分幼儿都赞成纸是从古至今都有的，有一小部分和蒙蒙玩得较好的幼儿觉得古代是没有纸的。这是一个良好的教育契机，于是我们通过“蔡伦造纸”“纸的由来”等集体教育活动，让孩子们知道了古代记事的多种方法、纸演变过程以及造纸。

嘉嘉：“原来，纸不是一直都有。”

老师：“没有纸的时候他们怎么办的呢？”

守义：“一个人一个人地说给别人听。”

菲儿：“用绳子打结，还有在乌龟的背上写字记录。”

帆帆：“还有人写在那种很重的鼎上。”

相钰：“还有一片片的那种竹子上也可以写字。”

老师：“对，你们记得真详细，还有人在绢帛上写字画画等，但是这样很不方便，于是蔡伦发明了更为简便的蔡侯纸。”

孩子们通过一步步地观察、对比了解到纸的由来。学会分析对比“为什么会产生纸”，知道造纸术是中国古代四大发明之一，对比同一时期的其他国家还只能在羊皮、树叶上写字。后来中国的造纸术还传到了朝鲜、越南、日本，推动了世界文明的进步。孩子们由衷地感到自豪和满足。

问题二：他们用纸来做什么？

对于古代人的用纸问题，孩子们充满探究欲，这时我们在班级群发起了“解惑挑战大手牵小手”活动——由幼儿回家向家长了解古代用纸来干什么？知道1种以上并能说出用途的幼儿可获得奖励。

守义：“我妈妈说可以用纸来画画、写字，但是他们用的是宣纸和毛笔，和我们现在的不一样。”

丞丞：“过年的时候他们用纸来剪窗花，很多种小动物都可以剪出来。”

馒头：“我爸爸说中国四大发明之一的印刷术也要用纸，可以印很多书出来。”

菲儿：“还有以前的风筝也要用纸，还可以在风筝上面画画。”

言言：“以前的房子是木头房子，它的窗户不像我们现在这样是玻璃的，他们以前是用纸糊上的。”

家长资源和现代社会的发展为我们了解事物提供了大量有效经验，通过同伴间的讨论和分享，孩子们对古代的纸有了更具体的初印象。

问题三：古代造纸术 VS 现代造纸术。

在孩子们都对如何造纸有了初步的了解后，通过课件、视频等进一步了解到，在我国古代要制作成一张纸要经过切麻—洗涤—浸灰水—蒸煮—搅捣—打浆—抄纸—晒纸—揭纸，是一件非常复杂的事情，造纸术是古代劳动人民智慧的结晶。随着现代信息技术的发展，我们造纸有专门的造纸工厂和现代造纸业，方便且快捷。

四、观察和质疑

（一）我们可以造一张纸吗

桐桐：“佩琪，你说我们可以造一张纸吗？”

晗晗：“怎么造纸，你知道吗？”

馒头：“我们现在用的纸也是渔网和麻布做的吗？”

佩琪：“我知道要用火煮，上次老师不是说了嘛。”

言言：“还要锤，我都知道。”

在一次社会活动“中国古代四大发明”时，孩子们对纸的制造过程非常感兴趣，但只是收听绘本故事孩子们可能没法做到感同身受，他们想象天马行空。我们再次通过亲子调查的方式支持幼儿拓展关于造纸材料和造纸流程的经验，同时通过记者播报，帮助幼儿与同伴分享经验。了解到相关造纸经验后，孩子们就想自己动手试一试是否能造纸成功。

馒头："老师，我们现在还是要用渔网和麻布造纸吗？"

俊生："我们用竹子吧，幼儿园里就有竹子。"

相钰："用大树，我们现在用的纸不就是大树加工的吗。"

悠悠："昨天妈妈给我看视频里面说废旧的纸都可以造纸呢。"

老师："你们说的这些都可能成为我们造纸的原材料，你们可以去试一试先把原材料找齐，我们一起动手实践来看看是否可行。"

造纸活动遇到的第一个难题就是造纸原材料多种多样，孩子们都有自己的想法。于是老师就放手让孩子们尽量先将原材料找到。据孩子们了解，最常见的几种造纸原材料有竹子、树木、棉花、废旧纸类等。我们就孩子们筛选的原材料进行讨论投票决定先选一种来进行实践。

艺杰："选竹子吧，我们幼儿园就有竹子。"

言言："不对不对，我爸爸说竹子要大竹子，幼儿园这种小的竹子不行。而且还要用锅煮。"

奕帆："棉花吧，但是我们要重新种棉花才行。"

老师："如果用棉花的话，种棉花周期有点长哦。"

奕帆："那还是算了吧，我们下次可以种棉花来试一试。"

佩琪："树木不是到处都有吗，我们用树木很方便的。"

颖颖："用废旧的纸也很方便啊，每天都有很多。"

孩子们围绕木头和废旧纸张两者展开激烈讨论。对于竹子和棉花这些原材料由于各种现实原因，孩子们准备造纸成功后再尝试。后来通过视频（古法造纸）了解到，原来用树木造纸需要提前将树木剥皮、晾晒干、浸泡、清洗、多次熬煮后再加工方可成功。考虑我们现实的条件以及孩子们初次造纸的体验，最终决定用生活中常见的废旧纸张再利用造纸。

（二）造纸初体验

在确定我们用废旧纸张造纸后，我们进行了一系列分工：男生负责收集生活用纸（卫生纸、面巾纸、湿巾纸等）；女生负责收集报纸、A4 纸、卡纸等常见的美术用纸；老师负责造纸工具的准备。

恬恬：“哇塞，好多材料啊。我们今天可以造纸了吗？”

老师：“经过两天的准备时间，你们将造纸原材料找齐了，我们今天就来实践一下。”

诚诚：“用我们收集的纸巾。”

露露：“用我们的卡纸。”

男生女生又开始争吵，如果全部都用的话我们将设置多组实验对照组，这对于我们第一次尝试造纸活动来说反而更容易混淆，不利于活动的开展。于是在大家的商议下女生选用废旧 A4 纸，男生选用擦过手的卫生纸。

撕纸、加水搅拌、浸泡、捶打、平铺沥水、自然晾干。

我们的发现：

发现一：与水温有关。

同一种纸在不同水温的水中，水温高的水中的纸分解快，水温低的水中的纸分解速度较慢。

发现二：与浸泡时间长短有关。

同一种纸浸泡时间长的越容易造型，相反时间越短造型不易。

发现三：与纸的材质有关。

同样水温，不同的纸分解速度也不同；晾干所需时间也不同，纸张柔软的较纸张“坚硬”的晾干时间要短。

发现四：与纸被撕大小有关。

同样水温同样的纸被撕得较大的纸分解比撕得小的纸慢。

发现五：晾干后的纸大不相同。

晾干后的废旧 A4 纸比废旧卫生纸要“坚硬”，且前者粗糙后者要光滑点，两者都可以再次用来绘画。

◎ 分析与反思：

《3～6岁儿童学习与发展指南》指出：“成人要善于发现和保护幼儿的好奇心，充分利用自然和实际生活机会，引导幼儿通过观察、比较、操作、实验等方法，学习发现问题、分析问题和解决问题。”所以我们通过一周的实践，得出以上四种对比实验，在活动中教师有前瞻性地设置对照组，引导孩子们尝试自己实践中得出观察结论，亲身感知比传授经验来得更为确切。

（三）造纸再体验

已经有过一次成功的造纸经验，孩子们就前一次实验提出了见解：

露露：“我们可以不要撕纸了吗？我手都撕痛了。”

奕帆：“纸不撕的话要浸泡很久才可以造纸。”

岐岐：“像奶奶天天早上打豆浆一样放在里面就可以了啊。”

原来岐岐说的是使用搅拌机将纸搅碎，这是一个不错的办法。

佩琪：“我们这次用柔软一点的废旧卫生纸吧，它干得要快点，我们可以早点看到结果。”

言言：“幼儿园好多的花朵，我们可以往里加入我们自己喜欢的花草吗？”

“我也要，我也要。”孩子们自己采摘适量的花草，加入纸浆，我们的花草纸做好啦。

我们的发现：花草纸干了以后，花朵较大、茎叶太长或坚硬的，长时间后将会从花草纸上脱落，不能稳固粘在纸上，于是在接下来的活动中孩子们都会筛选嫩茎叶、花瓣进行花草纸的创作。

◎ 分析与反思：

《3～6岁儿童学习与发展指南》指出：“帮助幼儿不断积累经验，并运用于新的学习活动，形成受益终身的学习态度和能力。”造纸再体验中，我们吸取了上次的造纸经验，在活动中使用了搅拌器，为的是节省时间和精力，更是为了能将我们的纸浆打磨得更加精细，缩短我们每次实践活动的时间，推动下一次活动的开展。

五、思考与创新

兴趣是最好的老师，当活动内容是幼儿喜欢且感兴趣的时候，不仅能激发幼儿主动探究的欲望，还会调动幼儿全部智慧去探索、研究、尝试和构建新的知识体系。幼儿通过实际操作和亲身体验，以自己独有的方式去发现问题、解决问题，获得的知识经验践行于每一次实践活动中。

追随孩子的需要、探索课程的有效学习是教师教育理念的新转变。“儿童在前，教师推助”的活动模式，也让教师在学习中专业得到成长。在整个活动中教师善于发现幼儿兴趣，抓住教育契机，有效利用各种家、校园、社会的各类资源为开展相关活动提供了经验和探究资源。活动中教师根据幼儿的年龄特点以及身心发展规律，以幼儿感兴趣的方式，引导幼儿直接感知、实践操作、亲身体验拓展探究空间，提升认知经验，促进幼儿在丰富多彩的活动中获得发展。

《幼儿园教育指导纲要（试行）》中强调：幼儿园教育活动内容的选择“既贴近幼儿生活来选择幼儿感兴趣的事物和问题，又有助于拓展幼儿的经验和视野”。我们以孩子们日常生活中存在的纸资源浪费严重为探索点，提出：“怎样节约用纸呢？”“我们身边的纸”“废弃的纸还可以做什么？”“纸的由来”“我们可以造一张纸吗？”“怎样造一张纸？”在孩子们萌发这些探究性问题时，我们有效挖掘身边有效资源和孩子们共同实践操作体验，在这过程中孩子们不仅是知识经验的获得，还通过与各种操作材料的探究与互动，亲身体验、实践探究引发孩子们一次次探究兴趣。这次课程虽然结束但孩子们的探究之旅将一直延续下去。

遇见·秋叶

一、筛选资源

（一）课程起源

1. 理论基础

陈鹤琴先生在课程论中指出：大自然、大社会都是活教材，要解放儿童的双手和大脑，解放儿童的空间与时间，让儿童到广阔的自然界和社会中去探索。

《幼儿园教育指导纲要（试行）》指出：教师要“善于发现幼儿感兴趣的事物、游戏和偶发事件中所隐含的教育价值，把握时机，积极引导”。《3～6岁儿童学习与发展指南》指出：“引导5岁以上幼儿关注和思考动植物的外部特征、习性与生活环境对动植物生存的意义。”“成人要善于发现和保护幼儿的好奇心，充分利用自然和实际生活机会，引导幼儿通过观察、比较、操作、实验等方法，学习发现问题、分析问题和解决问题。”

2. 儿童需求

大自然是一本无字书，丰富多彩、千变万化的科学现象是幼儿学习的最好内容。树叶是幼儿生活中极易观察到的自然事物，春天冒芽、夏天茂盛、秋天凋零的树叶，其生命旅程本来就是极具诗意且能够被幼儿所接受的。它不仅代表着生命的成长过程，也代表着四季的更替。

幼儿的世界总是有十万个为什么，幼儿的眼睛总能发现新奇的变化。每到秋天，孩子们就会问：树叶为什么会变黄？这些形色各异的树叶在小朋友眼中是具有美感的，能够给孩子们带来无限的想象。幼儿需要通过多感官探究身边生活中的事物，对其产生好奇心。

（二）资源分析

我们幼儿园是一所新建园，栽种了许多大树，有桂花树、银杏树、樱花树、黄桷树、枇杷树、橘子树、香樟树……它们千姿百态、色彩各异，有的高，有的矮，有的粗，有的细；或开花，或结果，或落叶，或常绿。在幼儿园，树是孩子们亲密的朋友，他们在树下乘凉游戏，在树下聊天看书。这些树有不同的树皮、树根、树叶等，带给孩子们不同的感受与体验。春去秋来，幼儿园里的一草一木、一花一果的变化皆是大自然给予孩子们感知万物、探索世界的最佳途径，时刻都在引发孩子们的探究欲望。

二、感知和认知

幼儿在自主观察、主动探索、实践感知、亲身体验的过程中，知道叶子随季节更替，习得叶子变黄的相关经验，最终对叶子的结构、叶脉的纹路以及叶子的运用等形成初步认知。课程目标如表 2-3 所示。

表2-3 “遇见 · 秋叶”课程目标

领域	目标
健康	1. 知道秋天天气渐凉，早晚温差大，及时增减衣服，预防感冒 2. 能在树叶的探究活动中注意安全
语言	1. 能运用比较清楚的语言来表述所观察的叶子 2. 能认真倾听别人说话，知道自己观点和别人观点的不同之处
社会	1. 在寻找秋叶的过程中，感受多彩树叶所带来的美好情感体验 2. 学习照顾植物，培养热爱大自然的情感
科学	1. 认识常见的树叶，观察、了解叶子的外形特征和基本结构，对树叶进行收集、比较，并能根据外形特征对叶子进行分类 2. 知道幼儿园的一些落叶树，初步了解秋天树叶变黄的原因，体会科学探究的乐趣
艺术	1. 愿意用动作、美术创作来表达自己对秋叶的认识和感受，鼓励幼儿发挥想象，利用各种形式进行树叶的艺术创作 2. 大胆参与制作活动，培养幼儿的想象力、创造力和动手制作能力

三、探索和实践

（一）初遇秋叶

一天清晨，和往常一样孩子们来到跑道进行早操活动，小朋友们惊喜地发现跑道上掉落了一地的银杏叶，都纷纷发出了“哇”的欢呼声，更是迫不及待地想要去捡。

涵艺：“老师，这些叶子好漂亮呀，它为什么是黄色的呢？”

宸希：“我认识，这是银杏叶，妈妈跟我讲过。”

月月：“这些叶子好像扇子一样。”

凡凡：“我想要捡起来放在我们的‘龟背’里面。”

孩子们七嘴八舌地谈论着，全都被这些掉落一地的银杏叶吸引了目光，想要把它们带到教室里。

（二）随叶而行

跟随孩子们的想法，我们将掉落的银杏叶拾起，带回到教室商量着怎样可以将它们“变身”。

航航：“把它们放在美工区吧！”

阳阳：“老师，我想用它们来画画。”

曦曦：“我也想用银杏叶来画画，可以把它们先贴在纸上。”

孩子们奇思妙想地要用银杏叶入画，通过老师的引导和孩子们的无限想象，几片银杏叶在白纸上被添上尾巴变成了“水母”，被添上手和脚变成了“怪兽”，被贴出身体变成了“小人”。原来掉落的叶子还可以变成一幅幅独特的作品，这一次给银杏叶的“变身”，彻底打开了孩子们想要探秘叶子的大门。对于秋叶的好奇还不止于此，更多疑问衍生出来。因此我们伴随孩子们一起走进了叶子的世界，去发现、去感知、去探索。

（三）叶有所思

1. 秋天叶子为什么会变黄

银杏叶为什么变黄？为什么有的树上叶子是绿色的，有的树上叶子是黄色的？它们全部都会变黄吗？孩子们对叶子变黄产生了好奇，追随幼儿的兴趣，我们进行了一番讨论。

希希："是被风吹黄的。"

梓薇："天气变冷了，它就变黄了。"

诗雨："变黄了就是它已经坏掉了，掉在了地上。"

依诺："我觉得是它没有营养了。"

阳阳："它们生病了就掉下来啦！"

那么秋天叶子到底是为什么会变黄呢？让孩子们带着问题回家和爸爸妈妈一起查阅资料，通过绘本故事、动画视频的方式了解秋天叶子变黄的原因，回到班级我们共同交流、分享。

原来是因为叶子里有绿色、黄色的色素，分别叫叶绿素、叶黄素。春天和夏天时，阳光比较充足，叶子里就会产生很多叶绿素，这个季节的叶绿素比叶黄素要多很多，所以叶子看起来就是绿色的。等到了秋天时，天气慢慢变冷，阳光变得越来越少，叶子里产生的叶绿素也少了许多。慢慢地，叶子里显示黄色的叶黄素就比叶绿素多，于是叶子就变黄了。

2. 除了黄色，还有哪些颜色

银杏叶变黄了，那其他的叶子也会变黄吗？在哪里找到更多的叶子呢？孩子们一下就被打开了话匣子……

阳阳："我家楼下就有很多叶子。"

紫萱："之前和爸爸妈妈去竹文化公园玩的时候看到了很多掉的竹叶。"

诺诺："我们幼儿园就有很多叶子。"

梓昱："对，我们幼儿园也有，老师带我们去玩的时候，我就发现了很多。"

曦曦："我在操场上就看到了很多。"

那我们就一起行动起来去找一找吧！孩子们在幼儿园的操场上、小滑梯下、走道旁寻找叶子，对各种形状的树叶产生了浓厚的兴趣。

我们用多种方式交流分享探索的过程和结果，同时用各种材料进行树叶创想画，与同伴一起分享、感受树叶不同姿态的美。在不断地尝试中，提高了孩子们解决问题的能力。寻找叶子的时间是自由表达、畅所欲言的，所以孩子们的想象力也是无限的。我们惊喜地发现，每个幼儿对满地落叶的观察和感受都是不一样的。孩子们不仅丰富了对各种叶子形状、颜色、大小等初步的认识，还激发起了他们对叶子更多的兴趣。所以我们抓住了这一教育契机，带领幼儿走进大自然收集落叶，探寻叶子的神奇之处。寻叶过程中充分调动了幼儿的积极性和兴趣，教师不断地引导幼儿主动去观察、发现，为后面叶子的探索奠定了良好的基础。

孩子们收集来了许多叶子，我们一起来看一看、摸一摸、比一比，这些叶子到底有什么不一样。

晨曦："我捡的叶子有黄色的，也有绿色的。"

凡凡："我收集的叶子是黄色的银杏叶。"

启航："我捡的叶子是黄色的，上面有一些红点点。"

涵艺：“这里还有很多棕色的叶子。”

小朋友们通过观察和对比发现秋天的叶子除了会变成黄色，还会变成棕色、红色以及一些比较“特别”的颜色。

3. 比较树叶的形状

比较了叶子的颜色，再来看看叶子的身体又会有哪些形状？是所有的叶子都一样吗？是长长的，还是短短的？

科霖：“老师，阳阳拿的叶子好像手掌。”

我们大家的目光都向阳阳望去，看到他手里的叶子确实很像一个小小的手掌。

薇薇：“我这个银杏叶子像扇子一样。”

依诺：“你们看，我这个叶子像小船。”

晨晨：“这个叶子的边边是尖尖的，像刺猬一样。”

原来叶子的形状有很多，有的像手掌、有的像扇子、有的像小船、有的像刺猬，而且有的高、有的矮……

孩子们把长得相似的叶子放在一起，配对成叶子朋友。那会有长得一样的叶子吗？经过对比观察发现，没有两片叶子是长得一模一样的，它们都有点像，但是又有一些不一样的地方。

对于孩子们来说，叶子是大自然中随处可见的事物，借助随处可见的叶子，让孩子们了解叶子的形状、颜色等，激发了孩子们无限的好奇心。在过程中利用看一看、闻一闻和摸一摸的方式，让幼儿更直观地接触、感受叶子的特征，孩子们对叶子表现出浓厚的兴趣，愿意继续去探索更多有关叶子的秘密和玩法。

4. 哪些树叶会变黄

一次户外活动后，几个孩子的争论引起了我的注意，他们对树上叶子会不会变黄纷纷表达着自己的观点。

宸希：“我觉得这个叶子会变黄。”

曦曦：“它现在已经开始慢慢地变黄了。”

航航：“为什么有的叶子会变黄，有的叶子还是绿色的呢？”

阳阳：“所有树的叶子都会变黄吗？”

带着孩子们的问题，我们一起通过网络搜索、查看书籍、观察大自然等多种方式来解答孩子们的疑惑，了解到原来树有常青树和落叶树。

常青树：它的叶子外观比较油亮，具有一层蜡质，不会凋谢，老叶子会在新叶子长出来后脱落，一年四季都有绿叶，所以叫作常青树。它在四季都有落叶，有些松、柏科的叶子在老了、枯黄后会留在枝干上，不会落下。

落叶树：到了秋冬季节叶子会发黄、掉落，冬季树上会变得光秃秃的，等到来年春季再重新发芽。落叶树之所以能够抗击冰雪严寒，是因为它能够很好地保护自己的根部。为了保护根部，它把自身的一部分树叶洒落地面，树叶慢慢化作肥料，被根部吸收，成为再生的源泉。

5. 叶子身体大揭秘

“老师，炳炳把美工区的叶子撕烂啦。”“还有溪溪，他们两个一起撕的……”一阵阵“告状”的声音传了过来，大家都等着我过去批评这两个小朋友。我并没有对孩子们进行指责，这又何尝不是一种与叶子深度接触的机会呢？我组织小朋友们一起来看看叶子的“身体”，让他们说说自己观察到的东西。

佩璇：“我看到叶子上有很多细细的线。”

孩子们赶紧拿着自己手中的叶子讨论起来。

婷婷：“这些线是叶子的衣服。”

依诺：“这些都是叶子身上的花纹。”

婷婷：“我这片叶子两边摸起来不一样。”

睿杰：“叶子后面还有小尾巴。”

为了满足孩子们进一步探索叶子的兴趣，我们通过“叶子身体大探秘”这个活动让孩子们知道了叶子这些部位的名字。如：叶子的身体部分被称为“叶片”，许多排列的线条被称为“叶脉”，叶子下有一根很细的、硬硬的梗，连接到茎上的部位被称为“叶柄”，叶片的外缘被称为“叶缘”。同时孩子们借助了放大镜、绘本故事以及图片资料等，通过直接观察、外部支持和教师引导，知道了叶子的身体由叶基、叶尖、叶脉、叶缘、叶柄、叶片几个部分组成，每一个部分对于一片完整的叶子都有着它自己的作用。

四、观察和质疑

（一）秋叶新发现

1. 叶脉有什么用

这些细细的叶脉到底有什么作用呢？如果没有叶脉它们会怎样？我们一起观看视频资料才知道，原来叶子的叶脉就像我们人类的血管一样，可以帮助植物输送养料和水分，还像我们的骨骼一样，可以对树叶起到支撑的作用，让叶子更多地吸收阳光、快快长大。

叶脉长得都一样吗？孩子们拿着在园内和园外收集的各种叶子的叶脉进行观察和比较，寻找叶子间的叶脉有什么不同之处。

月月：“这片叶子的叶脉像鱼骨头。”

豪豪：“我的这片叶子上的叶脉像网一样。”

凡凡：“我的这个叶脉也是鱼骨头，一排排的。”

熙熙：“我找的这片，它的叶脉就像我们小朋友的手掌。”

《3～6岁儿童学习与发展指南》提出，幼儿的科学学习是尝试发现事物间异同和联系的过程，鼓励经常带幼儿接触大自然、喜欢大自然。在探秘不同叶脉的时候，激发了幼儿的好奇心与探究欲望，不仅使幼儿获得对叶脉的丰富感性经验，也充分培养了幼儿的形象思维，初步尝试归类、判断、发展幼儿的逻辑思维。

2. 叶脉的种类

孩子们还把自己最喜欢的叶子上的叶脉用图画方式记录下来，他们最终发现相同的叶子，叶脉也是不一样的。不同的叶脉有不同的名字，有很多细线组成的小网一样的叶脉属于网状脉，像排队一样的属于平行脉，有很多小叉子形状属于分叉状脉等。

宸希突然拿起一片叶子说："叶脉太细了，我都看不清楚里面。"

师："那怎么把它变得更清楚呢？"

依诺："不如我们把叶脉印到纸上。"

师："可以用什么办法？"

依诺："我们用颜料刷在叶子身上，之前我们印手掌画的时候就是这样做的。"

孩子们都纷纷赞成依诺的提议。为了更清楚地感受叶脉的形态，我们先在叶子背后全部涂上喜欢的颜色，然后把它放到白纸上用手使劲儿压一压，再把叶子取下来，这样叶脉的样子就印在了纸上被看见。

3. 怎样提取叶脉

大家都欣赏着自己的拓印作品，可是有的小朋友发现自己拓印的时候颜料涂得太多了，叶子的身体全部都被颜料覆盖，已经看不出形态。

宸希："老师，我觉得这个方法不够好，藏在里面的叶脉还是看不清楚。"

晨晨："我觉得要把叶脉单独分出来才行。"

阳阳："那我们用剪刀沿着叶脉的线条把它剪下来吧。"

诗雨："不对，要轻轻地用指甲抠。"

熙熙："我们还不如直接用手撕。"

萱萱："美工区有牙签，我们用牙签来戳吧。"

豪豪："要不我们去找保安叔叔拿打火机来烧，把叶片烧掉就行了。"

小朋友开始用自己想到的办法分组行动起来，有的用剪刀剪、有的用自己的指甲抠、有的直接用手撕、有的到美工区拿牙签来戳叶脉……

涵艺："老师，我撕不出来了，一撕开它就破掉了。"

萱萱："要特别特别小心才可以。"

诗雨："我好像也不行，叶脉好脆呀。"

睿杰："一不小心就把叶脉剪断了。"

大家将主叶脉沿着轮廓剪了出来，可是细脉都被剪掉了。最终的结果不尽如人意，叶脉好像都很"调皮"，还是没有被完整地呈现出来。

小朋友们通过自己想到的撕、剪、抠、烧等办法，都没有成功取出叶脉，但在整个过程中，他们能积极动手动脑，对自己感兴趣的问题进行探索交流，寻找问题的答案。

那还有什么好办法呢？小朋友们回家和爸爸妈妈一起寻找答案。周末的时候，家长们也纷纷在群里讨论办法，于是我们开始了再次讨论怎样提取叶脉。

阳阳："我爸爸说要在水里面泡一泡，把叶子泡软就可以刷出叶脉。"

宸希："对，还要加点小苏打泡得更快。"

依诺："我查到的也是一样的方法。"

小朋友们分享了自己的提取叶脉方法后，接下来我们一起围绕"选哪些树叶？用什么容器来泡叶子？泡完以后怎么取叶脉？"这几个问题进行了讨论和分工。

4. 提取叶脉进行时

一开始小朋友们根据自己查到的方法和分工，把所有收集到的各种叶子一起放进了桶里，开始浸泡叶子。

航航："我们需要多加点水吧！"

晨晨："这个要泡多久呀？"

熙熙："等泡到叶子软了就可以了。"

月月："再加一点小苏打。"

等到第二天快放学时，小朋友们发现有的绿色叶子已经泡烂了，还有的叶子已经黑了，但是有一部分干枯的叶子却没什么变化。

月月："老师，我感觉这样泡好像没有作用。"

阳阳："可能是我们叶子放得太多了。"

曦曦："肯定是我们泡的时间太久了。"

宸希："还是把干枯的叶子和绿色叶子分开吧。"

豪豪："那我们就不要泡那么久了。"

涵艺："我们把不同的叶子分开泡，这样就不会太多了。"

孩子们又寻找了几种容器来泡叶子，把相同的叶子放在一个容器里面泡，这样就更便于观察了。

再次浸泡，我们又等了一段时间，这一次有了不同的发现。

熙熙："这个叶子都碎掉了，我拿起来就断了。"

佩璇："手要轻轻地拿。"

梓昱："这次牙刷可以刷出来了。"

豆豆："我们赶紧试一试。"

孩子们选择自己喜欢的叶子，拿上牙刷小心翼翼地刷着手里的叶子，生怕叶子的叶脉被弄坏。

◎ 支持与反思：

初次尝试提取叶脉时，虽然失败了，但是小朋友们一起总结经验，讨论出了更好的办法。在这次提取叶脉的过程中，小朋友们发现叶子泡软了要轻轻地刷，知道了把不同的叶子分开更容易泡软等，这些都是孩子们自主发现问题、解决问题的学习过程。在活动中教师支持和引导幼儿用适宜的方法探究和解决问题，同时也引导他们及时进行讨论和分享，将自己的经验分享给其他小朋友，让孩子们大胆表达、提出疑问、寻找解决的方法。

（二）留住秋叶

叶子落下来之后很快就会干枯掉，一碰就碎，那我们就用自己的方法把它们留下来吧！

1. 亲子手工

和爸爸妈妈一起用叶子做手工，收集各种各样的叶子做成小刺猬、小狮子、花朵、花篮等好看的作品。

2. 叶子粘贴画

用白乳胶沿着黑色轮廓涂抹，将变黄、干枯的叶子粘贴在“动物”身上，给“小动物”穿上漂亮衣服。

3. 叶子书签

选择自己喜欢的一片叶子贴在纸上，给它画上自己设计的专属符号，再用塑封膜过塑，叶子书签就完成了。

五、思考与创新

本次活动我们利用了幼儿园内秋天树叶的变化这一自然资源，结合孩子们的兴趣，跟他们一起走进大自然。孩子们以“叶子”为探究载体，学会观察自然，尝试观察、比较。在与孩子一起学习的过程中，我们教师也是时刻关注课程的进度和方向，观察幼儿的进度选择适宜材料，充分了解幼儿的想法，根据幼儿实际情况进行引导，尊重幼儿的意愿。我们以多种方式交流分享探索的过程和结果，同时用各种材料制作树叶创想画，与同伴一起分享、感受树叶不同姿态的美。在不断地尝试中，提高了我们解决问题的能力。

通过本次探究型课程，可以让孩子们天马行空的想法得以实现，也尽情去感受和探究无限的可能，进一步促进了幼儿的发展，同时孩子们求知探索的欲望也在此刻被激发。秋去冬来，时光匆匆，我们关于叶子的故事暂时告一段落。但是明年的春天，我们相信幼儿园的各种树叶又会是一番欣欣向荣的景象，而那时，我们期待和孩子们一起再开启叶子的另一篇新章。

嗨！我的影子朋友

一、筛选资源

餐后散步，影子时左时右的变化吸引了孩子们的注意力。

鹏鹏：“快看，我的影子好长呀。”

睿峰：“哈哈哈，承博你的影子好小。”

熙熙：“我们去树荫下时候，影子又不见了，它去哪里了呢？”

翰林：“刚刚散步时影子在我吃饭的那只手，回教室之后影子就跑到我后面啦。”

满满：“为啥我们在教室外的走廊时，影子在吃饭的这个手这边，在火箭班时影子就在另一只手了呢？”

“影子从哪里来？”“为什么影子有时在左边有时在右边？”“影子可以像我们的衣服一样有漂亮的颜色吗？”大自然是一本无字且神奇的书，吸引着小小的孩子，等待着他们在各种材料和媒介的互动中寻找答案。

二、感知和认知

通过与孩子们对话了解，他们初步知道影子的出现是因为有太阳，但是对光和影子的关系了解不多。孩子们对于问题能积极利用身边的事物进行探索，能与同伴友好合作，一起发现问题、解决问题。在这一过程中积极发现新的问题且大胆分享、提出自己的看法。课程目标如表 2–4 所示。

表2–4　“嗨！我的影子朋友”课程目标

目标领域	达成目标
健康	1. 能积极发现身边的材料，进行影子测量时能用与同伴不同物品进行测量 2. 了解自我保护的方法，户外活动时不做危险游戏

续表

目标领域	达成目标
语言	1. 活动中认真聆听同伴的分享，并能从同伴的分享中发现与自己的不同点 2. 能用干净的画面和符号表达自己的想法，并用完整的句子向同伴进行阐述
社会	1. 当与同伴发生分歧时在引导下能换位思考，发现同伴的优点与自己的不足 2. 探究皮影的发展史，知道皮影是我国的一种非遗传统文化，萌发出对国家的热爱和自豪
科学	1. 乐于参与小实验，能在动手操作中发现光与影之间的关系 2. 测量活动后能用数量对不同的结果进行记录，并能根据自己的记录区分测量结果的大小
艺术	1. 大胆发挥自己的想象，制作自己喜欢的独特的皮影人偶，并进行介绍 2. 能专心欣赏皮影表演，通过观看皮影表演后有自己不同的感受和理解

三、探索和实践

（一）活动起源

在一次户外活动中，孩子们正在开心地进行游戏，调皮的阳光有时出现有时又隐藏，引起了孩子们的讨论：

承博：“太阳公公在和我们玩捉迷藏吗？为什么有时出现有时又躲起来？”

筱满：“老师你看，瑞熙后面有影子。”

鹏鹏：“看，我的影子和我一样都是厉害的奥特曼战士。”

熙熙：“咦，为什么刚才小朋友身边都有影子，太阳公公躲起来影子就没有了呢？”

（二）影子初印象

“影子从哪里来？”“影子为什么有时消失有时又出现？”“为什么影子有时在左边有时又在右边？”“影子什么时候会变大？”“什么时候会变小？”伴

随着种种疑问，孩子们回家后和爸爸妈妈进行了小调查，有的孩子利用周末的时间去了图书馆，有的孩子在家利用网络对问题进行了搜索……

妤欣："老师，我妈妈告诉我，太阳在前面的时候影子就在后面，太阳在后面的时候影子就在前面。"

杭杭："老师，有影子是因为有光，如果没有光就没有影子。"

会良："影子变大是因为离光近，变小的话是因为离光远了。"

小刘："不对，影子变大是因为离光远。"

对于影子什么时候变大什么时候变小的问题孩子们突然进行了激烈的争论，事实究竟是怎么样的呢？我们进行亲身实践吧。

经过实践操作，孩子们切身体会到，原来"光在后面，影子就会在前面；如果光在前面，影子就会在后面；如果光离物体近，影子就会很大，如果光离物体远，影子就会变得很小"。在孩子们掌握了这些原理后，结合家园共育，邀请家长们和孩子一起进行"大巨人和小矮人"音乐游戏，利用手电筒结合音乐与孩子进行游戏，以游戏的方式再一次巩固这些原理，同时拉近了亲子之间的距离。

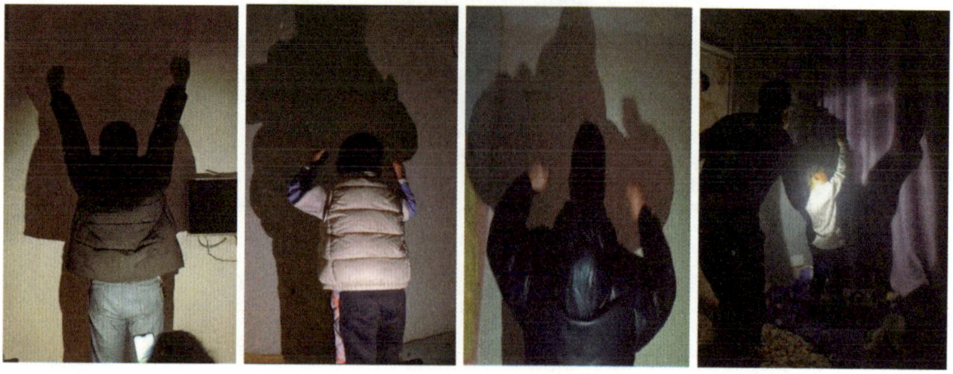

（三）影子的形成

解决了第一个问题，那影子是怎么形成的呢？通过观看教学视频，孩子们了解到影子是光照射出来的，影子出现必须有光源、物体和投射面。因为光是直线传播的，所以没有办法穿过身体，身体挡住了光，发生了反射所以身后就形成了影子。在有了进一步的知识经验基础上，孩子们对身边物品都进行了留意。

栋昱："幼儿园的大树有影子、种植区的栅栏也有影子。"

小傅："下雨穿的小靴子也有影子，你看，花坛那边的草也有影子出来了。"

沐汐："美工室旁边的机器人也有属于它们的影子呢。"

涵涵："我们教室里的玩具会不会也有影子呢？"

浩阳："应该没有吧，我们在教室里玩的时候，都没有发现玩具有影子呢？"

沐汐："如果我们把玩具拿到操场上玩，会不会有影子？"

在孩子们的讨论下，他们分成了小组，选择了不同的玩具拿到户外玩，通过实践最后发现，原来玩具也有影子。

筱满："刚才玩的时候，我把我的两只手比了两个耶放在玩具旁边，发现它好像小兔子的耳朵。"

翰林："如果我用手做蝴蝶，影子会不会也像蝴蝶呢？"

在孩子们的实践下，又发现了新的游戏"手影"，他们一人拿着手电筒，其余伙伴在手电筒的光下展开各种手影活动，玩得不亦乐乎。

（四）彩色影子

影子只有黑色的吗？影子可不可以像我们的衣服一样五颜六色？带着这

些问题，我们与孩子们展开了“影子新衣”“纸杯投影”活动。

随着活动的开展，区角的材料也随着更新，一次区角活动中，浚凯拿起了颜色片。

浚凯：“咦，这个不是用我们画笔画出来的东西，为什么影子也是彩色的？”

翰林：“你看我把它们叠在一起，还能有好多新的颜色，而且形状也不一样了呢。”

浚凯和翰林的发现引起了孩子们新一轮的好奇，通过老师的引导，孩子们对这一现象有了进一步的认识。第二天杭杭把新学到的知识告诉昨天没来的伙伴鹏鹏。

杭杭：“鹏鹏你看，这是昨天我们新发现的，你知道为什么它们能有彩色的影子吗？因为它们是透明的哦，不像我们有的玩具，虽然它们也是有颜色，可是不透明。”

基于孩子们的兴趣，我们又开展了寻找春天的户外活动，利用孩子们的新发现，邀请家长们一起利用玻璃纸和树叶，制作了彩色的相框。

（五）我和影子比高矮

午餐后活动时间，四个小朋友的对话引起了我的注意。

妤欣：“我和你差不多高，所以我的影子和你的影子应该也一样。”

沐汐：“可是绵绵比我们小也比我们矮，怎么她的影子也和我们差不多呢？”

看到孩子们无法回答问题，我走过去问了几个孩子：“如果想要知道影子的长短，可以用怎样的方法呢？”

妤欣："可以进行测量。"

老师："你们怎么进行测量呢？"

沐汐："可以通过画画来解决，他们站着不动，我来画，最后比一比画就知道谁的影子更长了。"

下午起床后的户外时间，四个小伙伴开始了操作，一阵忙碌下来，似乎情况不太顺利。

沐汐："老师，我画画的时候风一吹纸就动了，我就不知道画哪里了，而且绵绵一直动来动去，影子也对不上。"

看着放学时间将近，我对沐汐进行了安慰，第二天，我把孩子们遇到的问题抛了出来："昨天沐汐他们想要比较影子的长短，想要通过画画的方式来比较。可是在画的时候发现风一吹纸就跑了。小模特也觉得一直站着无聊想要动一动，你们有别的办法能知道影子的长短吗？"

幼："可以通过测量的办法。"

师："用什么工具来测量？怎么测量呢？"

杭杭："可以用尺子，我爸爸在家测量时就是用的尺子。"

师："可是我们的教室里没有尺子怎么办呢？还有没有别的办法？"

星辰："可以用叠叠乐的积木块，最后数一数有多少块，就知道影子有多长了。"

师："这个办法很好，还有没有别的办法呢？"

翰林："可以用吸管。"

麒麒："可以用扭扭棒。"

圆圆："建构区的纸杯也可以。"

在孩子们的回答下，一场测量大赛开始了。

在纸杯、叠叠乐、吸管、扭扭棒等物品的帮助下，这场影子测量很快进入了尾声。回到教室后，孩子们利用纸和笔把今天的测量结果进行了记录，伙伴间影子的长短也有了结论。

（六）神奇的折射

“彩虹”总是会在无意识中吸引着大朋友、小朋友的目光，晴朗的一天，孩子们在走廊看到了最喜欢的彩虹，叽叽喳喳地讨论起来：

鹏鹏：“你们快来看呀，这里有个小彩虹。”

会良：“彩虹怎么会跑到这里来呀？”

阳阳：“彩虹是怎么形成的呢？”

为了解决这一问题，我们的科学小实验里迎来了一条调皮的“小鱼”，如果前面的透明水桶装满水，这条小鱼就会往反方向转身，这是因为有光的折射。通过这样简单有趣的实验，孩子们知道了彩虹形成的原因。有了这一经验，孩子们拿着身边的物品进行着实验，感知着光带来的神秘世界。

（七）初见皮影

一觉醒来，光影区多了两个蓝色的箱子，孩子们发现后惊奇地走过去观察、摸索。

洲洲：“这两个大箱子是干啥的？”

栋昱：“快看，我可以在这里玩手影游戏。”

星辰：“哇快看，这是我的玻璃瓶折射的光，在这里面好美啊。”

圆圆：“这是不是百变箱？什么都可以做呀。”

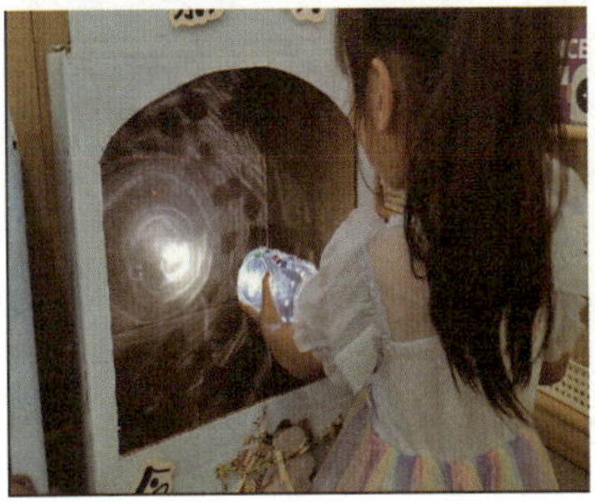

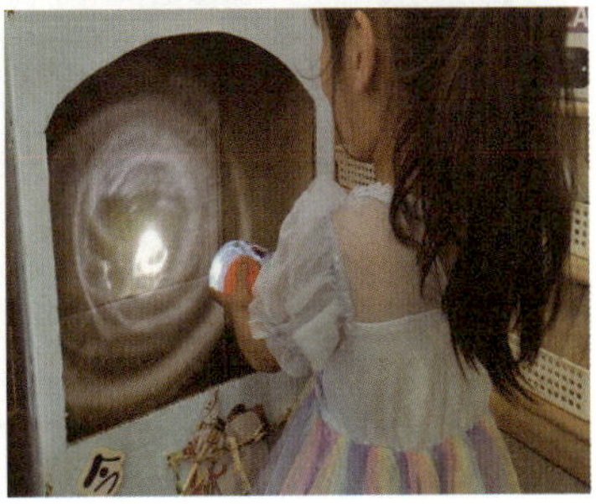

接下来，我们给孩子们播放了相关皮影戏的片段。孩子们才知道，原来那个大箱子是皮影箱，可以进行皮影活动的箱子。那什么是皮影戏呢？皮影戏是怎么表演的呢？皮影戏需要哪些道具？带着这些问题，孩子们回到家向父母寻求答案，第二天小老师们进行了解答：

熙熙：“皮影戏需要有灯光，比如手电筒或者手机手电筒的光。”

好欣：“皮影戏还要幕布，表演者在幕布后面。”

杭杭：“表演皮影戏需要很多不同的人物。”

孩子们表达完自己的想法后，与皮影戏有了第一次邂逅。

四、观察和质疑

（一）皮影的战场

星星：“哎呀，你们表演好没有，我好累啊。”

绵绵：“我的皮影棍怎么进不去？好挤好挤。”

允允：“为什么我的皮影棍只能横着，这样看起来好奇怪哦。”

蕊蕊：“老师你看，地上到处都掉着皮影棍，看着好乱呀。”

我把这些“战场”拍下来放给孩子们看，请孩子们说一说自己的想法。

圆圆：“地上到处都是皮影棍，太乱啦。”

星星：“我在后面帮他们打光，好累呀，而且看不见前面是什么样的，他们还总说我灯光不对。”

翰林：“他们的皮影棍都横着，我们看别人的皮影戏都正着。”

蕊蕊：“放手那里的洞再大一点就好了，就可以竖着进去了。”

（二）皮影箱大作战

讨论完后，老师请孩子们把自己的想法通过绘画、搭积木的方式进行呈现。

小刘：“我搭的皮影戏台后面有长长的梯子，可以让演员进场，进去以后这些梯子就可以变为椅子给观众们坐。”

蕊蕊：“我和我的小伙伴一起搭了一个大大的台子，这样人多的时候也不会拥挤了，上面的奶粉罐是柱子，可以支撑台子不会倒。光从后面打过来，这三个方向都能看到皮影戏，看戏也不拥挤了。”

（三）初尝皮影戏

熙熙：“昨天妈妈又给我看了皮影戏，皮影戏好好看，好神奇呀。”

筱满：“我们教室里有材料，我们也可以自己来一场皮影戏呀。”

蕊蕊：“可是，别人的皮影戏，皮影棍都是根据自己的表演内容亲手做的呢。”

筱满：“我们也自己做呗。”

在孩子们画画、剪剪、粘粘下，皮影棍 1.0 成功出炉，可是在实际操作中，又发现了新的问题：

小刘："为什么我们的皮影不能像电视里那样手脚分开动呢？"

绵绵："老师，我们想让皮影也像电视里那样头、手分开动，怎么弄呢？"

通过老师的引导，孩子们认识到了"两脚钉"这一新奇的东西，于是皮影棍 2.0 在孩子们的操作中如约而至。

◎ **分析与反思：**

《学前儿童艺术学习与发展核心经验》中提出：美感是幼儿园艺术教育的核心价值，而审美是以体验的方式存在的，儿童只有充分感受、体验美感，才能真正发现艺术美，张开想象的翅膀进入艺术的世界并与其产生共鸣，在此基础上的艺术表现才会丰富生动、富有活力。因此，教师应该积极为幼儿创设良好的艺术环境、宽松的心理环境和丰富的物质材料环境，引导幼儿自发、有个性地进行表现与创造。

有了会动的皮影人、幕布、光、新的大戏台，孩子们开心地进行着皮影戏的演绎，可是新的问题又出现了。

柯壹："老师，举着手电筒我就不能加入他们一起进行皮影戏表演了，我也想加入他们。"

沐汐："你可以和别的伙伴轮换着拿手电筒打光。"

允允："我不要，我不打光，我要表演皮影。"

佑之："我也不想。"

小刘："一直举着手电筒一点也不好玩。"

察觉到孩子们的情绪，在生活活动谈话时间，我抛出了几个小朋友面对的这个困境："大家都不想拿手电筒，怎么办？有没有什么办法可以不用小朋友自己拿着手电筒也加入表演中呢？"

圆圆："可以搭一个架子，这样手电筒放上去就不用小朋友再举起来了。"

栋昱："对对对，我和妈妈出去玩的时候妈妈就用了一个支架拿着手机，她手就可以摆好多的造型。"

有了主意之后，孩子们又进入了设计支架的过程……

◎ 分析与反思：

陶行知先生说过："教育为本，观察先行。"观察能力是教师的基本能力，而倾听是观察的第一步。在本次活动中，教师给予幼儿充分交谈的机会，听到幼儿真实的想法与感受，深入理解幼儿话语的含义并给予其有效的支持与回应。当幼儿有疑问时，教师作为观察者，应学会等待与放手，鼓励幼儿大胆想象与思考，主动尝试解决问题。如面对固定手电筒位置的问题，幼儿运用身边的资源，不断尝试、调整、改进，他们在发现问题、解决问题的过程中逐步加深了有关光影的直接经验。

（四）演出进行时

解决了支架的问题后，孩子们对皮影表演投入得更认真了。区角活动时间总能看见他们皮影表演的身影。

蕊蕊："老师老师，快来看我们的皮影表演。"

涵涵："我们也要表演给老师看。"

熙熙："你们不要急嘛，挨个挨个地表演呗。"

小刘："哈哈哈，老师好像看电影呀。"

筱满："看电影还需要电影票呢。"

小刘："我们制作一张观影票给老师吧。"

师："好多的小朋友都想表演，不如我们飞碟班开展一场皮影演出吧，大家都可以把你们和伙伴一起排的节目表演出来。但是，如果要举办一场演出，你们知道要准备什么吗？"

小刘："有刚才说的观影票。"

筱满："肯定要有我们这些小演员。"

佑之："还要准备好道具和场地。"

鹏鹏："还要有保安叔叔，他们维持秩序。"

在叽叽喳喳的讨论中，皮影演出开始了大筹备，道具组、秩序组、表演组进行了紧张的准备，这场皮影演出在孩子们的准备下如期开展。

五、思考与创新

重视儿童的提问将开启儿童探索的可能，对于孩子们来说，当他们感受到自己的提问受到重视，他们的好奇心将被进一步激发，会敏感地关注到更多现象和问题。在与大自然及生活中的各种材料和媒介互动的过程中，他们将收获丰富的经验，从而建构对世界的认知。

教师在整个研究过程中扮演着观察者、记录者、支持者、参与者的角色，应该不断更新自身的教育观、儿童观。对于孩子们来说，“课堂”不应局限于活动室或者幼儿园，学习的机会也不只有周计划、月计划中的活动，只要教师与孩子共同投入的探索活动材料、时间足够，孩子在这个过程中将不断发现问题、验证猜想、完善理论。

光与影的千变万化带来了一段充实的探索历程，参与者正是孩子们和教师。从孩子们最真实的问题中，发现活动起点有迹可循。我们从本次活动中感受到，只有当教师真正认可儿童感知、体验、表达、创造的强大能力，并积极支持儿童持续开展探索活动，教师才有机会与儿童共同经历与感受认知建构过程中的酸甜苦辣，开启成长的无限可能。

“竹”智多谋

一、筛选资源

在幼儿园旁的竹文化公园里有着种类丰富的竹子，竹子向来受古代文人墨客欢迎，宋代苏轼曾说：“可使食无肉，不可居无竹。”竹子也象征着正直谦虚、坚韧不拔、无私奉献、高风亮节等品质。孩子们经常在竹文化公园玩，观察竹子并与竹子互动，“竹子怎么长出来的？”“竹子为什么长这么高？”“竹子可以做什么呢？”等，孩子们层出不穷的问题映射的恰恰是他们对竹子的兴趣和探索，应充分尊重与回应幼儿所关注的问题，帮助他们构建继续探索与发现问题的信心与能力，因此我们充分利用现有的自然资源，追随孩子的兴趣，开启了关于竹子的探寻之旅。

二、感知和认知

通过幼儿直接观察、实践、探究，感知和自主探究竹之特性与功能，在探究过程中学习“竹”的精神，提升幼儿思考、提问和解决问题的能力，培养幼儿对自然规律的理解，感受人与环境的和谐关系，萌发幼儿对家乡、对大自然的喜爱之情。课程目标如表 2-5 所示。

表2-5 “‘竹’智多谋”课程目标

目标领域	发展目标
健康领域	1. 能运用竹子进行不同类型的游戏，锻炼幼儿身体控制和平衡能力 2. 学习竹子勇敢、努力向上生长的精神，激发幼儿拥有积极健康的情绪
语言领域	1. 能运用语言、书面、符号等不同方式表达自己对竹子的认识和探究竹子的玩法，加深幼儿对竹子的理解 2. 通过活动学习竹的精神，萌发幼儿积极、向上、勇敢、坚持的品质
社会领域	1. 在探究竹子活动中与同伴间有合作意识，能友好相处、相互遵守游戏规则 2. 了解竹子的文化与精神、感知人与自然的和谐关系，感受家乡竹文化的魅力，激发幼儿热爱家乡、热爱大自然的情感

续表

目标领域	发展目标
科学领域	1. 能寻找身边的材料进行比较，并用图画或其他符号进行记录 2. 大胆探索竹子不同玩法，培养幼儿创新思维和自主解决问题的能力
艺术领域	1. 通过画画、手工制作、音乐欣赏等活动，幼儿能够感受到不同形式的美，并且有逐渐理解和欣赏美的能力 2. 通过各种形式的艺术活动，如竹片的艺术创作、竹编手工制作等，幼儿能够表达自己对于美的情感体验，并且逐步培养自己的审美情感

三、探索和实践

（一）活动起源

在一次社会实践活动中，孩子们走进了竹文化公园，看到一根根挺拔而秀丽的竹子，孩子们产生了讨论：

小哼：“竹子是怎么长出来的？”

歆歆：“这里到处都是竹子，大熊猫最喜欢吃的就是竹子了。”

垚垚：“哇，这里还有好多尖尖的竹笋啊，它们会变成竹子吗？”

溪溪：“竹子长得好高啊，一节一节的，它们到底有多高呢？”

歆歆：“竹子好神奇啊，竹子可以做什么呢？”

（二）竹子大探秘

幼儿园的竹子和竹文化公园的竹子一样吗？孩子们带着自己的疑问对竹子进行了观察，小朋友们通过看一看、摸一摸，发现竹子是一节一节的，根部向下生长，竹尖向上生长，每一节的长度也不一样，每根竹子的粗细也不同。

菲菲："竹子旁边有竹笋，是从竹根长出来的。"

小哼："竹子的叶子尖尖的，有点扎手。"

歆歆："叶子细细长长的，像椭圆形。"

我们观察了幼儿园和竹文化公园两处竹林后发现，原来竹子的粗细、高矮是不一样的。

这些不一样的竹子有什么不同的结构、生长过程以及用途呢？针对这些问题，我鼓励孩子们把自己的想法和问题都记录下来，老师和孩子共同设计了"竹子大调查"调查表。为了更好地链接社区资源，小朋友和爸爸妈妈一起到生活中，通过询问和实地查看的方式去寻找竹子，了解竹子，并用自己的方式进行记录。

经过实践活动，孩子们了解到竹子的生活习性，竹子在人们的生活中大有用处，大家都喜爱竹子，竹子代表的正直、向上、无私奉献的精神品质深深地激励着孩子们。

（三）测量竹子

经过活动的开展，我们打造了班级特色竹玩区，老师、家长和孩子们共同收集了关于竹子的各种材料，看着区角里一根根又长又直的竹子，小朋友发出了疑问。

依依："这竹子有长的，有短的，每根长短好像都不一样。"

梓煜："那这些竹子有多长呢？"

卉卉："应该有一根麻绳那么长。"

菲菲："但是我们不知道它到底有多长啊？看来我们需要一把尺子，测量一下，不就知道了吗。"

梓煜："测量竹子需要工具，找一找幼儿园里有些什么工具呢？"

经过小朋友们的观察寻找，不仅找到了直尺，还有麻绳、扭扭棒、跨栏等工具来测量竹子的长度。

梓煜："竹子是直的，跨栏也是直的，我想试试用几个跨栏，可以把竹子的长度量出来。"

卉卉："老师我想用直尺量一量竹子有多长。"

依依：“扭扭棒也是一节一节的，我想用扭扭棒，看看需要多少节扭扭棒呢？”

于是小朋友们开始用行动验证自己的想法，并在表格里进行了记录。

经过一系列的测量，孩子们得出以下结果，并把自己的测量结果和小朋友进行分享。

梓煜：“长的大竹子，用了 4 个跨栏；短的小竹子，用了 6 根麻绳。”

卉卉：“长的大竹子要用直尺测量 2 次，一次是 120 厘米。”

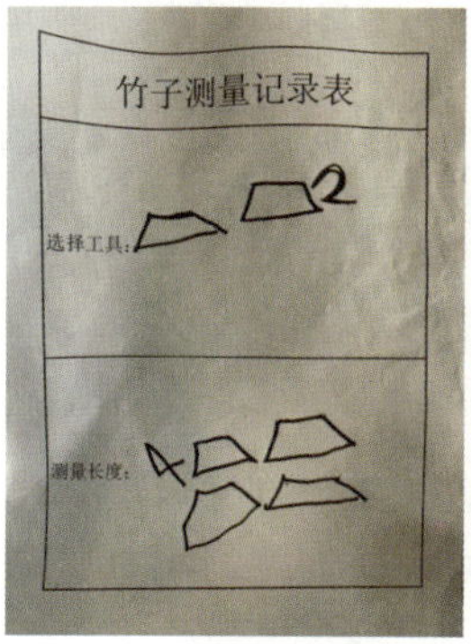

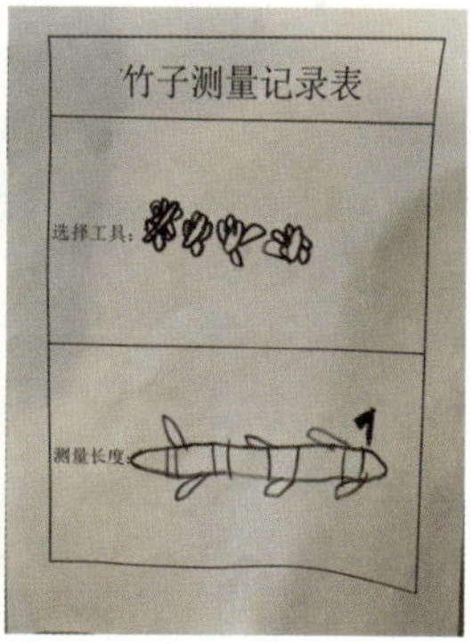

（四）玩转竹子

小朋友们发现，不仅我们教室里有很多关于竹子的材料，幼儿园的户外游戏区域也有很多关于竹子的材料。

策煊：“老师，我们可以把这些竹竿拿去教室外面玩吗？你看，我可以把乒乓球顶在竹竿上走，让它不掉下来，我厉害吧。”

浩宇：“老师，我可以把这个竹竿拿出去顶着那个飞盘走呢，我可喜欢飞盘了。”

承承：“我们可以把竹竿拿出去，和其他玩具一起玩。”

于是我们一起进行了关于竹子的游戏设计，小朋友们设计出了很多的玩法：顶飞盘、踩竹筒、搭山洞、游戏关卡、竹竿舞等一系列游戏活动，画出来之后并进行了分享。在实践操作中小朋友们又发现了新的问题，带着问题我们回到教室进行讨论，并找出了解决的办法。

菲菲：“这个竹竿拿着有点扎手。”

策煊：“竹竿太长了，这个不好用，需要短一点的竹竿。”

浩宇：“罗叔叔有很多工具，我们可以请经常来给我们修东西的罗叔叔来帮帮我们。”

于是我联系了罗叔叔帮我们把竹子进行了打磨、分、切割。

问题解决以后，孩子们拿着材料又开始了丰富多彩的游戏，在游戏过程中也在不断更新游戏的玩法。

（五）制作竹风铃

竹子除了可以玩游戏，还可以做成乐器，变成一个好玩的玩具哦。区域游戏时，竹玩区里的竹风铃引起了小朋友们的注意。

煦然："听，这是什么声音？"

小朋友们被这个清脆悦耳的竹铃声所吸引，对竹风铃充满了好奇，大家都想玩，可是只有一个，那怎么办呢？

浩宇："谁先拿到的，谁先玩，然后我们每个人轮流玩。"

晨晨："可是我刚拿到，我还想玩，现在还不想给小朋友。"

看到小朋友们争论不休，谁也不肯让谁，于是我提议：教室里这么多竹子，小朋友们可以自己做一个。

于是小朋友们商量决定自己进行竹风铃制作，根据教室里现有的竹风铃模样，小朋友们观察到，需要用到的材料有：空竹筒、彩色绳，还需要马克笔做装饰，竹玩区和美工区都有这些材料，很快小朋友们便开始了分工、合作。

依依："我来给竹子装饰吧，我想画一些小花和太阳。"

晨晨："我和煦然来给这些风铃系绳子吧，需要两个小朋友，一起来系，互相帮助，才好弄。"

宣宣："那我和依依一起来装饰吧。"

很快一个既简单又好看的竹风铃就制作成功啦！教室里瞬间发出了更多清脆悦耳的竹铃声。

（六）竹的大变身

区域游戏时，竹玩区总是吸引着孩子们。

梓歆："这个竹片好硬呀，看着光溜溜的，我想给它穿个漂亮的裙子。"

菲菲："我想用黏土来进行装饰，让这个竹片更漂亮。"

溪溪："这个竹筒可以把它变成一个可爱的小人，给它做一点头发，我在妈妈手机里看到过。”

涵涵：“溪溪，我们用这个玩具做它的眼睛吧。”

菲菲：“我们去美工区拿点材料吧。”

在小朋友的装饰下，教室里的各种竹片、竹筒、竹竿等都变成了美丽的作品。因为是孩子们一点点用心进行的制作，所以他们自信且有成就感地介绍自己作品时，脸上洋溢着灿烂的笑容。

（七）我和竹子的故事

随着活动的开展，教室里也多了很多关于竹子的绘本故事，孩子们在阅读时又有了新的想法。

溪溪：“老师，绘本里小男孩对竹子的观察，我也观察过。”

凯凯：“我在老家，有很多竹子，我也观察了竹子的生长，有的竹子都比我高了。”

小哼：“我和妈妈周末去竹文化公园，带了纸和笔，我都记录下来了。”

曦曦：“我以前还和我的姐姐在竹林里玩呢，可好玩了。”

老师：“看来小朋友们和竹子发生了很多有趣的故事，那我们一起把你和竹子发生的故事，都记录下来吧，像绘本一样，一页一页地画下来吧。”

经过小朋友们的创作，阅读区多了很多不一样的绘本故事，有听到、看到和想到的关于竹子的故事，故事内容在小朋友的讲解下，也变得丰富多彩。

四、观察和质疑

（一）香香的竹筒饭

在小朋友的故事分享中，卉卉分享了自己与爸爸妈妈吃竹筒饭的故事。

卉卉：“周末的时候，爸爸妈妈带我去吃了竹筒饭，里面有肉、豌豆，很好吃，现在我都想吃。”

依依：“听起来好好吃啊，我也想吃。”

萱萱：“我只在电视里看到过竹筒饭，里面还有胡萝卜。”

梓煜：“我吃过竹筒饭，可好吃了。”

浩宇：“我还没有吃过，感觉竹筒饭很好吃。”

那孩子们吃过竹筒饭吗？有的孩子说有，有的孩子说没有，于是我们进行了调查统计。

香香的竹筒饭问卷调查：你吃过竹筒饭吗？制作竹筒饭需要什么材料呢？如果要制作竹筒饭，你想制作什么口味的？在调查表中表明，部分孩子吃过甜味或咸味的竹筒饭，但竹筒饭里的配料并不营养，存在腌制类食物，同时，配菜品种单一。

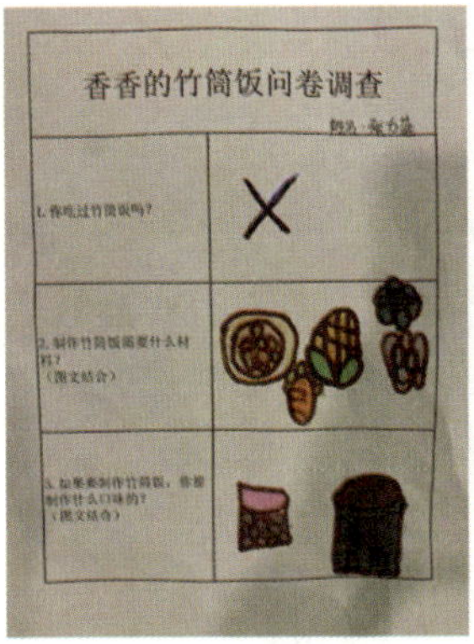

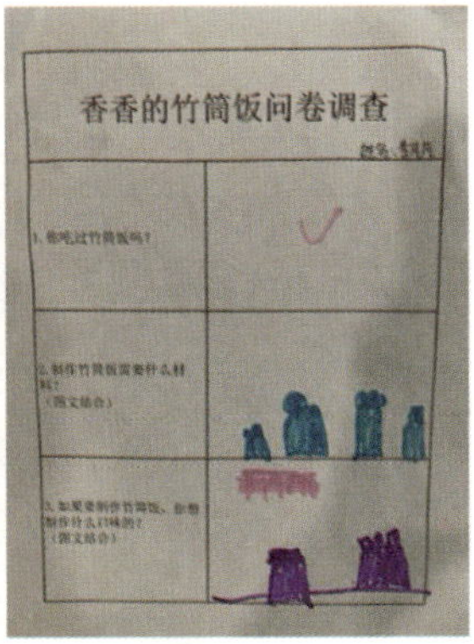

在调查了解竹筒饭后，小朋友们又有了新的疑惑。

溪溪：“竹筒饭好好吃啊，我也好想吃啊。”

策煊：“我们可不可以在幼儿园做美味的竹筒饭吃呢？”

老师：“当然可以啊。”

菲菲：“可是竹筒饭是怎么做的呢？你们知道吗？”

雨佳：“我没有做过，我也不知道。”

梓煜：“我只吃过，没有做过竹筒饭，我也不知道制作的步骤啊。”

致远：“我们可以让老师帮我们在平板电脑上查一下，制作竹筒饭的流程。”

梓歆：“还可以看看制作竹筒饭需要什么材料。”

孩子们以观看视频的形式了解关于竹筒饭的传统文化和制作过程后，知道了竹筒饭是一些少数民族的特色美食，而且十分美味。制作竹筒饭需要竹筒、糯米以及其他配菜，如胡萝卜、豌豆等。孩子们依据喜欢的口味设计了自己的竹筒饭。有的孩子喜欢吃甜的，有的孩子喜欢吃咸的。结合“膳食宝塔”，孩子们对配料进行了更具营养的搭配，根据宝塔中不同层的食物分类选择了不同的食材：糯米、玉米、胡萝卜、豌豆等。并结合《中国居民膳食指南》中提到的少糖原则，我们选择了咸味的竹筒饭。

活动开始前，小朋友们都争先恐后地说自己想做什么，并开始了争论，于是我抛出问题：怎么让大家有序地分工合作呢？

梓歆：“我们来分一下工吧，确定好人员，这样大家就不会乱了。”

洋洋：“我们来清洗竹筒和工具吧，我在家里也洗过碗，肯定洗得干净。”

浩宇：“我来剥豌豆，我会把每一颗都剥下来。”

致远：“我来帮助浩宇，一起弄配菜吧。”

凯凯：“我和菲菲来切胡萝卜吧，我在家里经常切菜，我会切得小小的。”

轩轩：“我们几个小朋友可以进行食材的搅拌，相信我们的竹筒饭会很美味。”

萌萌：“那我们来蒸竹筒饭吧。先把食物放到竹筒里，就可以放到锅里蒸了。”

老师：“其他小朋友就进行协助，但是分好工的小朋友，要完成自己的任务。”

土星班的小厨们都忙碌起来，开始了竹筒饭制作：

（1）清洗所需的厨房工具：锅、筷子、盆、勺子，放好水。

（2）洗竹筒、洗食材、洗米、泡米、切好胡萝卜、倒入配料进行搅拌。

（3）将准备好的食材装入竹筒。

（4）将竹筒放入锅中，加适量水蒸煮。

（5）进行蒸煮，静待竹筒饭出锅。

（6）品尝香香的竹筒饭。

热气腾腾的竹筒饭摆上餐桌，孩子们争先品尝，喜悦溢于言表，欢声笑语铺满整个幼儿园，美味可口的竹筒饭也香香地飘在鼻尖。

◎ 分析与反思：

通过问卷调查的方式，检验孩子在制作营养竹筒饭活动中所学到的健康与营养知识，以及在五大领域的发展情况。家园共育能更好地促进幼儿各方面的发展。通过问卷调查及时了解幼儿发展情况，也让家长及时了解自己孩子的发展水平。孩子们知道了竹筒饭的制作流程，遵循食物种类多样的原则，使得竹筒饭的配菜更加营养，在制作竹筒饭的食材配料上，尽量使用当地应季食材。在制作竹筒饭的过程中，孩子们发现问题并解决问题的能力逐步提高，同时在与小朋友的交流合作中，倾听能力、理解能力、执行能力也有了进步。

（二）创意竹编

午餐活动后，老师和孩子们分享了绘本《和竹子在一起》，该绘本故事以一个村子为背景，讲述了农家儿童阿斌和家人与竹子息息相关的生活。作者通过一幅幅精美图画传达了竹子与农家人的自然乐趣。当孩子们看到其中一张图片时发出了惊讶的声音。

佳佳："哇，满屋子都是竹子做的东西。"

看到这么多竹编的物品，小朋友们都纷纷说着家里有的竹制品。

小哼："老爷爷家里面有好多竹子制作的用品啊。"

廷凯："我乡下老家也有竹子制作的簸箕，还有戴在头上的，也是竹子编的。"

義義："幼儿园的美工室，还有我们的教室里也有竹子制作的东西。"

老师："看，这个小竹篓它细细的，身上的竹子弯弯曲曲的，像小女生的辫子一样，却比草帽的材质硬很多。"

小朋友们仔细观察，发现原来把竹子切得细细的，就能像小女生编辫子一样编出好看的装饰品呀！

竹编制品以细条、细丝为主，质地柔软坚韧，可以随意弯曲制作更多生活用品。原来竹编制品有这么多特点啊，那么竹编制品是怎么制作而成的呢？于是，大家开始了一场头脑风暴。

工具组认为：人们是利用电锯子、电钻、弯弯的刀等工具去竹林里把竹子砍下来，然后进行编织。

绑绳组认为：竹编制品需要用绳子把竹子绑起来，才能做成竹编制品。

手编组认为：竹编制品是先把竹子削成长长细细的小竹片，然后用手一根根将小竹片编起来。

有的小朋友认为：竹编制品需要用钉子来固定，用锤子敲一敲，就可以做成竹编制品了。

也有小朋友认为：做竹编制品需要用到模具，把竹子一小片一小片地放进机器里，就会出来想要的竹编制品。

经过观察和猜测，幼儿对竹编制品有了初步了解，也知道制作竹编制品需要把坚硬厚实的竹子削成薄薄细细长长的小竹片。

经过老师介绍，孩子们了解到这种剖削成一定规格的竹皮和成条的薄竹片就叫作竹篾。

尝试竹篾编织：老师给孩子们示范了几种编制的方法，并给孩子们提供了竹篾、竹条，请孩子们自由分组，尝试自己想要学习的竹编方法。孩子们分成了十字编小组和六角编小组。看似简单的竹条到了孩子们手中却是相当不听话：有的孩子率先掌握了编织要领，热心地把经验传授给其他小朋友；有的孩子想早点把竹篾编起来，但心急导致竹篾不断打滑，最后只能拆掉重来。有的孩子问："竹篾条会翘起来该怎么办呢？""我知道，我帮你用手按着。"孩子们不断地遇到问题，在一次次尝试解决这些问题的过程中磨炼耐心、细心，培养了团队合作的能力。

按照步骤里一上一下，就可以慢慢编进去很多竹条了！策煊小朋友更是想出了一个方法可以不让竹条的头部翘起来，那就是用重物压着它。菲菲小朋友用剪刀把太长的竹条剪成刚刚好的大小，这样竹条就不会乱跑了。竹条有些硬，编完一根后，必须用手把它掰一下，让竹条靠紧，这样竹编就不会散掉。

小朋友们热火朝天地开始编织，大家决定每个人都试着用竹篾自己编织，看谁能最快成功。看看我们的样子，像不像一个个真正的竹编小匠人呢？

在家长开放日的时候，我们邀请了土星班所有家长进入课堂，和小朋友们一起做了亲子竹编小船带回家。

我们的作品。

◎ 分析与反思：

孩子们观察竹编制品，猜想竹编方法，激发了他们对竹子的好奇心和探究欲，为下一阶段幼儿亲身操作和体验竹篾编织做经验的铺垫。教师要真诚地接纳、多方面支持和鼓励幼儿的探索行为，并认真对待幼儿的问题，引导他们猜一猜、想一想。因此，我鼓励幼儿与同伴一起讨论和分享自己的猜想并用绘画记录自己的猜想，幼儿回家后与爸爸妈妈一起调查和收集资料，一起验证自己关于竹编的猜测。孩子们用最简单的四角孔即十字编织法，把竹篾一上一下穿在另外一根竹篾上来初次尝试编织。幼儿的思维特点是以具体形象思维为主，应注重引导幼儿通过直接感知、亲身体验和实际操作进行科学学习，不应为追求知识和技能的掌握对幼儿进行灌输和强化训练。幼儿在试错和尝试中积累了关于竹编的有用经验。孩子在不断遇到问题，发现和解决问题，在一次次尝试的过程中，如何耐心地解决这些问题就成了磨炼孩子们耐心、细心、团队合作的一个好机会。孩子们虽然是初次接触竹编技艺，但是拿起竹编时，他们却对竹编产生了浓厚兴趣。亲自动手尝试，不仅锻炼了孩子的动手能力，也激发了他们热爱家乡的真挚情感。

五、思考与创新

幼儿园的一日生活皆是课程，一次对话、一个游戏、一个场景，甚至一件物品，都可以成为孩子们津津乐道的话题。当我们俯下身来，认真观察、倾听，便能借此教育契机，引导孩子们提高观察力、想象力，增强经验。

教师在整个活动中留给幼儿充分的活动空间，引导、鼓励幼儿观察与操作，让每个幼儿都有看、说、想、玩的机会，并给予孩子们支持与帮助。在这样的情景下，幼儿积极主动地参与其中，丰富了经验。一段段真实鲜活的游戏之旅，叙述着幼儿通过直接感知、实际操作、亲身体验获得自我发展的独特经验。

这次的竹课程来源于幼儿生活，孩子们从遇竹—知竹—探竹—乐竹—食竹—玩竹六方面引发了一次又一次探究，大自然赋予了孩子们无穷的探究欲望和学习机会。根据孩子们的兴趣点，老师有效地挖掘了身边的竹资源，让孩子身处于竹的世界，运动中“玩竹”、游戏中“变竹”、学习中“品竹”，使幼儿在竹的世界里遨游、成长，享受到了无穷的乐趣。

鹅蛋的生命之旅

一、筛选资源

幼儿与动物之间，似乎有着天然的联系，千变万化的动物总是能够引起幼儿的注意，在幼儿生活中，随处能看到一盆盆绿萝、一棵棵小树、一片片绿草，这些不仅为幼儿生活带来了勃勃生机，也为孩子们接触自然、了解植物、感受生命成长、增进责任意识提供了资源和机会，正如陈鹤琴先生所说：“大自然是我们的知识宝库，是我们的活教材、活教师，我们应该向它请教，向它探讨。”

《幼儿园教育指导纲要（试行）》指出：“幼儿园应为幼儿提供健康、丰富的生活和活动环境，满足他们多方面发展的需要，使他们在快乐的童年生活中获得有益于身心发展的经验。”幼儿园的养殖区必不可少，它可以激发幼儿内在的潜能，在潜移默化中影响幼儿，也可以丰富幼儿的生活经验。

孩子们在幼儿园种植地的大树下发现了四只大鹅，便叽叽喳喳地开始和自己的好朋友讨论：“大鹅从哪里来？大鹅住哪里？大鹅喜欢吃什么……”通过孩子们的对话，我观察到孩子们对大鹅产生了强烈的兴趣，他们的好奇心被进一步激发，由此孩子们开始了一场与大鹅、鹅蛋的探索之旅。

二、感知和认知

幼儿通过观察思考、亲身体验、实践探究、总结反思等，学习了在大鹅养殖过程中怎样照顾大鹅，对大鹅的生长过程有一定的认识，最终对大鹅、蛋宝宝在生活中的形成产生深刻认知。课程目标如表 2-6 所示。

表2-6　“鹅蛋的生命之旅”课程目标

目标领域	发展目标
健康领域	1. 了解鹅的外形特征，知道鸭子和鹅的不同，激发幼儿对鹅的好奇心和探究欲望 2. 知道和大鹅相处时要保护好自己，回到教室能主动用肥皂洗手
语言领域	1. 在探究活动中能独立思考、与小朋友分工合作，能有序、清楚明了地表达自己的想法 2. 活动中通过与大鹅相处，萌发出对爸爸妈妈的感激之情，知道爸爸妈妈照顾自己不容易
社会领域	1. 在活动中能与同伴分工合作，发现和别人想法不同时能倾听和接受别人的意见，不能接受时会说明理由 2. 幼儿能够懂得“责任”一词，并激发幼儿感知爸爸妈妈照顾自己的辛苦
科学领域	1. 用观察、比较的方法，能大胆地表达鹅的基本以及不同形态 2. 认识更多种类的房子，启发幼儿给鹅搭建房子的不同形态 3. 学会区分物体的大小，并按大小进行匹配
艺术领域	1. 喜欢参加艺术活动，能够大胆表达自己的情感和体验，能用自己喜欢的方式进行艺术表现活动 2. 欣赏鹅的颜色、姿态，感受鹅的可爱，激发热爱小生命、保护环境的情感 3. 锻炼小朋友的动手能力，在动手创作的过程中发现美、创造美

三、探索和实践

（一）活动起源

在去种植地的路上，孩子们在大树下看到了四只大鹅，孩子们惊奇地看着这四只被绳子缠着脚的大白鹅，开启了他们的讨论：

丑丑：“这是鸭子吗？”

桐桐：“是鹅，鸭子头上没有那个椭圆的东西。”

帅帅：“我老家就有鹅，我看见过，可是它们怎么趴在这里？”

涵涵：“马上天就要黑了，它们住在哪里呀？”

通过孩子们的对话，我观察到孩子们对大鹅产生了兴趣，并提出了问题：鹅今晚住哪里？于是我们开启了一场与鹅的探索之旅。

（二）大鹅喜欢吃什么

孩子们了解了大鹅的外形特征，开始了他们的下一次探索：大鹅喜欢吃什么？

龙龙：“大鹅会不会和小兔子一样喜欢吃胡萝卜？”

思斯：“不对，大鹅应该喜欢吃虫子。”

丑丑：“大鹅喜欢吃白菜。”

乐乐：“我知道，大鹅要吃谷子。”

乔乔：“大鹅还喜欢吃树叶和蔬菜。”

通过讨论孩子们制定了大鹅调查表，在大鹅调查表中孩子们了解到大鹅的外形特征、喜欢吃什么，并把调查表带回家和爸爸妈妈一起调查。

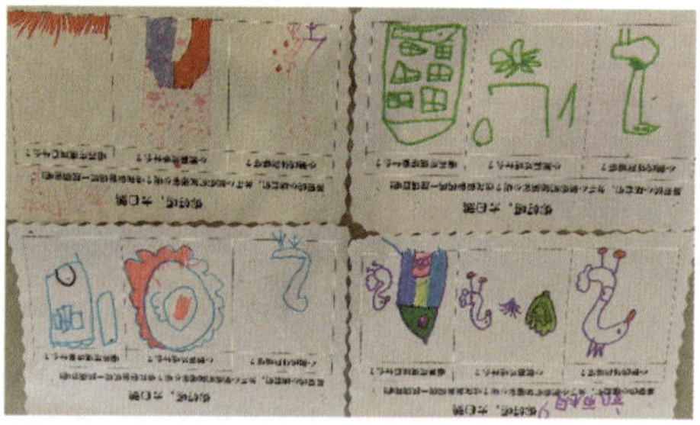

孩子们通过与家长一起观察、上网查询资料，做好调查表，知道了大白鹅喜欢吃的东西，第二天孩子们根据自己画的调查表，从家里带来了大白鹅可能吃的食物并亲自给大白鹅喂食。

通过亲自喂食与上网查阅资料，孩子们最终得出了结果：大白鹅是一种杂食性动物，可以吃一些能量饲料，比如玉米、红薯、稻谷、白菜、小麦、南瓜、米糠等，还可以吃一些蛋白质类的饲料。

（三）帮大鹅建造房子

解决了第一个问题，下一个问题来了：应该搭建一个什么样的鹅窝？

虫虫："我们可以给大鹅建造一个像城堡一样的鹅窝。"

湘楹："就是，还要像家一样舒服。"

桐桐："还要给大鹅搭建个可以喝水吃饭的地方！"

通过想法碰撞，孩子们自由分成小组来给大鹅的房子画设计图，再利用投票选举的方式最终确定了大鹅房子的方案。

接下来孩子们在幼儿园里寻找搭建大鹅房子的场地，最后在砖头搭建区发现了砖头，乔乔说："这里好多砖头，我们可以用来搭建大鹅房子。"这个想法得到了很多小朋友的认可，他们纷纷同意在这里搭建大鹅房子。

萱萱："我们用砖头来给大鹅搭建房子的地基，这样就会很牢固！"

彦禧："用竹竿做房子的屋顶，风吹再大都不会倒！"

熙熙："在房子里铺满稻草，这样房子会变得很暖和！"

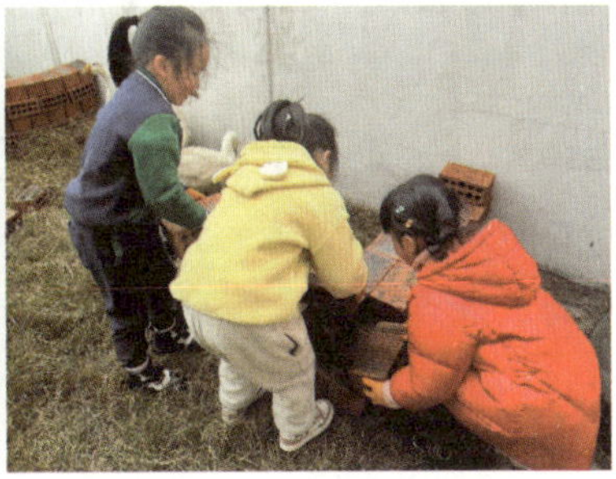

经过孩子们的不懈努力，大鹅的家基本搭好了。"看，大鹅正在新家里面开心地吃东西呢！"

◎ 分析与反思：

在与大鹅接触的过程中，孩子们积累了有益的生活经验，通过直接感知、亲身体验、亲自喂养、动手操作等方式，了解大鹅的外形特点及生活习性。知识获取的途径是多样的，通过调查了解、自主学习和同伴分享，在与大鹅的互动中学会观察。搭建大鹅的房子过程中，孩子们自主选择构建材料，自由设计房子，孩子们根据自身的生活经验，用心地建造、创造着大鹅的房子。在这个过程中，我们可以看到小朋友们的合作意识，以及照顾和关心小动物的品质，通过建造房子增强了孩子们的责任意识，增强了情感体验，萌发了对大鹅的关爱之情和对同伴的保护之情。

（四）照顾大鹅

大鹅的房子建造完成，这时孩子们发现了一个新的问题：我们周末要放假，老师也要放假，那谁照顾大鹅呢？

小罗：“周末我们不在幼儿园谁来照顾大鹅呢？”

川川：“就是，大鹅要是不吃东西会很饿的。”

萱萱：“对了，我们可以采用值日生的方式轮流照顾大鹅呀！”

听到萱萱的这个想法，孩子们都觉得很不错，我们的家离幼儿园都不远，完全可以周末抽点时间来照顾大鹅呀，于是他们通过值日生的方式轮流来幼儿园照顾大鹅！

《幼儿园教育指导纲要（试行）》指出：“既要高度重视和满足幼儿受保护、受照顾的需要，又要尊重和满足他们不断增长的独立要求，避免过度保护和包办代替，鼓励并指导幼儿自理、自立的尝试。”在这次活动中，孩子们遇到了各种各样的问题和困难，他们团结一致，共同解决问题，克服困难。同时，这次对于照顾大鹅，孩子们也表现得义不容辞，每个孩子都将照顾大鹅作为己任。孩子们虽然年龄小，但是责任感却很强，孩子们通过沟通交流，找到了解决照顾大鹅的方法，采用轮流照顾的方式，一个小朋友也不落下。

（五）给大鹅洗澡

自从大鹅来到我们幼儿园以后，孩子们总是在做完户外活动后，去看望大鹅。有一次在早操后去看大鹅时，孩子们都捂住了鼻子。

小徐："什么味道这么臭呀？"

涵涵："会不会是大鹅们拉臭臭了？"

虫虫："可能它们太久没洗澡了，所以才那么臭。"

经过一番讨论，孩子们觉得大鹅太久没洗澡所以才这么臭，而且大鹅的家也需要打扫一下，于是他们决定要给大鹅洗澡，可是把大鹅放哪里洗澡合适呢？

孩子们开始在幼儿园寻找给大鹅洗澡的地方，他们首先去了沙水区看，发现沙水区太小，四只大鹅完全放不下。通过在幼儿园的寻找，最后思斯在中庭发现了一个蓝色的泳池，她大声地对小朋友们说："你们快来看呀，这里有一个大泳池哎，四只大鹅在这里洗澡肯定没有问题。"

听到思斯的呼唤，孩子们纷纷跑过来看，发现这个泳池真的很大，于是他们都同意大鹅在这里洗澡，并且说道："大鹅在这里洗澡肯定很开心的！"

通过给大鹅洗澡，孩子们从中习得了生活经验，他们通过自己洗澡延伸到大鹅太臭了是因为很久没洗澡，在这个过程中幼儿迁移了生活经验，给大鹅

洗澡要准备多种材料，避免在大鹅出来时伤害到自己，幼儿的思维、动手能力得到进一步发展。

（六）大鹅不见了

经过一段时间的照顾，孩子们已经和大鹅有了一定的感情。在某个星期一小刘到幼儿园给大鹅喂食时，发现有一只大鹅不见了，孩子们听到这个消息都非常着急。

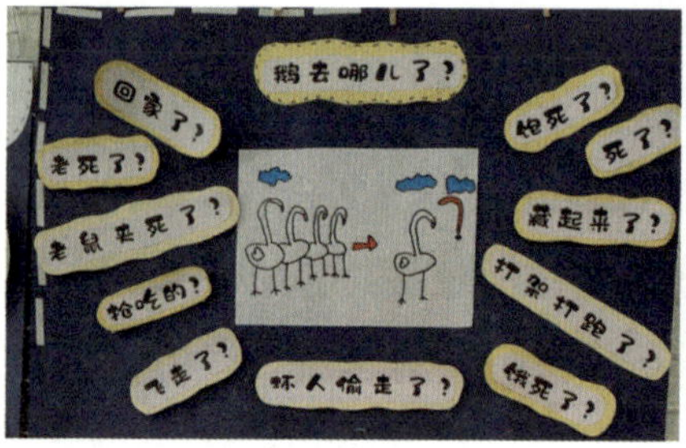

夕夕着急地说：“大鹅是不是被坏人偷走了？”

晨曦说：“我们快去幼儿园找一找大鹅吧！”

于是孩子们制订了寻找大鹅的计划。

通过自己画的调查表，孩子们在幼儿园里开始了寻鹅之旅。

皓麟：“我们去大鹅的家看看有没有什么线索……”

小夏：“大鹅会不会在帐篷里面呀？”

帅帅：“老师，我发现了一根羽毛，肯定是大鹅留下的！”

孩子们在寻找大鹅的过程中，遇到了保安叔叔。

欣欣说：“保安叔叔在那里，我们大家一起去问问他！”

潼潼着急地问道：“保安叔叔，你有没有看到我们的大鹅呀？”

保安叔叔说：我也没有看到，不过你们可以去监控室查一下监控！

通过保安叔叔的回答，孩子们跟随老师一起来到了监控室，看了监控之后孩子们发现，原来丢失的大鹅已经死了，为了让剩下的三只大鹅不孤单，他们开始了进一步的讨论。

《幼儿园保育教育质量评估指南》指出：充分尊重和保护幼儿的好奇心和探究兴趣，相信每一个幼儿都是积极主动、有能力的学习者，最大限度地支持和满足幼儿通过直接感知、实际操作和亲身体验获取经验的需要。在亲身体验照顾大鹅的过程中，孩子们增强了责任感，感受了赋予生命个体成长的幸福体验；在与大鹅的相处过程中，学会了怎样照顾大鹅，更重要的是萌发了对大鹅的关爱之情和保护之情。同时，孩子们获得了自我成长，包括动手能力、语言能力、探索能力、社会交往能力的发展，解决问题能力的提升。

（七）蛋宝宝来陪伴

回到教室之后，孩子们叽叽喳喳地讨论起来：

彦禧：“对了，我们可以给大鹅再找一只鹅呀，这样又是四只大鹅啦！”

桐桐：“可是我们去哪里找大鹅呢？”

琳松：“我在电视上看到过小鸡生蛋，大鹅会不会生蛋呀？”

灏灏：“我觉得可以，小鸡可以生蛋，大鹅肯定也可以，因为它们都是动物。”

孩子们通过讨论，觉得大鹅也可以生蛋宝宝，而且通过老师讲解大鹅可以生蛋，于是他们决定明天去大鹅的家看看有没有鹅蛋。

第二天，孩子们照常去给大鹅喂食时，惊喜地发现在鹅窝旁边有几颗圆滚滚的蛋。他们把蛋宝宝带回了教室，可怎样才能把蛋宝宝保护好呢？

孩子们通过小组合作的方式给蛋宝宝制订了保护计划，同时决定孵化蛋宝宝。

四、观察和质疑

（一）孵蛋前准备：孵化方法大讨论

桐桐：“我可以把蛋放在床上，给它盖上厚厚的被子保暖。”

乐乐：“可是放在床上会捂住它，它就不能呼吸了。”

熙熙：“可以把蛋放在谷草里，让鹅妈妈坐在窝里孵蛋。”

虫虫：“不行，我们的大鹅不会像小鸡一样乖乖待在窝里的。”

小罗：“可以用孵化器呀，我在电视上面看到过。”

通过看视频，孩子们了解到孵蛋可以分为自然孵蛋和人工孵蛋两种，孩子们自由组合，分为两组，以不同的方式孵蛋，并各自做了调查表。

（二）孵化器 vs 孵蛋窝

通过孩子们的讨论，他们经过园长妈妈的同意采购了孵化器，老师详细讲解了孵化器的安装过程，在老师和小朋友们的共同努力下，孵化器安装成功，蛋宝宝也成功进入了孵化箱！看，孩子们还给自己的蛋宝宝做了属于自己的记号！

夕夕："我的蛋宝宝上面写的是我的名字！"

小罗："我画的是奥特曼！"

孵化器小组准备完毕，孵蛋窝小组也开始制作了。

熙熙："我给蛋宝宝的窝铺上稻草，这样有利于孵化！"

小夏："我和芮芮一起铺衣服，这样更快！"

芮芮："再给鹅窝铺上衣服，这样又软又暖和呢！"

（三）观察受精蛋

通过分析调查表孩子们发现，原来只有受精蛋才能成功地孵出大鹅，于是他们纷纷观察自己的蛋宝宝是不是受精蛋。

夕夕："我觉得我的蛋宝宝可以孵出小鹅，因为它比较小。"

帅帅："不对，我的才可以，我的不仅小而且还有花纹呢！"

孩子们拿着自己的蛋宝宝争论得不可开交，最后通过实践探索才发现原来要用灯光照一下蛋宝宝，有红血丝的才能成功孵出来。

（四）怎样照顾孵化中的蛋宝宝

经过讨论孵化方法和观察受精蛋，孩子们开始讨论应该怎样照顾孵化中的蛋宝宝。

萱萱："要经常给蛋宝宝翻身，这样它会孵化得更快。"

帅帅："还要经常给蛋宝宝喷温水，这样可以孵化得更快。"

松松："用灯光照一下蛋宝宝，看有没有红血丝……"

蛋宝宝孵化到第7天时，需要对受精蛋进行照蛋，孩子们把教室里的灯关上，拿着老师的手电筒开始分组观察受精蛋的发育情况，他们发现：

帅帅："看，这个受精蛋有红色的血丝呀！"

涵涵："就是，我这个也有红色的血丝，我妈妈说那是小鹅的小脚。"

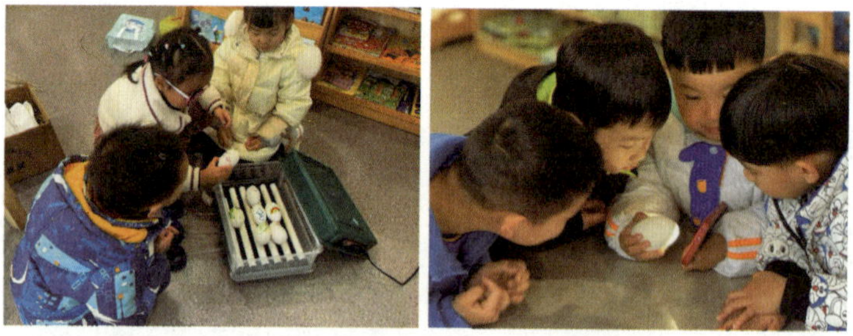

发现鹅蛋—想要孵化小鹅—探究蛋宝宝能否孵化，一系列问题引发了幼儿的好奇、思考和探索，整个过程层层深入，环环相扣，由一个问题推动下一个问题，幼儿在这个过程中自主、全心投入，参与性强，这也是活动最大的价值和意义，他们的探究欲望也引发了教师对课程的下一步思考，教师会持续支持幼儿的需要，为幼儿创设环境与条件。

（五）孵化倒计时

经过25天的等待，孵化器里的小鹅宝宝还是没有动静：

桐桐："都这么久了，怎么小鹅还没有孵出来呀！"

虫虫："是不是小鹅力气太小，所以出不来呀……"

通过讨论孩子们也不知道到底是什么情况，于是孩子们决定把蛋宝宝敲开一点看看情况，发现原来蛋宝宝已经死掉了，老师和孩子们一起上网、看图书查阅了资料，发现原来是因为孵化箱里的温度没有把握好，所以没有成功孵出小鹅。

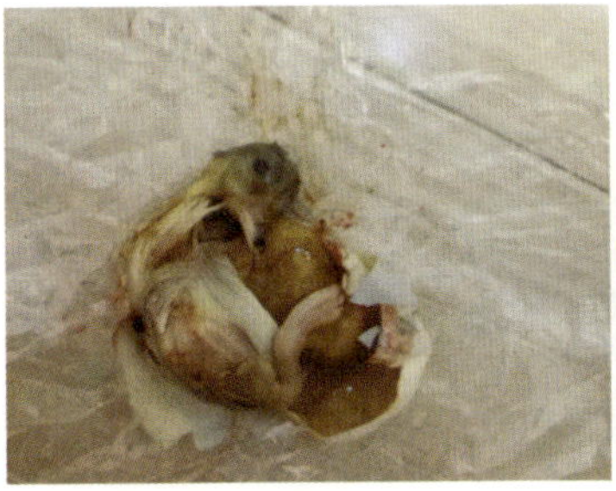

◎ 分析与反思：

幼儿的思维特点是以具体形象思维为主，应该注重引导幼儿通过直接感知、亲身体验和实际操作进行学习，在此次活动中，孩子们和爸爸妈妈一起自发查阅孵化小鹅的资料，通过调查、询问，在活动过程中观察、思考、猜想、交流，不仅满足了幼儿强烈的好奇心，获得知识和经验，还在探索过程中提高了观察能力、语言表达能力和探究能力。

五、思考与创新

幼儿通过直接感知、亲身体验和实际操作，善于发现和利用生活中、身边的教育资源，通过自己的兴趣点、想法和行为，生成大白鹅的探索之旅。在对大鹅的探索中，我们给予孩子发言、讨论、猜测的机会，让孩子落实行动、验证想法、绘画表征，在实际感知、亲身体验中成长！

在这次的项目化课程“鹅蛋的生命之旅”中，幼儿在课程中的参与度很高，从最开始的大鹅喜欢吃什么、帮大鹅建造房子、照顾大鹅、给大鹅洗澡、大鹅不见了、蛋宝宝来陪伴以及到最后的孵蛋行动，小朋友们都表现出浓厚的兴趣，因为这个活动是他们所感兴趣的，他们也从中学到了很多东西，学会了发现问题—探索问题—解决问题。在养殖过程中，幼儿会认真对待每一次活动，小动物就是小生命，在饲养小生命的时候，幼儿会奉献他们最大的爱心，当小动物出现问题的时候，幼儿会表现出焦急、担心的情绪，通过每次的教学活动，孩子们相互帮助、相互合作，当出现问题时，他们会商量如何解决，通过不断地开展活动，幼儿的责任意识、合作意识逐渐得到培养。

幼儿的学习是以直接经验为基础，在游戏和日常生活中进行的，因此教师要尊重幼儿的个体差异，要循序渐进地引导幼儿，而不应该要求每一个小朋友都在同一起跑线上。教师是幼儿学习的支持者和引导者，更是幼儿的倾听者，在这个过程中孩子们的爱心、耐心、责任心都得到了培养 ，虽然小鹅没有孵化成功，但是从自己的亲身体验中，孩子们体会到了当蛋宝宝“爸爸妈妈”的不容易，由此感受到爸爸妈妈照顾自己时的辛苦，同时孩子们也学会了“责任”。

我的豆豆日记

一、筛选资源

自然课程以自然情感为出发点，通过营造开放、真实的幼儿园环境，开展丰富、有趣的自然活动，遵循幼儿自身的发展规律，满足幼儿全方位接触自然的需要，使其自然、有序地成长。最近幼儿园的饭菜里、点心里、汤食里经常出现一种食物——豆豆，它们的颜色和形状都大不相同，孩子们引发了讨论：“豆豆有哪些品种呢？”“豆豆是怎么生长的？”“豆豆生长需要怎么照顾？”“豆豆可以做什么？”孩子们对豆豆产生了强烈的好奇心，刚好现在幼儿园为小朋友打造了种植乐园，教师可以让孩子们在种植乐园中观察豆豆，对豆豆有一个更好的认识。幼儿对周围事物和现象感兴趣，喜欢亲近自然，有好奇心和求知欲，乐于探究。教师顺势而为，捕捉幼儿表现出兴趣的话题，追随童心，顺应天性，让幼儿在宽阔、自然的环境中直接感知、亲身体验和实际操作，于是老师和孩子们共同开展了一场豆豆探秘活动。

二、感知和认知

让幼儿在生活中探索，在探索中学习，在学习中增长智慧、愉悦身心，让自然生动、丰富多样的活动成为幼儿独享的美好生活，在快乐自主且富有教育价值的活动中，树立自信、专注、负责、友善的良好品格。课程目标如表2-7所示。

表2-7 “我的豆豆日记”课程目标

领域	目标
健康	1. 观察和认知：通过观察豆子的生长，帮助幼儿认知植物生命周期，了解种子如何发芽、生长和成熟 2. 营养认识：引导幼儿了解植物的生长需要水、阳光和土壤，培养他们对植物生长所需营养的认识 3. 责任心培养：将照顾豆子的过程与培养责任感联系起来，教育幼儿认识到每个生命都需要关心和照顾 4. 团队合作：通过共同参与豆子的照顾，培养幼儿的团队合作精神，让他们学会分享和分工合作 5. 生活习惯：引导幼儿形成良好的生活习惯，包括按时浇水、观察植物状态等，促进养成有益健康的生活方式
语言	1. 观察和描述：帮助幼儿观察豆子的生长过程，学会用语言描述豆子的外观、变化和特征 2. 时间概念：引导幼儿用适当的时间词汇来描述豆子的生长过程，如“今天”“明天”“昨天”等 3. 比较和对比：鼓励幼儿比较不同阶段的豆子，使用比较性词汇，培养他们的对比和分析能力 4. 问题提出和回答：激发幼儿对豆子生长过程的好奇心，引导他们提出问题并回答，培养逻辑思维和语言表达能力 5. 故事创作：鼓励幼儿用语言编织一个关于豆子生长的小故事，培养创造性思维和叙事技能
社会	1. 合作与分享：通过参与豆子生长项目，培养幼儿的合作精神和分享意识，让他们学会共同照顾植物 2. 沟通技能：通过与同伴和教师交流豆子的生长情况，促进幼儿语言表达和沟通技能的发展 3. 团队意识：将豆子生长过程纳入团队活动，培养幼儿的团队意识，让他们意识到每个人的贡献都是团队成功的一部分 4. 责任感：将照顾豆子与责任感联系起来，让幼儿体验到对生命的责任，培养他们对社会责任的认识 5. 互助精神：鼓励幼儿互相帮助，分享经验，形成互助的社会氛围，促使他们在社交中学会彼此支持
科学	1. 观察与记录：帮助幼儿培养观察和记录的能力，记录豆子生长过程中的变化，学会用科学的方式表达观察结果 2. 提出假设：鼓励幼儿提出对豆子生长的猜想和假设，促使他们思考和提出有关植物生长的问题 3. 实验设计：引导幼儿设计简单的实验，例如改变光照、水分或土壤条件，以观察对豆子生长的影响，培养科学实验的基本概念 4. 分类与比较：帮助幼儿学会用科学的方式分类和比较，例如比较不同豆子的生长情况，或比较在不同条件下生长的豆子 5. 提升自然探究兴趣：通过豆子生长项目激发幼儿对自然科学的兴趣，培养他们主动追问、发现和探索的能力
艺术	1. 观察与描绘：鼓励幼儿观察豆子的生长过程，然后通过绘画或其他艺术形式表达他们的观点和感受 2. 手工制作：通过手工艺术项目，如制作豆子的手工模型或植物标本，培养幼儿的手工技能和创意 3. 艺术表达豆子的生命周期：引导幼儿以绘画、剪贴等方式表达豆子的不同生命周期阶段，促进对自然过程的艺术性理解 4. 音乐与舞蹈：结合豆子的生长节奏，通过音乐和舞蹈活动，让幼儿感受植物生长的规律，培养音乐和舞蹈的兴趣 5. 自由创作：提供自由创作的机会，让幼儿根据对豆子生长的理解，进行艺术性的自由表达，促进创造性思维

三、探索和实践

（一）活动起源

一天午餐时间，瑞瑞发现米饭里面出现了一个不认识的东西，于是问道："老师这个红红的是什么呀？""这个呀叫红豆，是豆豆的一种哦！"瑞瑞一脸不相信地说道："我在家里吃的豆豆都是绿色的，这个红红的，我不敢吃。"孩子们纷纷议论起来，孩子们的想法都大不相同，于是老师借此契机和孩子们共同开展了一系列的豆豆探秘活动。

（二）豆豆大调查

在家园合作下，孩子们带来了各种各样的豆豆，分小组讨论观察比较。

图图："除了红色、绿色、黄色还有黑色的豆豆。"

宜嘉："这个是芸豆，我在奶奶的鸡肉汤里吃过。"

梓熙："老师我发现了一颗坏豆豆！"

贺涵："它们的大小不一样，芸豆最大绿豆最小。"

（三）我们的种植计划

孩子们对豆豆产生了浓厚的兴趣。刚好假期里幼儿园为孩子们建造了一片种植地，孩子们商量决定在种植地里面种植豆豆。

讨论一：豆豆生长需要什么？

水、阳光、肥料、土壤等。

讨论二：豆豆可以种在什么地方？

地里、水里。

讨论三：谁来照顾豆豆？

老师、同学、值日生。

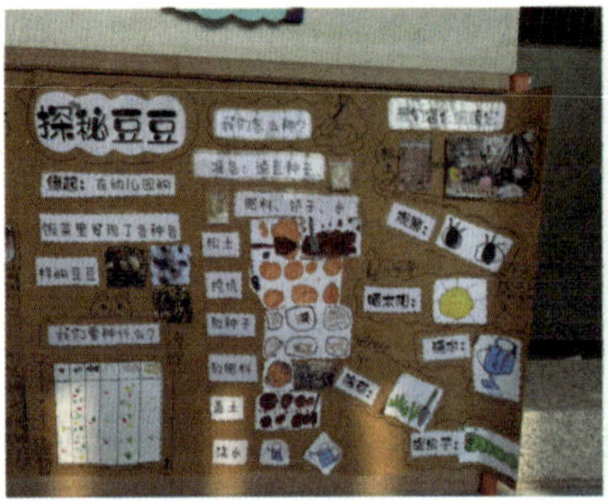

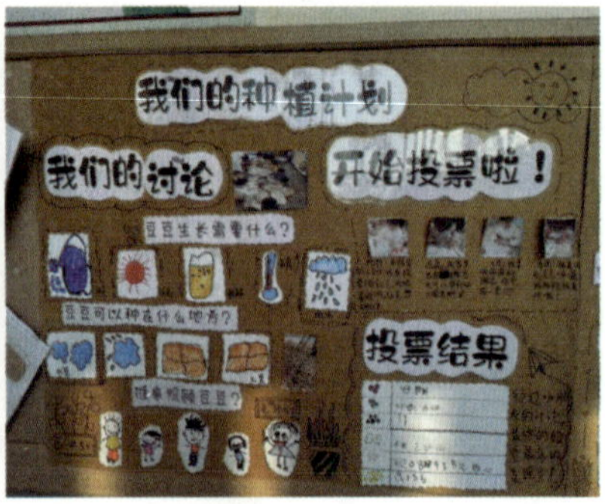

孩子们开心地讨论着，每个人想种的豆豆都不同，可是我们只有一块地，怎么办呢？

宜嘉："我们来投票吧，谁的票数最高我们就种什么。"

浠漫："我是28号，芸豆味道粉粉的，我喜欢。"

文奕："我喜欢圆圆的豌豆，给它投一票。"

蕊蕊："我家里也种了豌豆，我可以带到幼儿园来种。"

柠柠："米饭里有红豆，我喜欢吃，我想种红豆。"

（四）种地风波——挖坑

孩子们商量好了以后，就一起去种植地里松土。沐沐挖了一个坑，可乐去沐沐的前面又挖了几个坑，沐沐回头发现自己的坑不见了，急得哭了起来："老师，可乐把我的坑踩没了，到处乱七八糟的。"于是我们在菜地里开展了讨论——如何挖坑？

欣蕊："我家里在种地，妈妈说中间要留一条路，坑要一个接一个。"

宜嘉："哈哈，坑也要排队吗？"

丹丹："这么宽的地，要排几条队呀？像做早操一样了。"

于是小朋友们回到教室开始设计图纸，然后根据图纸的排列方式开始了挖坑，并和老师一起成功地种下了种子。

在孩子们悉心照顾下，过了一段时间豌豆长出来啦！小朋友们观察到菜地里的豌豆尖长得慢，教室植物角的长得快，为什么呢？

蕊："因为老师和小朋友没有经常照顾菜地。"

沐："因为这几天没有下雨。"

康康："太阳也没有出来。"

涵："要给他们松土，晒太阳。"

悠然："每一个窝都要浇水。"

柠："全部都要施肥。"

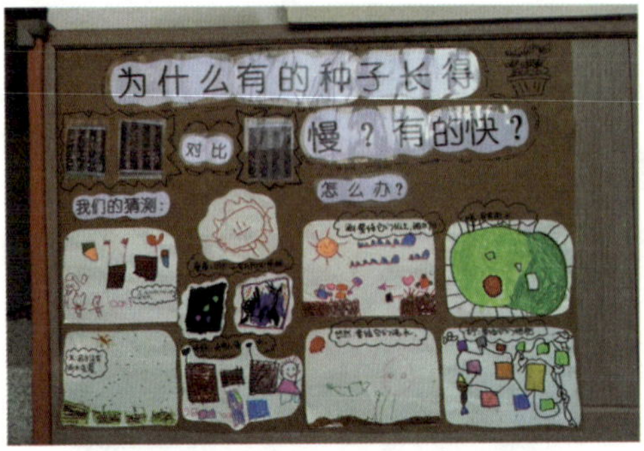

（五）有胡须的豌豆尖

经过了几天时间，豌豆尖长大啦！孩子们也有了新奇的发现。

涵："你们看豌豆尖长胡须了。"

可乐："哈哈，好多胡须啊。"

欣蕊："我感觉有点像爆炸头。"

琪琪："怎么有的豌豆尖有胡须，有的没有胡须呀？"

到底为什么会有呢？孩子们进行了一系列猜想。

贺涵："可能是丢肥料的时候没有丢到它。"

萌萌："可能是太阳没有晒到它。"

瑶瑶："可能他是男生，我爸爸就长了很多胡须。"

最后，我们一起在网上查阅资料，原来是豌豆尖的种类不同，有无须豌豆尖和有须豌豆尖。

四、观察和质疑

（一）采摘豌豆尖——美食

豌豆尖成熟啦！老师和孩子们一起来到菜地采摘豌豆尖。

沐沐：“老师，我把它摘下来了！”

老师：“啊？你把它连根拔起啦，我来教你们吧！从两片叶子的中间，选最嫩最新鲜的摘下来。”

子贤：“我们也来帮忙吧！”

“哇，我们会摘豌豆尖啦！”

孩子们分工合作，不一会儿就把豌豆尖采摘完了，可是豌豆尖怎么吃呢？孩子们有了前期投票的经验，于是又开始了投票。

欣蕊：“可以煮面条很好吃的。”

语：“豌豆尖鸡蛋汤好吃。”

子贤：“可以就直接煮汤。”

熙：“我家里面都用它来煮豆腐。”

桐：“可以炒肉吃呢！我在家里吃过。”

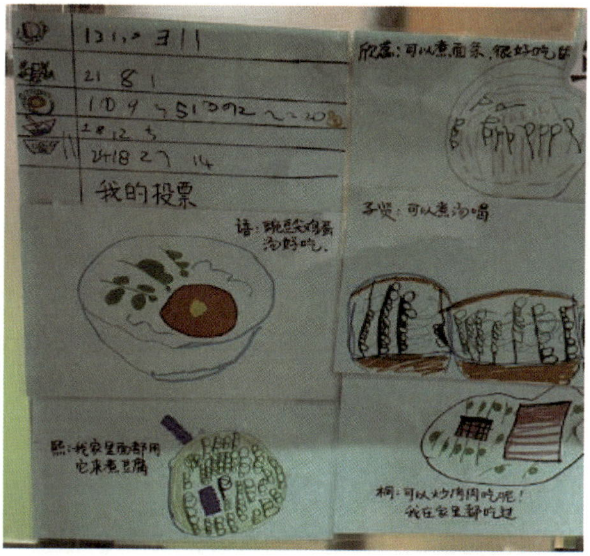

经过孩子们的投票，最终票数最高的是豌豆尖鸡蛋汤。

上学期孩子们有过野营的经验，于是他们在食堂阿姨那里借来了鸡蛋、盐、油开始了舌尖上的烹饪，他们迅速地分好了工，蕊蕊来到厨房清洗起了豌豆尖，小厨师们系上围裙，有的打鸡蛋，有的进行搅拌，有的在倒油，有的在加水，等水开后加入鸡蛋，再次等水开后放入了豌豆尖，美味的豌豆鸡蛋汤就出锅啦！

孩子们还将豌豆尖带回了家，和家长们分享，家长们纷纷在群里晒出了自己做的美食。

◎ **分析与反思：**

这个活动涵盖了多个学科，包括科学与自然（土培豌豆尖的生长过程）、社交（合作、投票、分享）、美食（烹饪、制作美食）等。通过综合性的学科设计，促使幼儿全面发展。幼儿在整个活动中需要观察豌豆尖的生长过程，培养了他们的观察力。同时，通过亲自参与土培、投票、烹饪等环节，锻炼了幼儿的动手能力和实践技能。投票选择烹饪方式和合作制作美食促进了幼儿的社交技能。他们学会了共同决策、团队协作和沟通，培养了集体活动中的社交技能。通过投票选择烹饪方式，幼儿有机会自主决策，培养了他们的独立思考和决策能力，同时激发了民主参与的意识。幼儿通过照顾豌豆尖、制作美食，培养了责任感。最后将成果带回家分享，加强了家庭与学校的联系，培养了幼儿的分享精神。这个活动不仅提供了丰富的学科知识，还注重培养幼儿的综合素养，包括社交技能、观察力、自主决策和责任感等。教师也尊重幼儿的想法，让幼儿大胆表达，给幼儿提供自主选择的机会，鼓励幼儿进行实践探索。教师也实时关注幼儿的游戏行为，记录孩子的活动轨迹，分析孩子的游戏需求并提供有效支持，尝试着寻求介入孩子游戏的时机与方式，推动幼儿深入学习与探索，促进幼儿发展。

（二）豆阵来发芽

土里的豆豆种植成功啦，现在小朋友们准备尝试在水里培育豆豆。

我们通过家园合作在网上购买了水培豆豆的工具，并和大家一起认识了工具。孩子们就开始进行水培。

有的小朋友负责装水，有的小朋友负责装豆豆，有的盖育苗纸。

几天后……

琪："什么味道，太臭了，好像是豆豆里面的水。"

第一次实验就这样失败啦，我们通过查阅资料把臭水和发芽失败联系起来，提出了解决办法。

第二次实验，小朋友们吸取上次的经验，坚持给豆豆换水，过了两三天，豆豆脱皮啦，可是里面好多坏掉的豆豆，孩子们决定再进行一次尝试。

第三次实验，孩子们分小组把破豆、有虫洞的、个头太小的都挑了出来，还用清水给豆豆洗了一个澡，把灰尘都洗了出来。几天后，孩子们发现豆豆的底部发芽啦，紧接着豆豆的上面也开始发芽啦，孩子们开心极了。

◎ 分析与反思：

幼儿通过三次水培实验的过程，观察到第一次实验没有更换水和第二次实验中未挑出坏的豆豆，可以得知这是一个逐步学习和改进的过程。儿童在实验中逐渐积累经验，通过失败和错误，逐步找到成功的方法。通过第一次和第二次实验的经验，第三次水培成功表明儿童能够从失败中学习，并在下一次尝试中进行改进。这种学习和改进的过程有助于培养孩子解决问题和适应环境变化的能力。通过多次实验，特别是前两次的挫折，儿童可能培养了耐心和毅力。这对于长期的实验性学习和面对挑战时的心态调整都是重要的品质。总体而言，这个水培实验过程为儿童提供了探索、观察和学习的机会，强调了实验中反思、改进和坚持的重要性。

根据《3～6岁儿童学习与发展指南》中的相关要求，成人要充分利用自然和实际生活机会，引导幼儿观察探索、思考猜测、调查验证。幼儿在探究和发现的过程中，产生了问题和猜想，教师没有急于介入，而是让幼儿思考并大胆地表达自己的想法，最后进行考证。活动过程中孩子们的探索兴趣不断高涨，不断迎接新的问题，经过一次又一次的失败，并没有放弃，孩子们积极主动、认真专注、不怕困难、敢于探究和尝试，利用自己或他人的经验进行学习。教师尊重幼儿游戏的权利，结合园所地域优势，合理利用自然资源，在游戏活动中尊重幼儿的主体地位，倾听幼儿的想法，让幼儿创造性地、主动地思考和探究，推动和激励幼儿发现问题、解决问题，让幼儿成为游戏的主人，成为积极主动的学习者。

（三）做豆腐初体验

在孩子们精心照顾下，水培豆豆成功结果，孩子们把豆豆收集起来，并引发讨论："豆豆可以做什么美食？"

在查阅相关资料时，孩子们发现豆豆可以做豆浆、豆花、豆腐，孩子们也想尝试着做，老师和小朋友都没有制作豆腐的经验，于是我们一起在网上观看了制作视频，在老师的指引下，师幼一起制作。

第一步：认识工具。

第二步：开始制作。

第一天，小朋友们先把挑选好的豆豆进行浸泡。

第二天，孩子们以轮换的方式先把豆豆研磨成浆，然后入锅烧开，一边烧还要一边有小朋友负责搅拌，以免底部粘锅，烧开后用纱布过滤，由两个小朋友用高低交错的方式沥出豆浆，再请老师帮忙挤出里面剩余的豆浆，挤出的豆腐渣可以用来当作菜地的肥料，留取部分豆浆品尝，剩下的豆浆倒进锅中，加入盐，加入卤水形成豆花。

第三步：品鉴豆浆、豆花。

孩子们把豆浆和豆花分享给了隔壁班的同学、老师、园长妈妈。

第四步：豆腐成型。

孩子们把豆花倒进了模具，用压杆压制一晚上，第三天早上，孩子们欣喜若狂地围过来揭开成果，我们成功啦！

◎ 分析与反思：

幼儿在制作豆腐的过程中，经历了认识和使用各种工具的阶段。观察他们如何理解和正确使用石磨、豆腐模具等工具，有助于评估他们对工具的熟悉程度和使用技能。制作豆腐的过程涵盖了从豆浆到豆花再到豆腐的转变。观察幼儿如何理解这一过程，是否能够串联这些步骤，并在实践中体会到豆腐的形成，对于他们的认知发展具有重要意义。 制作豆腐是一个合作的过程，观察幼儿在与老师和伙伴互动中表现出的合作精神。另外，观察他们在制作完成后与老师和伙伴分享的方式，有助于了解他们的社交技能和分享意识。通过这些观察和分析，可以全面了解幼儿在制作豆腐活动中的认知、社交和实践能力。

在活动进行时，教师作为引导者与辅导者从旁指引幼儿自主探索，让幼儿在做中学、在玩中学、在生活中学。教师要给予幼儿高度的肯定，发现幼儿有无法解决的问题及时给予帮助，时刻关注安全问题。

五、思考与创新

在上一阶段探究豆子的活动中，幼儿通过水培、土培等实践经验，培养了观察、实验、合作和创造性思维等能力。为了将这些能力迁移到新的场景中并进一步创新，发现孩子的内在需求，丰富幼儿的相关经验，继续深化和拓展游戏内容，使游戏出现新转机，产生新含义，引发幼儿新的探索活动，促使幼儿更深入、更广阔、更主动地参与游戏，让他们有机会按照自己的方式去实现游戏想法。可以创设以下活动：豆豆艺术展览、豆豆音乐园等，幼儿将能够在豆子探究中获得的观察、实验、合作和创造性思维能力应用到更具创意和多元性的学习场景中，进一步激发他们的好奇心和创新力。

在“我的豆豆日记”活动中，幼儿通过亲身感受、体验、操作、探究，不断地发展对自我、对他人、对外部世界的认识，进行有意义的自我建构。实施过程中真正让幼儿享受创造、合作、成长的快乐。教师也为幼儿创造新鲜的学习体验，培养幼儿观察能力，同时，幼儿在观察发生的变化时，初步了解知识的形成过程。在不同环境条件下，使幼儿更好地了解其中的不同，丰富幼儿的相关经验。通过这一活动，让家长也重新认识活动的重要性，获取家长的支持和认可，家园合作共同推动幼儿的健康成长以及全面发展，最大限度地支持和满足幼儿的自主探索意识以及探索能力。

我们的寻“泥”之旅

一、筛选资源

暑假期间大多数小朋友们都出去旅游了，回到班上进行“我的假期趣事”分享时，杨杨说起自己去了博物馆，看到了很多有趣的泥塑品，有各种各样造型的泥人，还有很多用泥做的小动物，引起了小朋友的争相讨论，玥玥说：“我也看见了很多的泥人，他们还都是笑眯眯的非常可爱”，豪豪也在一边附和起来：“我还看见了很多用泥做的盘子。”就这样大家你一言我一语地对自己看到过的泥制品展开讨论，结合我园地处三江新区，周边拥有得天独厚的泥土资源，为玩泥活动的开展奠定了物质基础。并且我园也根据实际情况为幼儿创设泥工坊，于是关于一场“寻泥”活动由此开启。

二、感知和认知

通过自主操作、小组讨论、专家解惑和实地探究，了解泥的各种玩法，知道泥的特征、组成，能将这些知识点运用于后续的活动中，为我们的寻泥之旅打下坚实基础。课程目标如表 2-8 所示。

表2-8 “我们的寻‘泥’之旅”课程目标

具体领域	核心目标
语言领域	幼儿在游戏场景、集体活动、小组探究中能有意识地听自己想了解的泥土相关信息。并能结合游戏场景感受不同语气、语调表达不同的含义。能较完整地向同伴讲述自己收集到的关于泥土的知识，并讲述得比较连贯
健康	知道泥对于我们人体的重要性，在使用多种工具进行搭房子时懂得保护自己，能沿边线较直地画出搭房子的设计图并根据图纸进行简单搭建
社会	愿意并主动参与集体活动。在活动中能按自己的想法进行玩泥游戏。敢于尝试有一定难度的泥房子搭建活动。知道接受了的任务要努力完成

续表

具体领域	核心目标
科学	能通过简单的调查收集信息。在搭建过程中能用图画或其他符号进行简单记录，并感知它的形态结构特征，拼搭出泥房子造型。在老师指导下，通过观察、比较、记录等不同方式进行玩泥的相关知识探索
艺术	能结合自然材料进行玩泥创作、愿意用绘画、手工制作等表现自己观察或想象的事物

三、探索和实践

（一）活动起源

午饭后带孩子们去种植园区散步，有些孩子紧跟老师的步伐，有些孩子则在认真观察着自己感兴趣的事物，突然霖霖惊喜地发现我们的泥土里出现了一条蚯蚓，这一发现瞬间吸引了小朋友们的注意力，一下子所有小朋友都在认真观察泥土里有什么。

源源："老师，我看见泥土里有好多的小石子呀。"

景钰："泥土里还有好多小草草。"

西西："老师你看这个泥土里还有一些垃圾。"

妍妍："呀，我发现泥土里有一块玻璃。"

杨杨："同学们快来，这里还有一只蚯蚓，它正在爬。"

就这样小朋友们通过观察与行动陆续从泥土里发现并挖出了很多宝贝，回到教室后孩子们还意犹未尽，纷纷讨论着自己的收获，有的小朋友大方地向同伴展示自己挖到的宝石，有的小朋友拿着泥巴在玩，还有的小朋友则在讨论着泥土里还有其他什么。

（二）寻泥

周末回家，孩子们将自己收集来的泥土与大家一起分享。

语语说："这是爸爸带我去花坛收集的泥土，它是黄黄的，而且很硬。"

鑫鑫说："我也带来了，我带来的是黑色的泥土，它是细细的。"

涵涵说："老师、老师，我也带来啦，我带的泥土是和妈妈一起回老家的地里挖的，它是黄色的。"

豪豪也举起袋子里的泥说："这是奶奶从她种花的盆里挖的，我带来的泥也是黑色的。"

随着我们两次的讨论结束，我们将幼儿想法进行归纳和整理，列出了问题清单。问题清单如表 2-9 所示。

表2-9　幼儿对泥土的问题清单及解答途径

关于泥土我知道	我还想知道	寻找答案的途径
1. 泥土有不同的颜色 2. 泥土可以用来种花、种菜 3. 泥土可以用来搭房子，做各种动物造型还有做泥人 4. 有的泥土硬硬的，有的泥土软软的	1. 为什么泥土可以用来种植？ 2. 怎么用泥土来搭房子？ 3. 泥土遇水为什么会变软？ 4. 泥土有哪些种类和颜色？	1. 寻求爸爸妈妈的帮助 2. 和他们一起实地考察和查阅资料 3. 和老师一起实践 4. 通过视频和图片与同伴一起分享各自的调查结果

（三）筛泥

通过前面的观察与探索，小朋友们知道收集起来的泥土是不能直接玩的，因为里面有很多石子和杂草，重要的是里面还可能会出现玻璃碴碴，那我们该用什么方法才能去除里面的杂质呢？

知予："我们可以用手把这些东西拿出来。"

小傅："我们也可以用嘴巴吹出来，只是需要用力一些才可以。"

杨杨："可以用我奶奶做米饭用的那个东西，我奶奶每次需要筛东西都是用的那个。"

在孩子们的共同讨论和老师引导下，他们知道了那个物品的名字叫“筛子”，并从家里收集了很多可以筛泥的工具。收集好工具后我们开始进行筛泥土的工作，小朋友们都非常认真，不一会儿耳边传来他们的声音。伟伟说：“老师，这个泥土太大了，筛不下去怎么办？”我借机提问谁能来回答伟伟的问题。

鑫鑫：“我们可以把那个大的泥土用脚把它踩碎，就可以筛下去了。”

予予：“我们也可以用擀面杖把泥土擀细，这样也能把泥筛下去。”

美婷：“可以用小锤锤把泥土锤碎。”

佳欣：“我们可以用手把泥土拍碎。”

西西：“可以用水把泥土打湿，这样就可以把泥土变小了。”

源源：“我们也可以用手把泥土掰小。”

最后在大家的共同努力下，终于得到了我们可以用来做泥制品的泥土。

（四）和泥

得到了可以用的泥土以后，我们就要准备和泥了，因为是第一次尝试，小朋友都非常激动，接水的接水，挖泥的挖泥，各司其职，每个人都有自己的工作，不一会儿他们就挖了非常多的泥土，也接很多水在里面，这个时候耳边又传来他们的声音。

男男：“你看嘛，你接了太多水，现在全部变成了泥水。”

豪豪：“你快，再接点水来，我们的泥太干，还需要很多水。”

鑫鑫：“不能太多水。也不能太多泥，要刚刚好才可以。”

源源：“那要多少水，多少泥才可以呢？”

杨杨：“这个我也不知道，我们一起去问问老师吧，老师，为什么我们和的泥不是太干就是太多水了呢？总也做不好。”

根据小朋友们提出的问题我们该如何解决呢？我把问题抛给孩子们让他们自主思考，并寻求解决问题的方法，但基于幼儿对于泥的认识还处于表面不能深入，对如何“和泥”又是第一次接触，所以我们带领幼儿通过一次又一次的实验，在实际探究中总结经验并记录下来。通过实验我们得出结论，1 桶水加 1 桶泥土能得到“泥水”，1 桶水加 2 桶泥土会得到“泥浆”，1 桶水加 3 桶泥土得到的是“泥团”，1 桶水加 4 桶泥土得到的是泥块，所以想要得到适合的泥我们只能加入 2 桶水和 4 桶的泥土，这个时候的泥最具有可塑性，当然这也和我们用的桶大小有关，不同大小的桶，最后的结果也不同。

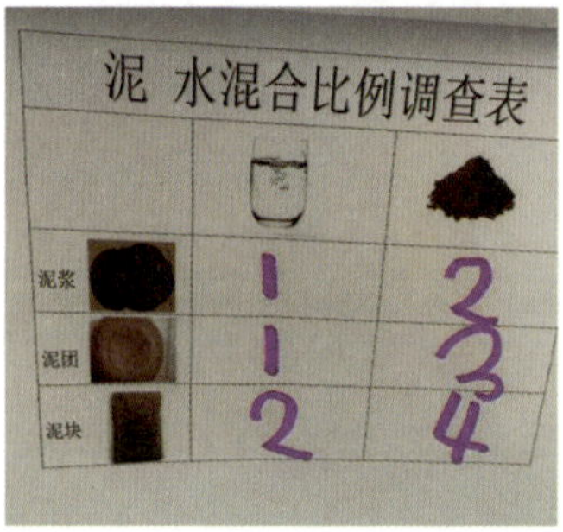

（五）百变泥巴面具

调制好合适的泥巴了，我问小朋友们想要用泥巴做什么呢？

知予：“老师，我想要做泥巴面具，因为我在老家和爸爸妈妈玩过这个游戏。”

豪豪：“我想玩泥巴炸弹，那个游戏可好玩了。”

西西：“我不想玩，我害怕我的衣服弄脏。”

伟伟：“老师，我想玩泥巴厨房的游戏。”

玥玥：“我想用泥巴做小兔子和小花猫。”

源源：“我想做一些可以喝水的茶杯和茶壶。”

欣欣：“我想用泥巴来搭一个房子。”

老师："你们的想法都太棒了，那我们先做什么呢？"孩子们异口同声："泥巴面具吧，我要用小石子做眼睛，木棍做嘴巴，那一定非常可爱。"为了鼓励幼儿大胆地进行创作，我们没有直接告诉幼儿应该怎么做，而是让孩子们发挥自己的想象。我们也从周边收集很多自然材料进行创作，每个小朋友的想法都不一样，每个小朋友做出的面具都有自己的特色和想法，我们也让幼儿大胆地将自己制作的面具和同伴交流分享，锻炼其想象力和语言表达能力。

随着活动的进一步开展，我们不再局限在画纸上进行创作，大树上、地板上都是孩子们可以创作的地方，材料也不再局限于石子、树枝、树叶，加入了更多自然材料如：小花、小草、贝壳、毛条等。利用大自然丰富的材料萌发幼儿对美的感受和体验，丰富其想象力和创造力。

（六）泥巴厨房

泥巴是最接近孩子的自然材料，因地制宜、就地取材创建的泥巴厨房更是孩子们心心念念的快乐天地。真实的厨房是什么样，每个孩子的经验不尽相同，当他们决定共同创建一个属于大家的泥巴厨房时，一个新的活动场所由此诞生。

男男："老师，这是我从家里带来的碗，我们可以用这个来装泥巴饭。"

霖霖："我带了一个勺子，可以用来盛饭。"

玥玥："老师，我带来了很多调料盒，我妈妈做饭时也需要放调料，不然不好吃。"

桐桐："我也带了很多东西，有小菜板、小菜刀，还有很多筷子。"

源源："老师，我还带来了烧烤签，我们可以烤烧烤啦。"

随着孩子们从家里带来的实物与仿真实物的增加，我们的泥巴厨房也日渐完善。你看，我们的小朋友正在如火如荼地进行食物的烹饪与烧烤的制作。

（七）初遇泥房子

随着活动的进一步深入开展，孩子们对于如何玩泥有了更多想法和思考，这次他们想用泥巴做一个小房子，做一个什么样的房子呢？一起来听听他们的想法吧。

桐桐：“我想做一个带有游泳池的房子，我可以在里面游泳。”

杨杨：“我做的房子里面要有一个动物园。”

槿瑜：“我想做一个大大的房子，旁边还有一个公园。”

语语：“我要做一个糖果屋，里面要有很多很多的糖果。”

豪豪：“我想做一个带有花园的房子，里面可以种菜，还可以种很多的花。”

接下来，就是孩子们的自由创作时间。每个人都向着自己理想中的房子努力着，可不一会儿问题就出现了，“老师，这个房子怎么做才可以立起来？”“我的泥巴为什么拿不下来？”“为什么我做的房子一碰就碎了？”“为什么我的房子做不了屋顶？”带着问题的孩子们回到教室，通过网络视频学习泥工的正确操作步骤，知道可以用挖、团、粘、捏、搓、盘、卷、压等方法制作泥房子，也回到家寻求了家长的帮助，第二天我们将学习到的方法运用到了实际创作中，这一次我们的房子终于成功地制作了出来。

四、观察和质疑

小朋友的修建大房子计划。

（一）认识泥房子

泥房子是用什么泥做的？泥房子里可以住人吗？做泥房子需要些什么材料？所有的泥都可以做房子吗？带着这些问题，我们一起上网查阅资料，分享看法，积累更多对泥房子的认知经验。

源源说："泥房子可以住人，我们老家的泥房子就住着人。"

语语说："泥房子还可以养小动物呢。"

男男说："我在书上看见有的泥房子还可以烤东西吃。"

孩子们对于泥房子的了解，仅仅停留在认识的表面，我在班级群里，鼓励家长利用周末的亲子时光，带领孩子们去实地探索泥房子的秘密，并鼓励孩子们通过上网自主查阅资料学习，为搭建泥房子做好前期的经验准备，孩子们通过学习初步了解泥房子由骨架、泥巴和门组成，知道了泥房子还有各种不同形状。

（二）设计泥房子

搭建一个什么样的房子，需要用到什么材料，我们鼓励孩子大胆想象，积极创作并用自己表征记录下来，有的孩子设计了三角形的房子，有的孩子设计了拱形的房子，还有的孩子设计了双层小屋，旁边还种了很多的小花、小草，孩子们的想象力和创造力都得到了提高，在孩子的世界里一切皆有可能，最后通过投票活动孩子们决定制作拱形房子。

（三）搭建泥房子

1. 材料大搜索

孩子们从建构区找到了很多长短不一的 PVC 管，又在幼儿园附近找到了很多干树枝和一些长竹子，还从美工区收集了很多宽胶带、毛条、绳子和剪刀等材料。

2. 搭建进行时

一切准备就绪，我们就开始了我们的搭建之旅，因为前期已经知道泥土和水的比例，所以我们就直接分工行动，一组负责“和泥”，另外一组则负责搭房子的骨架，只见“和泥”组有条不紊地进行着自己的工作，而我们的搭建组似乎遇到了一些问题，一开始看见他们选择用树枝搭建，但因为树枝太干一用力就断，所以不能用树枝搭建。然后他们又想用竹竿搭建，在搭建过程中又发现竹竿太长搭建不了。最后他们选择用长短较合适的 PVC 管搭建，但一个新的问题又出来了，他们发现最近天气太热，导致我们的“泥坑”太硬，我们的 PVC 管根本就插不进去，怎么办呢？我以为他们又会像从前一样寻求老师的帮助，我就在旁静静等待着孩子们询问。

千雪：“谙谙，我们可以转动管子慢慢把管子转进去。”

桐桐：“用泥把管子埋起来也可以。”

科逸：“我去接一点水，用水把泥巴浇湿，泥巴变软就可以插进去了。”

景玉：“我们还可以用小铲子挖一个坑，再把管子放进去就可以了。”

知予：“我们两个合作这样力气大一些，也可以把管子放进去。”

就这样大家集思广益，我们拱形的房子骨架就搭好了，接下来大家就齐心合力地一起往骨架上搭泥巴，不一会我们的房子就初见雏形了。他们还用树枝和宽胶带搭建了一个简单的房顶。

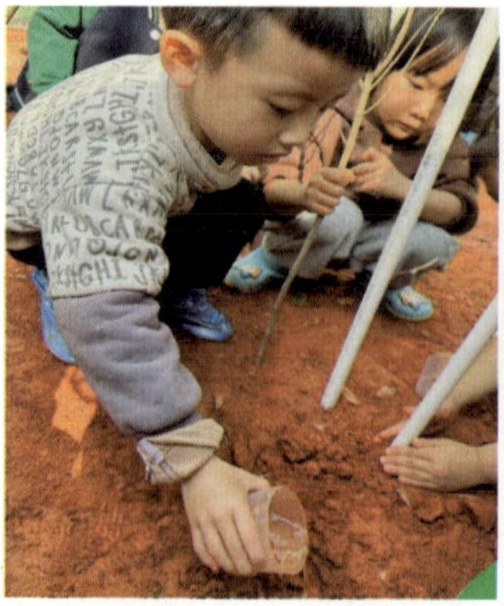

在大家的共同努力下，我们的房子终于搭好了，大家都非常高兴，期待

着我们的房子可以快快地变干，这样我们就可以把它装扮得非常漂亮了。

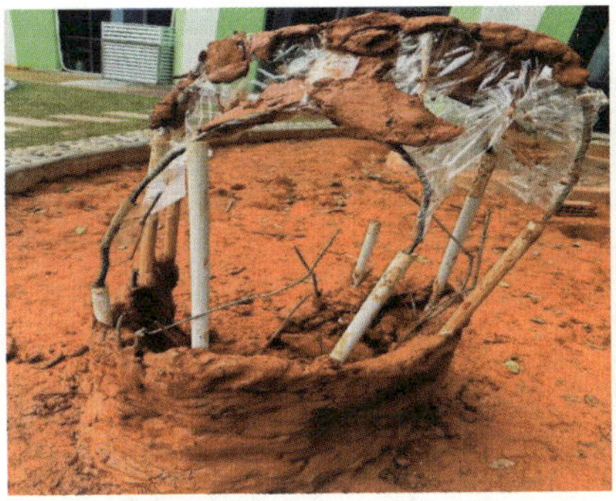

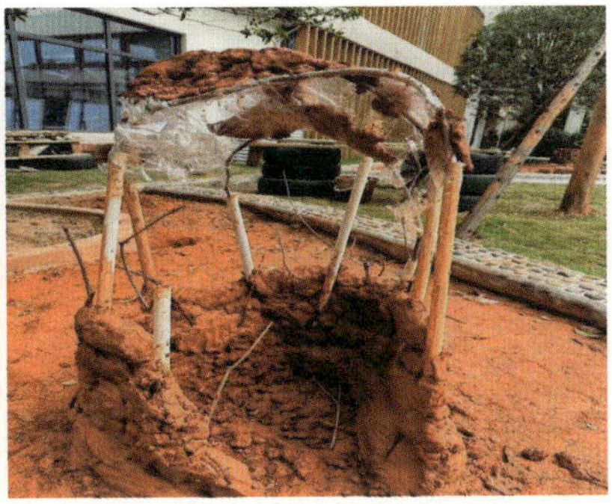

◎ 分析与反思：

孩子们对搭建房子有很大兴趣，能够自发地开展这个活动，在活动中开动脑筋发现问题、解决问题，也能够积极思考，提升智慧，进而获得学习能力。我们也要敏锐观察幼儿在游戏中的问题和困难，将个别幼儿的问题抛给集体，让孩子们在相互交流的过程中反思和巩固自己的经验，并丰富和拓展其他游戏经验。教育即生活，孩子们在探索的过程中，也是一个不断学习的过程。

（四）第二次搭建

一转眼周末过去了，我们来到“泥池”观察我们的泥房子时，发现它竟然倒了。我和孩子们一起分析了泥房子倒塌的原因：

千雪：“有可能是这两天太热了被太阳晒倒了。”

杨杨：“可能是因为我们的房子屋顶不结实，被大雨冲垮的。”

源源：“也有可能是刮大风把房子吹倒的。”

桐桐：“可能是被其他小动物撞倒的。”

每个小朋友都有自己的想法，在我们一起寻找房子倒的原因时发现，这些问题都可能是房子倒的原因，所以鉴于第一次搭房出现的问题，这一次我们寻求了专家的指导，在专家的帮助下我们知道搭泥房子不能只用泥和水，如果只用这两样的话，和出来的泥黏性不够，我们可以往里面加一些干草、小石子或者树枝增加它的黏性。另外使用 PVC 管不是不可以，只是它的柔韧性不强，如果太用力也会坏，而且也做不了屋顶，勉强做出来的话也会和第一次一样倒，专家建议我们可以选择柔韧性更好的竹子代替 PVC 管，我们也结合了家长资源为幼儿提供了竹子，我们也将专家请到了幼儿园，让专家帮助我们一起搭建房子。

在专家的帮助和指导下，我们很快地将房子的骨架搭建完成，而且搭建得非常结实，在“和泥”的时候我们也加入了非常多的干草，穿上了雨鞋反复地踩、揉，增加泥巴的黏性，在专家帮助和我们共同努力下，我们的房子终于成功搭建完成。

◎ 分析与反思：

教师支持幼儿与同伴合作探究与分享交流，引导他们在交流中尝试整理、概括自己探究的成果，体验合作探究和发现的乐趣，孩子们的合作交往能力得到了提高。孩子们越来越自主、独立、自信。面对选择，孩子有自己的主见，遇到问题，积极发表自己的观点，有自己的判断和辨识，敢于决定。

在一日生活中倾听儿童的内心，追随儿童的兴趣，聚焦问题，在对话的情境中，不断反思，促进儿童的学习与发展。只要提供多种机会让幼儿主动参与、乐于参与，我们相信儿童是有能力的学习者。

五、思考与创新

《3～6岁儿童学习与发展指南》指出："最大限度地支持和满足幼儿通过直接感知、实际操作和亲身体验获取经验的需要。"在玩泥活动中，教师不应注重结果，而是着眼于幼儿在其中经验的获得。教师的作用就在于适时地为幼儿提供"脚手架"，保证幼儿探索的连续性与深入性。反思的经验亦然。幼儿在玩泥活动中也在持续地进行反思，在此过程中，教师需要帮助幼儿对自己和他人的作品，以及所见、所闻、所做进行思考和总结。在整个搭房子活动中，幼儿通过观察、感知、操作体验搭房子所需的不同材料、和泥的泥水比例、颜色、形状等不同特性，根据搭房子所需材料不同，所导致的结果也不同，并在此过程中，与同伴交流、协商、分享、借鉴、评价，不断丰富完善自己的作品。教师则作为一名合格的支持者、引导者，通过开放性的提问鼓励幼儿回忆泥这一材料的特性与各种玩泥工具可能的用途，帮助他们主动回忆并巩固用泥进行不同类型创作的技能和步骤，并且教师应将泥工作品的展示架放置在显眼位置，便于幼儿日常观察学习、分享交流、互为评价，为幼儿提供大胆展示自我的机会，从而提升幼儿在玩泥这一艺术创作活动中的自信心和成就感。最重要的是，通过反思，幼儿回忆自己的玩泥活动并巩固了玩泥的关键经验，这对他们今后的艺术创作和表达起到至关重要的作用。

第三章　大班

钱从哪里来

一、筛选资源

探秘钱在幼儿园中是一种有趣且富有教育意义的活动，选择适当的资源能够更好地支持这一过程。为什么要探秘钱呢?

金钱是生活中必不可少的一部分，通过探秘钱，幼儿可以更好地理解金钱的用途、价值和在日常生活中的作用。探秘钱的活动不仅仅涉及金融知识，还涉及感知、社交、语言、科学、艺术等多个领域，为儿童提供全面的发展机会。金钱对幼儿来说是新奇的事物，通过探秘，能够激发他们的好奇心和探索欲望，促使他们主动学习。通过了解金钱的概念，儿童可以培养社会责任感、分享与合作的意识。幼儿可以通过模拟购物和交易活动，开始理解货币的用途和价值。这有助于培养基本的经济概念，如交换、储蓄和消费。刚好我幼儿园周边有一个博物馆，里面珍藏了许多古代钱币，孩子们在参观博物馆的时候对钱币也产生了好奇心，为什么古时候的钱币和我们现在的钱币不一样，于是我们追随孩子的脚步，开展了本课程“钱从哪里来”。

二、感知和认知

通过展示不同历史时期的钱币，可以引导幼儿了解社会和文化的演变。钱币可以展示不同国家和地区的特征，幼儿可以认识到世界的多样性。通过活动，可以引导幼儿对钱建立正确的价值观，使他们明白“君子爱财，取之有道”，知道通过劳动和奋斗才能实现自己的财务目标，并知道理财的重要性，学会理性使用，规划控制。总的来说，古今钱币的学习可以激发幼儿的好奇心，帮助他们建立跨学科的知识，并培养重要的认知、社交和数学技能。通过与钱币互动，幼儿可以建立更广阔的视野，了解历史、文化和经济的重要概念。课程目标如表 3-1 所示。

表3-1 “钱从哪里来”课程目标

领域	目标
健康	1. 通过观察、听取、触摸等感官活动，促进儿童感知能力的提高，培养他们对钱的敏感性和认知 2. 通过触摸、拿取小物件等活动，促进儿童的手眼协调和精细运动发展
语言	1. 词汇扩展：引导儿童学习与钱相关的词汇，如硬币、纸币、购物、支付等，以扩大他们的词汇量 2. 语言表达：鼓励儿童描述和表达他们对钱的观察和认知，促进语言表达能力的提高 3. 问题提出与回答：鼓励儿童提出关于钱的问题，并引导他们回答其他同学的问题，培养问题解决和沟通的能力 4. 故事叙述：通过与钱相关的场景，鼓励儿童参与故事叙述，让他们用语言描述、创造情节，促进叙事技能的发展 5. 对话技能：进行小组活动或角色扮演，帮助儿童在对话中学习礼貌用语、询问和回答问题的技能。
社会	1. 合作与分享：通过与同伴一起观察、讨论和玩耍，培养儿童的合作精神和分享意识，促使他们在社会交往中学会与他人共享经验和资源 2. 团队意识：进行小组活动，鼓励儿童共同完成任务，增强他们的团队意识和合作技能，培养良好的社交行为 3. 社会责任感：引导儿童思考金钱的用途和意义，培养他们的社会责任感，了解金钱如何在社会中发挥作用 4. 公平与平等：在活动中强调每个人的参与和贡献的价值，帮助儿童理解公平和平等的概念，促使他们在日常生活中尊重他人 5. 决策与问题解决：通过模拟购物或交换活动，培养儿童的决策能力和解决问题的技能，促使他们学会在小组中达成共识
科学	1. 观察和比较：引导儿童观察不同面值的钞票和硬币，比较它们的大小、颜色、形状等，培养他们的观察和比较能力 2. 探索材料特性：让儿童通过触摸和感受硬币的材质，了解金属的特性，促进对物质的认知 3. 理解货币制度：引导儿童了解货币的基本概念，包括价值、用途以及它们在社会中的作用，培养他们对货币制度的科学认知 4. 模拟购物活动：进行模拟购物或交换活动，让儿童体验货币在交易中的作用，促进儿童对经济和交易过程的初步理解 5. 提出问题与探索答案：鼓励儿童提出关于钱的问题，并通过实际观察和尝试找到答案，培养他们提问和解决问题的能力
艺术	1. 绘画与手工制作：鼓励儿童通过绘画或手工制作创作有关钱的艺术作品，如画面中的钞票、硬币，培养他们的艺术表达能力 2. 模型搭建：提供建模材料，让儿童通过搭建模型展示货币的概念，培养他们的想象力和动手能力 3. 艺术展示与分享：组织艺术展示活动，鼓励儿童分享他们的艺术作品，培养他们的表达和分享意识

三、探索和实践

（一）活动起源

暑假结束了，我们开展了暑期趣事分享，孩子们纷纷发言，话题停留在了博物馆的趣事，孩子发现博物馆里有恐龙化石、陶罐、泥塑以及古时候使用的器械等。小朋友还提出博物馆里有铜钱，怎么和我们现在的钱不一样？那个铜钱是多少钱呢？钱是怎么来的呢？为什么会有钱呢？针对我班孩子的问题，我们衔接孩子们的兴趣和生活经验，追随孩子的脚步，开展了本课程“钱从哪里来”。将课程设计得更加多样化和有趣，帮助幼儿在有趣和互动的环境中学习，使幼儿通过这一课程在多个领域中得到全面发展。

（二）钱币大调查

在家园合作下，孩子们带上调查表回家和爸爸妈妈一起寻找钱币的秘密。

从孩子们带回来的调查表中发现，最开始这个世界上是没有钱币的，大家都是进行物物交换，后来有了需求，为了方便，远古时期的人们把贝壳当作钱币，再后来为了方便计算面值和统一货币，人们利用铜、银制成不同模板。不同时期的钱币模板一直在变化，如北宋时期出现了纸币。1948 年，中华人民共和国成立前夕，第一套人民币发行，直到现在我们使用的是第五套人民币，人们为了方便储存和消费，还发明了电子支付。

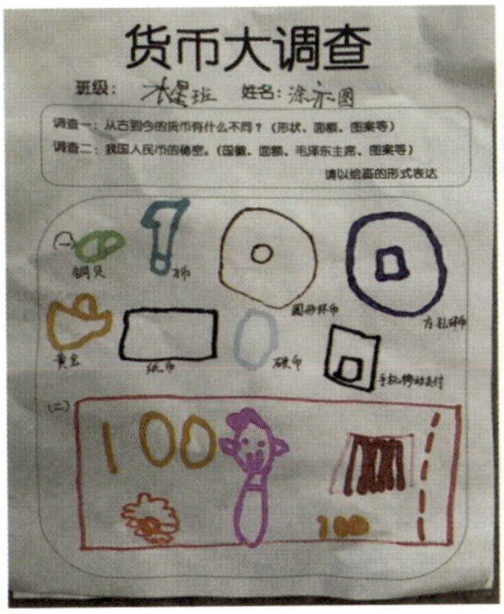

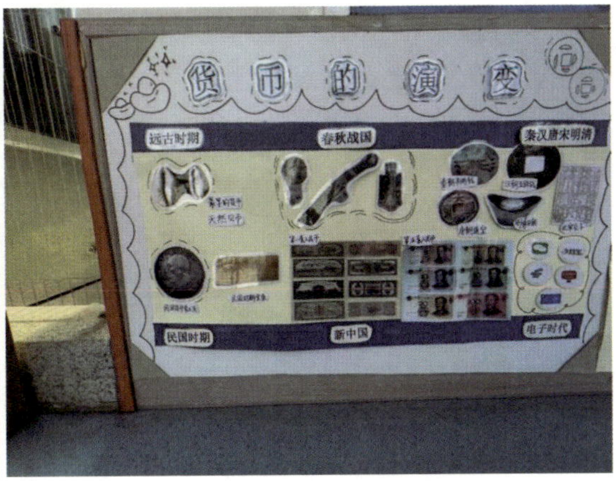

（三）不同国家的钱/货币

孩子们通过调查还发现不同国家的钱币面值、名字等都不一样，我们国家的钱币就叫作人民币，人民币上有我国的国徽、毛主席像、中国人民银行、盲文、编号等。

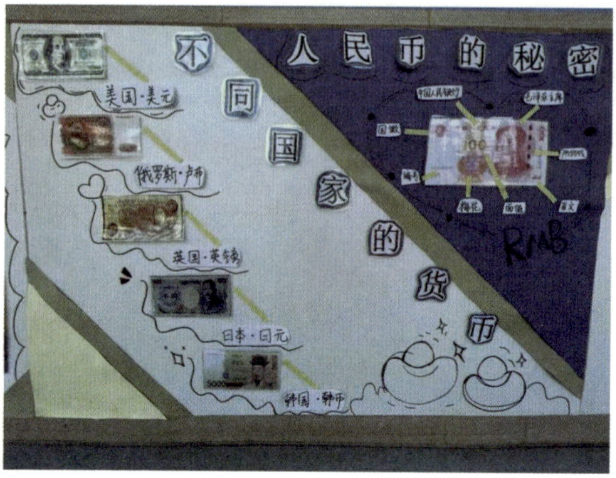

（四）认识人民币

老师带领着小朋友们认识人民币。大班小朋友基本都认识人民币的面值，有部分小朋友还不知道怎么分辨，在认识人民币活动过程中有小朋友提到100元。

老师询问："你们是从哪里看出来它是100元？"

琪琪："看数字就知道了。"

老师："那按照你们的方法来认一认。"

于是老师引导着孩子们以自己的方式认识人民币，在遇到5元和5角的时候，小朋友们的方式出现了问题。

康康："哎，你们不是说看数字就知道它是多少钱，他们都是5，为什么一个是5元，一个是5角？"

文奕："我是看它后面的文字。"

老师："看来判断一张人民币面值是多少，我们不仅要看前面的数字，也要看后面的文字。"

通过这次讨论老师和小朋友们再次认识，这一次又快又准。

不一会儿瑞瑞又被 1 角的硬币和纸币难住了。

瑞瑞说："它们数字和文字都是 1 角，可是它们长得不一样，它们都是 1 角吗？"

丹丹："当然是一样啊，硬硬的叫作硬币，这个摸起来软软的，用纸做的叫纸币，它们都可以买东西的。"

小朋友通过了这次活动，都知道了如何正确地分辨人民币的面值。

（五）钱币的故事

在孩子们的细心观察下，发现人民币背面的花纹都是不一样的。

可盈："1 元钱的背面是杭州西湖，我妈妈放假的时候带我去过，跟这个图案上面的一模一样"。

康康："老师老师，那其他的图案是哪里呀？"

于是老师借此契机，请小朋友回家后和爸爸妈妈在网上查阅资料，回园后进行分享。

第二天

行行："我爸爸说了，100 元背面是人民大会堂。"

图图："我爸爸说 50 元背面是西藏的布达拉宫，我爸爸和妈妈结婚的时候就去了这里旅行。"

琪琪："我外婆说 20 元背面是桂林山水，外婆说她在手机上看到这里风景很好，她一直都想去看看。"

文奕："我和爸爸在网上查的图片，10 元背面的风景在重庆，一个峡谷里面。"

瑶瑶："妈妈说 5 元背面是泰山，是天下第一山。"

孩子们通过网上图片看到了这些美景，都开始畅所欲言起来，以后都想去这些地方看看。

四、观察和质疑

（一）你有钱吗——你的钱从哪里来

琪琪："我的钱是爸爸妈妈过年给的红包。"

老师：“那爸爸妈妈的钱从哪里来的？”

宜嘉：“工作。”

文奕：“我妈妈开包子铺，他们卖包子赚的。”

子熙：“我奶奶在小区捡纸盒，可以卖到钱。”

老师：“爸爸、妈妈、奶奶都是通过自己劳动才获取相应的报酬，那我们可以通过哪些劳动获得报酬呢？”

子沐：“我们帮助爸爸妈妈干家务活，就可以给我们钱。”

老师：“家务活就必须是爸爸妈妈做吗？我们也生活在家里，也要学会分担家务。”

瑶瑶：“对呀，如果再让爸爸妈妈给钱就不对了。”

子沐：“那我就去收集废品，卖废品。”

文奕：“还可以把我们不喜欢的玩具进行买卖。”

源源：“对呀，对呀我家里好多，我们拿来学校卖吧。”

◎ 分析与反思：

引导幼儿思考钱的来源，强调父母的劳动是为了满足家庭的需要。通过谈话活动初步培养幼儿正确的金钱价值观，强调正确获取钱的重要性。将获取钱的方式与家庭和社会联系起来。通过展示家长如何通过劳动获得收入，帮助幼儿理解劳动与生活的紧密关系，并促使他们明白金钱的流通对整个社会的重要性。为进一步让幼儿真切感受，我们设置买卖游戏，让幼儿通过模拟购物、交换等实际操作来体验正当手段获取钱的过程。引导幼儿认识到钱不仅仅可以用来花费，还可以用于储蓄或购买有价值的物品。通过讨论如何明智地使用钱，培养积极的消费观念。也可以引导幼儿直接通过家务获取钱可能不是最佳方式，但通过强调家务的重要性和培养责任心，让幼儿理解参与家庭事务的价值，并从中学到积极向上的品质。

（二）有趣的买卖游戏

买卖游戏带什么？

丹丹：“我有很多铅笔和橡皮擦，我可以带这些。”

宜嘉：“我妈妈给我买一盒咕卡有几十个，我拿来一个一个卖。”

康康：“我带玩具来，家里多得都放不下了。”

孩子们激烈地讨论着。

可乐：“就我们班玩吗？可不可以多一点人玩？”

文奕：“我们可以邀请隔壁班的同学一起。”

玥玥：“可是怎么告诉他们我们准备玩买卖游戏呢？”

丹丹：“我们打电话告诉他们就好了。”

文奕：“我们又不知道他们的电话号码。”

可乐：“我们可以当面告诉他们。”

涵涵：“万一忘记了怎么办？”

琪琪：“我们可以做邀请函，我妈妈的朋友结婚的时候就发了邀请函给我的妈妈。”

瑶瑶：“我弟弟出生的时候也发了邀请函，里面写了时间和地点，这样就不会忘记了。”

琪琪：“还需要告诉他们我们玩的是买卖游戏，需要准备些什么。”

于是孩子们开始设计起了邀请函。第二天，买卖游戏正式开始，孩子们带来许多东西和人民币。游戏开始前，老师和小朋友们讨论了商品的价格，最后定价 1 元、2 元、3 元、4 元、5 元。孩子们分别把自己的商品放在自己想售卖价格的垫子上，买卖游戏就开始了。

佩恩：“康康你的小车能便宜点吗？我还想买其他的，钱不够。”

康康：“1 元是最便宜了。”

小朋友：“老板我要这个，老板我要那个。”

宜嘉：“你们慢慢来，排队，我都忙不过来了。”

瑞瑞："宜嘉，给我留一个咕卡，到时候排到我都没有了。"

丹丹："怎么办，没有人买我的。"

可乐："你的价格太贵了，我的钱只能买你的一种商品，我还想买其他的。"

丹丹想了一会："好吧，好吧。"

丹丹吆喝道："快来买啊，通通 1 元，快来买啊，通通 1 元。"

不一会，丹丹的东西就卖完了。

孩子们玩得不亦乐乎，直说下次还要这么玩。

孩子们回家后迫不及待和家长们分享今天的活动，宜嘉妈妈在群里分享，本钱 5 元，卖了一堆的娃娃，还赚了 22 元。其他家长也纷纷发表意见，对这次活动十分满意。

◎ 分析与反思：

通过买卖废旧玩具活动，幼儿在讨论中提高了沟通能力、学会了合作、培养了决策能力，并在设计邀请函时锻炼了创造力。活动中，幼儿通过讨论购买和定价，学到了基本的经济观念。通过活动，教育引导幼儿理解物品的价值，明白高价并不一定能迅速售出，培养正确的消费观念。活动中，一些小朋友生意兴隆，而有的小朋友因为高价面临竞争，教育孩子团队合作的重要性，并帮助他们理解竞争是市场经济的一部分，最后降价成功售卖。 老师可以考虑在未来的类似活动中加入更多元素，以提供更全面的体验，同时关注学生在活动中的情感体验，帮助他们更好地成长。

（三）体验购物

这天晨间谈话，大家激烈地讨论着谁谁谁存了很多钱。

可乐："我存了很多钱，我可以买很多东西，都用不完。"

宜嘉："我有几百块钱，我只用一部分，其他钱我要存起来。"

图图："我只有 10 元钱，我有多少用多少吧！"

老师："如果你有钱，你准备怎么花？"

小朋友们激烈讨论后，开始制定购物清单。

瑶瑶："我想花 3 元玩娃娃机，4 元买玩具，17 元买冰激凌。"

子沐："我花 500 万元买车，3 元买本书，7 万元买房子。"

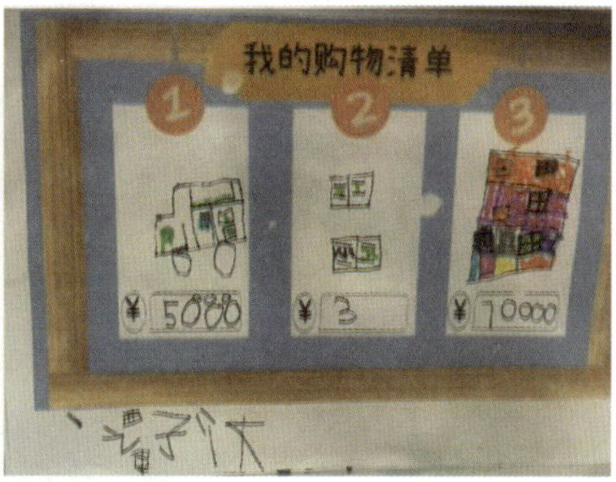

宁宁:“我的钱不够我买东西。”

琪琪:“我没有钱。”

文奕:“你可以向你爸爸妈妈要。”

源源:“爸爸妈妈的钱需要还吗?”

漫漫:“我觉得需要，不然下次不给我们了。”

宜嘉:“而且他们那么辛苦挣钱，我觉得应该还。”

源源:“可是我们怎么还呢?”

梦涵:“有钱了再还。”

芯蕊:“从每个月零花钱里面扣，也可以从过年压岁钱里面扣。”

文奕:“还可以捡废品还。”

行行:“怎么跟爸爸妈妈说，会不会不相信我们。”

老师:“我们可以给爸爸妈妈画一张申请单，画上你需要购买的东西，你需要用多少钱，你用什么方式还钱。”

孩子们都很认同这个办法，于是开始制作了零钱申请单。

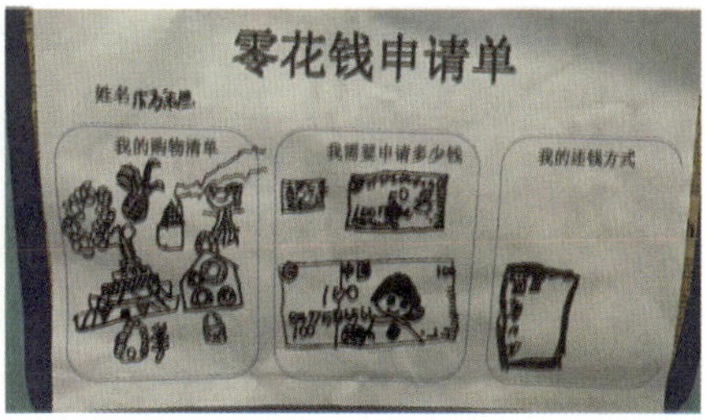

申请零花钱成功后，孩子们去超市购买了自己清单中的东西，并承诺通过自己的方式还给爸爸妈妈。

◎ 分析与反思：

通过让幼儿制定购物清单，老师帮助他们培养规划和决策的技能，学会在有限资源下做出理性选择。在有的小朋友没有零花钱的情况下，幼儿商讨向爸爸妈妈提交零花钱申请单，强调了沟通和协商的重要性，培养了团队合作的意识。

提出零花钱申请单的方法鼓励家庭参与，老师与家长可以共同关注孩子的消费行为，形成家庭与学校的合作共育模式。提交零花钱申请单涉及向爸爸妈妈还款，这有助于培养幼儿的责任心和还款观念，让他们认识到金钱不是无底洞，需要负责任地使用。提交零花钱申请单可以激发幼儿的创造力，让他们思考如何用有限的资源满足自己的需求，从而培养解决问题的能力。

（四）辩论赛——花钱好还是存钱好

一天吃完早餐后孩子们在角落里讨论着。

“我存钱罐还有几千块，我存了好久。”

“我有这么多钱，我就先买玩具，再买吃的。”

“花掉就没了，我还是存着。”

“花掉以后还会有的。”

于是，为了支持孩子们的想法，我们开展了一场“辩论赛”。正方：存钱好，反方：花钱好。左边椅子为正方辩手，右边椅子为反方辩手。孩子们自由选择成为正方辩手还是反方辩手。辩论赛一开始孩子们就聊得热火朝天，到底是存钱好呢？还是花钱好？开始抢答！

反方辩手希源抢答说：“我认为花钱好，因为可以买喜欢的东西。”

正方辩手瑶瑶反驳：“我反对，买了你就没钱了，我觉得存钱好。”

反方辩手梦涵说：“我觉得花钱好，花钱买喜欢的东西，存的钱会被小偷偷走的。”

正方辩手宜嘉说：“钱存在手机里就不会被偷啦！我觉得存钱好，而且钱是爸爸妈妈爷爷奶奶给我们的，他们那么辛苦才存下钱给我们，我们应该珍惜应该存好”。

孩子们就这样你一言我一语地辩论着……大家还在辩论赛中总结了花钱容易挣钱难的道理。最终正方辩手赢得了胜利！

◎ **分析与反思：**

通过辩论赛，促使幼儿思考存钱和花钱的不同观念，有助于培养他们正确的经济观念，理解挣钱的辛苦和金钱管理的重要性。辩论赛提供了一个良好的平台，让小朋友们锻炼语言表达和思维发展的能力，帮助他们更好地表达自己的观点和听取他人的意见。辩论主题涉及金钱的管理，有助于教育孩子理解金钱有其特定的价值。通过让孩子讨论存钱和花钱的优劣，可以引导他们理解花钱和存钱之间的平衡，培养理性的消费观和积极的价值观，认识到财富的积累与理性的花费在人生规划中的重要性。

五、思考与创新

在上一阶段通过活动和辩论培养的认知和能力，为幼儿提供了一个坚实的基础。现在，老师可以引导他们将这些学到的知识迁移到新场景中，以解决新问题或创造新玩法。例如引导幼儿思考如何利用零花钱进行投资，购买一些小物品进行二次销售，让他们在实践中理解投资与回报的关系。或者创建一个小型的经济体系，模拟商店、银行等，让幼儿扮演不同角色，学会交易、储蓄和投资，以更全面地体验金钱的运作。

帮助幼儿了解家庭预算的概念，让他们与父母一起制订家庭开支计划，培养理性消费和财务规划的能力。引导幼儿思考他们在社会中的责任，例如通过筹款活动支持慈善机构，让他们体验金钱对社会的积极影响。 鼓励幼儿发挥创造力，尝试创建自己的小型业务，比如手工艺品制作、小卖部等，让他们在创业的过程中学到实际的经济技能。帮助幼儿设立短期和长期的理财目标，如购买心仪的玩具、储蓄用于未来学费等，激发他们对未来规划的兴趣。

本次“钱从哪里来”的活动通过展示不同历史时期的钱币，可以引导幼儿了解社会和文化的演变。他们可以学习到古代文明、国家的崛起和衰落，以及货币在这些过程中扮演的角色。

幼儿能通过识别不同面额的钱币来学习数字加法、减法等数学概念。通过观察和比较不同钱币的图案、颜色和形状，了解不同文化之间的差异和共同之处。通过模拟购物和交易活动，开始理解货币的用途和价值。这有助于培养基本的经济概念，如交换、储蓄和消费。在模拟购物和交易中，幼儿有机会与其他孩子互动、分享和合作，这有助于培养社交技能和团队合作精神。还可以引导幼儿对钱建立正确的价值观，了解“君子爱财，取之有道”的道理，知道通过劳动和奋斗才能实现自己的财务目标，并通过此次活动知道理财的重要性，学会理性使用，规划控制。

幼儿园的树

一、筛选资源

大自然是一本读不完的活教材，是幼儿成长最好的观察室。走进大自然，小朋友们最先是用眼睛去观察世界，感知世界。我们幼儿园里有许许多多大树，有的高，有的矮，有的粗，有的细。树木的变化能引发幼儿的好奇心，在9月份的一次户外活动中，孩子们无意中看到大树上的叶子随风飘落，便问老师："为什么树叶会落下来呢？""为什么树的样子长得不一样？""大树上的洞洞是因为树生病了吗？"由此我们围绕幼儿园的树与孩子们展开了一场探秘大树之旅。

二、感知和认知

通过幼儿自主观察、探究、实践、反思等过程，比较和分析树木的特征或变化，学会制订简单的调查计划，并使用图画、记录表等工具记录树木的探究过程，最终获得与他人合作进行测量和观察树木的相关经验。课程目标如表3–2所示。

表3–2　"幼儿园的树"课程标准

领域	目标
健康	1. 通过观察、比较和分析不同种类树的特征或变化，培养幼儿对自然环境的敏感性和好奇心 2. 通过户外活动和探索树木的过程，促进幼儿身体运动和发展身体协调能力
语言	1. 学会制定简单的调查计划，并使用图画、记录表等工具记录树木的探究过程，培养幼儿观察和描述的能力 2. 通过有序、连贯、清楚地讲述对树的发现、体会和想法，提高幼儿的口语表达和沟通能力
社会	1. 学会与他人合作进行测量和观察树木，培养幼儿的团队合作精神和分享乐趣的意识 2. 通过合作探究树木，激发幼儿对数学活动和科学探索的兴趣，培养他们的社交技能和社会适应能力
科学	1. 通过观察、猜测、比较和分析树木的特征或变化，培养幼儿的观察力、推理能力和科学思维 2. 学会制定简单的调查计划并执行，培养幼儿的科学探究和实践能力

续表

领域	目标
艺术	1. 通过观察树木的形态、颜色和纹理，激发幼儿对自然美的欣赏和表达能力 2. 通过绘画、手工制作等艺术活动，让幼儿用自己的方式表达对树木的感受和想法，培养他们的创造力和审美能力

三、探索和实践

（一）活动起源

一次户外活动时，孩子们正在开心地进行游戏，无意中看到跑道上大树的叶子随风飘落下来，引起了孩子们的讨论：

久恩：“为什么树叶会落下来呢？”

嘉伟：“为什么树的样子长得不一样？”

七七：“树上有很多黄色的叶子。”

周一：“大树上的洞洞是因为树生病了吗？”

（二）认识幼儿园的树

早操结束后孩子们都兴高采烈地围着大树做起了游戏，老师问：“你们知道现在是和什么大树一起做游戏吗？”

大家异口同声地说：“桂花树。”

老师：“就只有桂花树吗？还有别的树吗？”

芮芮：“那是橘子树吗？”

老师：“橘子树的叶子是绿色的，但是我们这几棵树的叶子是黄色的”

文沫在一旁大声地说：“你们都猜错啦！这棵树的叶子形状有点不一样，像一把小扇子一样，它才不是橘子树。”

老师：“大家猜了这么多，但是都没有猜对哦！怎么样才能通过观察大树的外形就能说出大树的名称呢？”

回到班上就和孩子们一起讨论通过什么方法可以快速地了解大树，一部分孩子说：“可以问爸爸妈妈，也可以和爸爸妈妈一起去公园里认识各种各样的大树。”另一部分孩子说：“可以回家和爸爸妈妈一起在网上查阅资料，通过看各种各样大树的视频和图片来了解大树。”我们了解到了幼儿已有经验和兴趣点，在国庆假期前，我们一起整理了关于树的一些问题，形成了“我给大树做笔记”的调查表。孩子们利用假期走进附近的公园和居住的小区等，发现树；咨询成人、借助互联网等，了解树。假期结束后，幼儿结合调查表将收集到的信息画下来并在回到班上时进行集体分享。

（三）寻找树朋友

孩子们对于树的发现五花八门，为了让幼儿观察能够聚焦，探索能够持续，通过商议，幼儿决定在幼儿园认领一棵自己喜欢的树，并对它进行深入的探究。于是孩子们进行了园内的第二次考察，寻找自己想研究的树，想和大树成为朋友，并记录下大树的特点。

寻找过程中，芮芮惊喜地发现：“桂花树的叶子绿油油的，但是有些叶子却掉落了下来，我还发现上面有黑色的点点，可能是虫子的卵。”可盈又跑过来拉着我的手说：“老师，树枝上有蜘蛛网，蜘蛛网中间还有一只小蜘蛛呢。”舟舟也大叫道：“太可怕了吧！快跑呀！我妈妈说蜘蛛会咬人呢！”涵涵走进一看，看到了枇杷树叶子上有很多黑色小洞洞，树皮上还有小毛毛虫：“叶子上的洞洞肯定是被毛毛虫咬出来的。”孩子们你一言我一语地分享着自己的发现，围着自己感兴趣的树不肯离开。我们则在一边观察，不介入幼儿的讨论。

（四）探秘树叶

孩子们对树叶的兴趣很浓，每次到户外他们总是能够发现各种各样奇怪的树叶。

妍妍：“这个叶子的形状有点像我们扇凉风的扇子。”

可可：“老师，这个叶子圆圆的长得像一个蘑菇一样。”

文沫：“这个有点像蝴蝶结一样。”

芮芮：“这个树叶还是不一样，有点像毛毛虫。”

晞晞：“这个叶子形状弯弯的，有点像卷心菜。”

杨杨：“这个叶子长长的、细细的、尖尖的，有点扎人。”

小朋友们对各种各样的叶子产生了浓厚的兴趣，在观察与讨论中，幼儿发现叶子形状和颜色的区别，叶子究竟有多少种形状，多少种颜色呢？孩子们想要继续去探究。

幼儿：“我觉得我们学校里的叶子有点少，我想还可以在上学放学的路上找叶子，回家吃完晚饭散步的时候找叶子，可以去竹文化公园找叶子，可以去植物园找叶子，星期六、星期天的时候也可以去找叶子。”

可盈：“那叶子找回来以后，怎么分享自己找到了什么形状或者颜色的叶子呢？”

小朋友们众说纷纭：“我们可以记录下来。”“我们可以开会分享。”“可以把叶子展示起来。”“可以把叶子做成树叶书签。”

回到教室，孩子们把自己找到的树叶制作成专属书签，做得可认真啦！

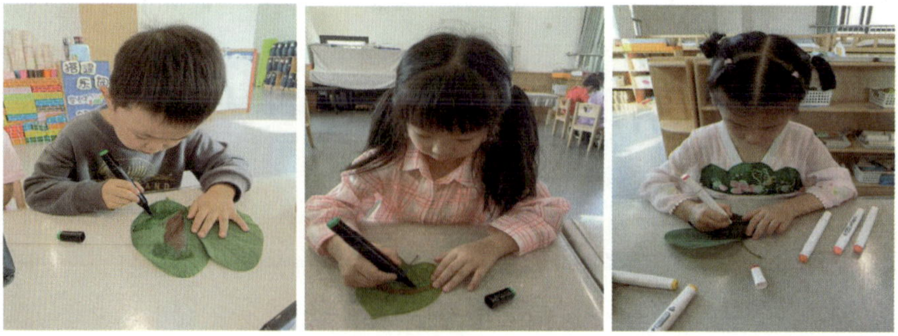

雨杰：“我们除了可以把树叶做成书签，还可以用树叶来粘贴很多漂亮的图画呢。”

妍妍："我想回家和妈妈一起用树叶做一幅作品。"

第二天，孩子们把自己和爸爸妈妈做的树叶粘贴画带到幼儿园和同伴一起分享！

（五）好玩的树枝

随着气候的变化，树木的形态和颜色有了更多变化，小的树枝掉落下来，有的小朋友把它当成了自己的玩具，随后更多小朋友加入了寻找中。

老师："亲爱的小朋友们，我们一起去采集树枝吧！"

博睿："好呀好呀，我最喜欢寻宝了！"

程程："老师，我们家周围有很多的树呢！"

轩轩："我家小区外有很多树，我在旁边捡到很多长长的树枝。"

文沫："我在地上发现了一根枯树枝。"

毛毛："我和妍妍还有雨杰三个是好朋友，我们放学后在公园发现了很多的树枝。"

妍妍："我见过的树枝有的是粗粗的，有的是细细的。"

婉汀："这是什么树枝？怎么上面还有刺呢？"

一次偶然的机会，我们餐后散步时在跑道边又发现了一些工人修剪后多余的树枝。"我们把它带回教室去吧，带回去可以一起做游戏！"我们把捡到的树枝收集并放回大筐里，方便我们游戏。孩子们把捡来的树枝编成绳子，也可以把它放在地上跳过来跳过去。还有的孩子把长短不一的树枝拼成各种各样的图形，真好玩！

四、观察和质疑

（一）树的统计

我们幼儿园里面到底有多少棵大树呢？有没有什么方法可以知道幼儿园里到底有多少棵大树呢？

小叶子："我们可以一棵一棵地去数幼儿园里的树。"

梓文："我们可以拿一支水彩笔和一张纸边数边记录下来。"

小闵："用很长很长的望远镜来看一看呢？"

毛毛："边数大树边数我们的手指头吧！"

程程："用电子手表来数树。"

可可："我们可以在自己的心里面数树。"

妍妍："可以将便利贴一个一个地贴在大树上面，然后我们数便利贴就好了。"

第一次数树我们分成了三个小组，幼儿园中庭一组，跑道一组，沙水区一组，小朋友们用自己的方法来数树。

为什么我们同一组的小朋友们统计的结果不一样呢？

宇宇："我们每个小朋友自己的想法都不一样。"

睿睿："有一些小朋友是随便数的。"

可盈："有一些小朋友数得多，有一些小朋友数得少，没有认真数。"

那现在出现了这样的问题，有什么办法来解决呢？

雨杰："我们可以将便利贴贴到树上数便利贴。"

子楫："借一下老师的计算机用计算机来算。"

妍妍："拿一个小本子和笔去，有几棵树就在纸上画上几棵树。"

鑫鑫："用手机数。"

最终，我们经过讨论选取了雨杰和子楫的方法。

我们一起绘制了统计表，使用计算器统计幼儿园大树的数量，最终得出结果：幼儿园的大树共有 46 棵。

（二）制作大树身份证

我们解决了上一个问题，统计出了幼儿园里大树的数量，那幼儿园里的大树到底有哪些品种？它们都由哪些部分组成？有多粗？有多高？它们在四季里都是一样的吗？大树依靠什么存活？小朋友们对这些问题展开了激烈的讨论，他们说“我们每个人去寻找一棵树做朋友吧”。于是，给大树制作“身份证”的话题应运而生。

老师：“小朋友们，你们有自己的好朋友吗？他是谁？你为什么喜欢他呢？”

梓珩：“右右是我的好朋友，她喜欢笑，长得很可爱。”

睿睿：“我的好朋友是航航，他胖乎乎的，喜欢帮助别人。”

老师：“对了。我们找树做好朋友也是一样的，我们要知道它叫什么名字、长什么样子，有哪些特点。”

幼儿开始分享介绍自己喜欢的大树：银杏树、枇杷树、桂花树、樱花树、橘子树、李子树……接下来，在教师的引导下，幼儿对喜欢的树木开始统计。

老师：“你们对幼儿园里的树有这么多的认识，快成植物学家了！老师给你们点赞！那怎样让其他人也了解你们的树朋友呢？”

杨杨：“把树的介绍画下来，做成牌子挂在树上。”

老师：“你们觉得这个办法怎么样？”

轩轩：“如果刮风下雨的话，牌子就会被雨水淋湿的。”

子楫：“在画好的画上面贴一层膜就可以了。”

老师：“这个办法不错。”

若涵：“老师有塑封机，我们制作好了让老师帮我们塑封一下吧！这样就不会被雨淋湿掉落。”

接下来幼儿们纷纷行动起来，给幼儿园里的树做名片。绘画、塑封、挂牌……

婉汀建议道：“老师，我做一个二维码名片挂在树上，用手机扫一扫二维码，就能听到我的声音了。”

制作完成后我们用手机一扫，果真听到了婉汀的介绍。

（三）树年轮知多少

对树朋友有了一定的了解后，孩子们仍对树充满好奇，热情不减。

桐桐：“树它有年龄吗？”

文沫：“树它没有年龄。”

妍妍："高一点的树它的年龄肯定大一点，矮一点的树肯定年龄很小。"

涵涵："我妈妈说树是有年龄的，可以从它的年轮上看。"

孩子们化身为一个个小科学家，他们看一看、摸一摸、比一比、想一想，认真地观察着、思考着。

◎ 分析与反思：

《3～6岁儿童学习与发展指南》指出："经常带幼儿接触大自然，激发其好奇心与探究欲望。"

正是源于幼儿在自然生活中的发现，经过一段时间对大树的探索，我和孩子们遇到许多问题，又一步步地将问题化解。孩子们获得成功解决问题的喜悦，知识经验也在探索中慢慢积累起来。

（四）有趣的测量

一天在户外玩自主游戏的时候，梓文说："我旁边的树好粗啊！"一旁的睿睿也不甘示弱："我的这棵树也很粗。"那到底谁的树粗呢？他们想到用"量一量"的方法进行比较。他们回到班级，在美工区里寻找适合测量的工具，有吸管、雪糕棍、纽扣、扭扭棒、丝带、麻绳、筷子、树叶……同时吸引了一些同伴的加入。他们在美工区的枯树枝上先进行测量。

文沫说："我用纽扣量，可失败了，纽扣大大小小的，贴在树枝上会掉下来。"

轩轩说："我用麻绳系，可我不会打结。"

子楫说："我找到了吸管，但吸管弯起来有空隙，贴不紧。"

杨杨说："扭扭棒可以量，而且可以贴得很紧。"

桐桐说："我用树叶量，树叶小小的，软软的，真好量。"

老师："那你量出来树枝有多粗？"

桐桐一时答不上来。

我们发现此时孩子们只热衷于寻找适合的测量工具，而忽视了测量结果。我们让幼儿把"测量树需要用什么工具，怎么测量"这个问题带回家。和家人一起寻找工具，并尝试记录测量结果。第二天，幼儿纷纷带来了卷尺、皮尺、直尺等可以测量树腰围的工具。轩轩还说她的爸爸教她测量腰围时要在测量的起点处做一个小小的标记，这样沿着起点开始测量就不会弄错啦！她和几个同伴还一起用树叶测量了树的腰围，她们分工合作，有的负责测量，有的负责记录测量结果，有的负责分享测量经验。通过测量她们发现测量同一棵银杏树的树围时，她们用了两种不同的材料去测量，测量的结果却不同。

可盈说："我用树叶去测量了这棵银杏树的腰围，用到的是 5 片树叶。"

睿睿说："我用了扭扭棒去测量了这棵银杏树的腰围，用到的是 2 根扭扭棒。"

老师："为什么测量同一棵银杏树，测量的结果会不一样呢？"

这时，小朋友们异口同声地说道："原来测量同一棵大树，我们所用到的测量材料不一样，得到的测量结果也会不一样；用到的测量材料越长，得到的测量结果越小；用到的测量材料越短，得到的测量结果越大。"

老师："刚才小朋友们用不同的材料去测量了同一棵大树，得出的测量结果是不一样的，那我们现在用相同的材料去测一测不同大树的腰围，看看测量的结果是不是一样的呢？"

可可："那我们都用树叶去测量吧！树叶测量得又快又准确呢。"

文沫："好呀！好呀！我们这一组要去测量的是桂花树。"

鑫鑫："我们这一组要去测量樱花树。"

若涵："我们这一组要去测量橘子树。"

就这样，小朋友们自由组队，分工合作，都纷纷参与到了测量活动中。

若涵说："老师，老师，我们这一组已经测量好了，我们测量橘子树用到了 1 片树叶。"

鑫鑫这一组的子栯也惊喜地说道："我们这一组测量樱花树用到了 5 片树叶。"

文沫说："我们这一组测量桂花树用到了 6 片树叶。"

小朋友们你一言我一语地开始讨论起来，最后得出结论：用相同的材料去测量不同的树，测量的结果也是不一样的；测量时橘子树用到的树叶越少，它的腰围越细；测量时桂花树用到的树叶越多，它的腰围越粗。

◎ 分析与反思：

幼儿在寻找非标准工具进行测量时，我们可以引导他们总结量树腰围的工具应该有哪些特点，讨论怎么知道测量的数据等，这样可以让他们的关注点自然转移到对标准工具的探究上。在实际测量时，幼儿对标准工具测量的反应不同，我们在帮助幼儿建构测量新经验上的敏感度不够。这时教师应提供同伴间互相学习的机会。对测量方法、计数进行持续关注，可以开展“标准工具的测量”集体活动，在区域游戏中，为幼儿提供量一量、读一读、写一写的环境与材料，帮助幼儿积累测量的经验，并运用到生活中。

五、思考与创新

重视儿童的提问将开启儿童探索的可能，在探究实践的过程中我们提供最大的机会让幼儿自发学习。我们希望孩子喜欢树、研究树，支持他们通过大胆猜想和实际行动去获取信息与反馈。这里的每一棵树都是“教学树”：抚摸它、亲近它，可以帮助我们与大自然建立更亲近的关系；研究它、探索它，可以帮助我们把已知与未知紧密连接，并不断扩大我们知识的范围。幼儿是积极主动的学习者，我们提供多次实地观察、小组合作研究、团体经验分享等机会，不断唤起幼儿快乐自发学习的欲望，让幼儿全方位、多感官地投入树的探究活动之中。一个个问题推着幼儿主动去发起一系列的活动，在实际操作中获得直接经验。

教师作为整个研究过程的观察者、记录者、支持者、参与者，应该不断更新自身的教育观、儿童观。在课程中我们要发现孩子的力量，放慢脚步认真聆听孩子的一百种“语言”。孩子们的学习总是由生活中、自然中大大小小的问题而来，又跟随问题去思考、探索、发现。在探索的过程中，孩子们的想法会碰撞到一起，一个问题会衍生出更多问题，相信孩子们会在未来的学习探索中逐步发现大树更多的秘密，走进大自然的深处。

故事来源于生活，在这次由树萌生的故事系列活动中，可以感受到孩子们的探究实践精神，以及团结合作、认真专注的学习品质。这段树的探索旅程告一段落，我们会继续追随孩子们的兴趣，去发现更多故事。

鸟窝奇遇记

一、筛选资源

鸟类是自然界中的一员，它们有着美丽的羽毛、优美的歌声，能够灵巧地飞行，还有神奇的鸟窝。幼儿对鸟类和鸟窝有着浓厚的好奇心，想要了解它们的生活习性，观察它们的形态特征，探索它们的建筑技巧。“鸟窝是怎么搭的？鸟窝里有什么？鸟窝可以放在哪里……”关于鸟窝的问题他们有着层层的疑惑。

我们的幼儿园有一个宽敞的操场，周围有许多树木和花草，是鸟类的乐园。有一天，我们在操场上发现了一个鸟窝，引起了孩子们的惊喜和兴趣。“鸟窝好高呀！鸟窝里有鸟宝宝吗？”“这是什么鸟的家？”“小鸟去哪里了呢？”“一定在其他树上，我们快去找一找！”鸟窝的出现令他们好奇不已，对于孩子们来说，鸟窝是神秘的。带着好奇与疑问，我们决定以此为契机，开展一系列关于鸟窝的探索活动，让孩子们亲近自然，感受生命的奥妙，培养创造力和想象力。

二、感知和认知

“鸟窝奇遇记”这个课程中，我们以幼儿五个核心问题为线索，深入探究，通过直接感知、实际操作、亲身体验的方式，帮助孩子们学习鸟类和鸟窝的知识，让他们能够用眼睛、耳朵、手、嘴巴等感觉器官去发现、感受、理解鸟类和鸟窝的奥秘，让他们能够用语言、画画、动作等方式去表达、分享、交流对鸟类和鸟窝的认识和想法。课程目标如表 3-3 所示。

表3-3 “鸟窝奇遇记”课程目标

目标领域	发展目标
健康领域	1. 培养主动学习的能力和态度 2. 形成初步的共情力，同理心，尝试与同伴、家人、老师交往和合作 3. 在制作鸟窝的过程中能节约使用材料，不乱丢垃圾，不弄脏周围环境，保持干净整洁的习惯
语言领域	1. 在展示鸟窝的过程中能自信地说话，与老师和同学们分享自己的观察、想法和收获 2. 在描述鸟儿和鸟窝的过程中能使用准确的词语，用简洁的句子，清楚地表达鸟儿和鸟窝的特征、功能和意义 3. 学会克服搭建鸟窝过程中的困难，寻求帮助，最后完成自定的项目任务，愿意用图画和符号记录搭建过程
社会领域	1. 形成初步的共情力，同理心，尝试与同伴、家人、老师交往和合作 2. 通过系列活动，理解鸟儿筑巢的艰辛，萌生向鸟儿致敬的情感。愿意和鸟儿做朋友，愿意加入保护鸟类的行动中 3. 在实践体验过程中能与同伴分工合作，通过观察，积极发现问题，解决问题
科学领域	1. 认识鸟窝的形态、材质、构造、筑巢的步骤和鸟巢的功能 2. 在观察鸟儿和鸟窝的过程中能运用多种方式进行记录，比如拍照、画画、贴标签等，使记录更加全面、准确 3. 在探究鸟儿和鸟窝的过程中能运用多种工具进行实验，比如放大镜、尺子等，使探究更加深入、有趣
艺术领域	1. 通过独立操作和小组合作的方式，尝试用树枝、黏土、树叶、干草、纸箱等材料搭建鸟窝 2. 在创造鸟窝的过程中能发挥想象力，用不同的材料和工具，制作出自己心中的鸟窝，比如纸、泥、布、棉花、羽毛、树枝等，使鸟窝更加美观、独特 3. 在表达鸟窝的过程中能展现个性，用不同的形式和风格，表达出自己对鸟儿和鸟窝的感情和理解，比如儿歌、诗歌、故事等，使表达更加生动、有趣

三、探索和实践

（一）活动起源

一次户外活动中，孩子们正在开心地进行游戏，突然安安惊喜地指着一棵树说：“老师，快看，那里有个鸟窝。”所有孩子立刻围了过来，你一句我一句地聊起了关于鸟窝的话题。他们发现这是一个用树枝做成的鸟窝，精巧而坚固。他们想知道什么鸟住在里面，里面有没有鸟宝宝，鸟妈妈现在在哪里，为什么有些鸟窝很大，有些很小，有些很高，有些很低。他们决定用自己的眼睛去观察，用自己的手去探索，用自己的心去感受。这次的发现令他们好奇不已，一个小小的鸟窝对于孩子们来说，是神秘的，也是有趣的。看着他们兴奋的样子，我意识到这是一个非常好的教育机会，可以引导他们学习更多关于鸟类和自然的知识。

（二）探究一：探鸟窝

1. 寻找鸟窝

“小鸟常见，鸟窝却不常见。你知道鸟窝都藏在哪儿吗？你知道鸟窝都是用什么做的吗？”孩子们开始在幼儿园操场的大树上找鸟窝。

军军突然大叫一声：“老师，老师，我找到了一个鸟窝，它在那棵大树的顶上，好高啊！”我们都抬头看，果然，那棵树上有一个像碗一样的鸟窝。老师给孩子们讲了很多关于鸟窝的知识，他们都听得津津有味。周末，孩子们还和爸爸妈妈一起在小区、公园寻找鸟窝，他们发现了很多鸟窝，互相分享自己找到的鸟窝，发现每个鸟窝都不一样，形状、大小、位置、颜色都有各自的特点，有的像碗，有的像球，有的像筒，有的像盘。孩子们想知道这些鸟窝是什么鸟儿建造的，用了什么材料，有什么用途。还拍了很多鸟窝的照片，收集了很多搭建鸟窝的材料，回家后，还自己动手做了一些鸟窝，好有趣啊！孩子们爱上了寻找鸟窝的游戏，都觉得鸟窝是大自然的奇迹，想和鸟儿做朋友，想保护鸟儿和鸟窝，想成为小小的鸟窝专家！

兴宇：“我还在鸟窝里看到了鸟蛋，它这么小。”

优优：“为什么鸟蛋这么小呀？都没有鸡蛋大。”

哲哲：“那是因为鸟妈妈很小，所以生的蛋就很小。”

航航：“我觉得这个小鸟可能是燕子，我看到的鸟窝是燕子的窝，是用泥做成的。”

为了充分满足幼儿的好奇心，教师为幼儿提供了与鸟儿相关的书籍，并在网上与幼儿一起查阅资料。家长们也积极地帮助幼儿查找相关信息。

2. 鸟窝调查表

老师给每个人都发了一张鸟窝调查表，让孩子们看看自己找到的鸟窝，写写画画，说说鸟窝是什么形状和颜色。老师还让小朋友们猜猜鸟窝的主人是谁，是什么样的鸟儿。通过亲子实地寻访和资料调查，幼儿对鸟窝的好奇心逐渐增强，升级到寻找不同形态的鸟窝、搜集鸟窝搭建的材料、了解鸟窝结构等问题。

安安：“我看到了一个鸟窝，它在大树上，比我们的房子还高，好厉害啊！”

侯王：“我也看到了一个鸟窝，它在草丛里，比我爸爸的手还小，好难找啊！”

可可：“我发现了一个鸟窝，它在我家的房顶上，和别的鸟窝不一样，我妈妈说那是燕子的家，它可以用自己的口水和泥来做鸟窝。”

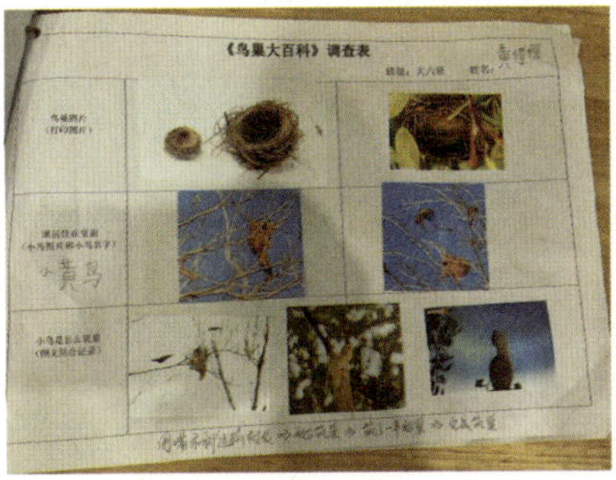

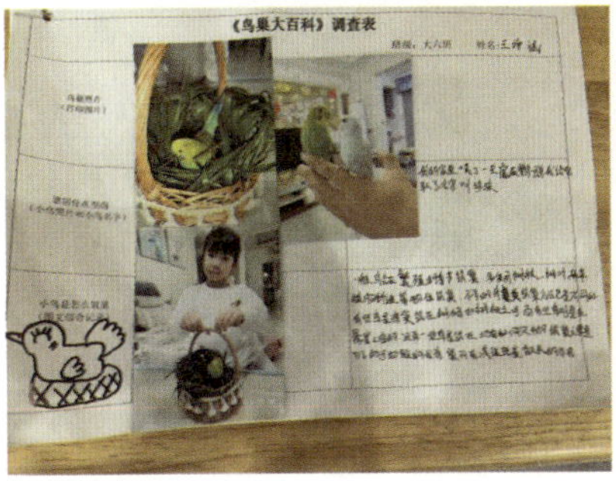

（三）探究二：鸟窝怎么搭

雨佳：“那要给小鸟设计怎样的鸟窝呢？”

雨汐：“我打算设计一个三角形的鸟窝，里面放好多羽毛，这样小鸟住在窝里就会很舒服。”

涵涵：“我想做个圆形的鸟窝，放些树叶和花装饰下。”

孩子们天马行空的想法在画纸上一一呈现了出来，最后大家一起投票选出最美的鸟窝造型。图纸已经设计好，那我们要用什么材料去造鸟窝呢？新一轮的问题出现了，孩子们又开始了激烈的讨论。

诗涵：“我觉得可以用泥土搭一个造型，让小鸟住得更舒适一些。”

云兮：“我觉得可以用树枝搭一个鸟窝造型，因为我看到幼儿园有很多的干树枝，我们可以利用起来。”

浩浩：“我看到我奶奶做的鸡窝，里面放了很多稻草可以让小鸡睡得更舒服。”

孩子们说干就干，立即开始了他们的第一次搭建。

1. 第一次制作鸟窝——自主搭建

在观察和记录了不同的鸟窝后，孩子们想要亲自尝试搭建自己的鸟窝，体验鸟儿的智慧和技巧。老师给每个小组提供了一些材料，比如树枝、草、羽毛、泥土、纸、胶水等，让他们自由发挥，用自己喜欢的方式搭建鸟窝。孩子们兴奋地开始了动手操作，他们有的模仿自己观察到的鸟窝形状和结构，有的发挥想象力，创造出自己独特的鸟窝。他们用胶水黏合材料，用纸包裹鸟窝，用泥土固定鸟窝，用羽毛装饰鸟窝，用草编织鸟窝，用树枝支撑鸟窝，他们的鸟窝各有千秋，色彩斑斓，形态各异。

衣衣：“我做的鸟窝是圆的，像一个球，我用了很多树枝和草，这样很坚固，里面还有很多羽毛，小鸟会很暖和。”

乐乐：“我做的鸟窝是扁的，像一个盘子，我用了很多纸和胶水，我的鸟窝很轻，里面还有很多小花，老师你看我的鸟窝漂不漂亮？”

杨杨：“我的鸟窝是用树枝做的，我用了很多泥土和纸，这样小鸟就不会淋雨啦。”

第一次搭建后，我们分组对鸟窝搭建的过程和问题进行了讨论，孩子们纷纷提出了自己的改进方法，孩子们都提到了鸟窝不牢固的问题，需要准备更有黏性的胶水和胶枪进行加固。

2. 第二次制作鸟窝——材料更新

在完成了第一次制作后，老师带领孩子们进行了分享和反思，让他们观察和评价自己和别人的鸟窝，指出优点和缺点，提出改进的意见和建议。老师还给孩子们展示了一些关于鸟窝的图片和视频，让他们了解更多鸟儿和鸟窝的知识，比如鸟儿的种类、特征、习性，鸟窝的功能、特点、构造等。孩子们从中获得了更多灵感和启发，也发现了自己的不足和问题，比如鸟窝的大小、形状、位置、材料、结构等是否适合鸟儿的生活，是否能够抵御风雨和敌人的侵扰，是否能够保持温度和湿度等。他们决定对自己的鸟窝进行修改和完善，让它更加接近真实的鸟窝，更加适合鸟儿的需要。

凡凡：“我觉得我的鸟窝太大了，不够隐蔽，容易被发现和攻击，我要把它做小一点，放在树枝的缝隙里，让它更安全。”

舒语：“我觉得我的鸟窝太薄了，不够坚固，容易被吹走和破坏，我要把它做厚一点，用泥土和树枝加固，让它更牢固。”

文文：“我觉得我的鸟窝太单调了，不够美，我要把它做漂亮一点，用羽毛和花装饰，让它更有特色。”

第二次搭建后，孩子们提出：小鸟造鸟窝的时候都是在大自然里，那我们是不是也可以在大自然中寻找材料，进行一次鸟窝的建构呢？

3. 第三次制作鸟窝——融合场景

为了让鸟窝更加适合鸟儿的生活，我们决定在户外进行第三次鸟窝搭建。我们来到了幼儿园的操场，那里有棵树，树上有三个鸟窝。孩子们认真观察了小鸟们的鸟窝，发现它们都是用自然材料搭建的。可可说：“我也想做一个真的鸟窝。”于是孩子们提出去幼儿园户外寻找自然材料来搭建我们的鸟窝。

曼语：“老师，我找到了一些树枝，它们很坚硬，可以用来做鸟窝，你看怎么样？”

老师：“你等一下可以试试用树枝搭建一个鸟窝的形状。”

安安：“这里有干草和树叶，真鸟窝就是用干草和树叶做的。”

第三次搭建鸟窝时，我们把材料搬到幼儿园操场的大树下。这一次我们收获到了孩子们给的惊喜：孩子们都很兴奋地参与进来，两两协商搭建的合作度，鸟窝作品逐渐贴合现实，适宜小鸟居住。鸟窝搭建完成后，我们都很满意，我们给鸟窝取了不同的名字。

4. 第四次制作鸟窝——专家“支招”

为了更好地搭建鸟窝，我们把鸟类专家兴宇的爸爸请到了大六班的教室里，为了更好地表达我们的困惑，孩子们你一言我一语，各抒己见，进行了激烈的讨论，最后由两位老师负责记录。

可可：“搭鸟窝有点难，怎样才可以搭牢固？”

叶子：“为什么我们搭的鸟窝总是不成功？”

晨晨：“今天下雨啦，怎么样搭鸟窝才不会弄湿？”

子轩：“为什么鸟窝需要搭在树上？我想把鸟窝搭在教室里，搭得高一点。”

最后一次的鸟窝搭建，有了兴宇的爸爸手把手地教，孩子们学习用稻草进行编织。绕一绕、编一编、折一折……看似小小的鸟窝，但是想要完成还是困难重重。

教师反思：幼儿通过亲身尝试，同伴组队、求助家长、选择适宜的材料等方式，通过提出问题—解决问题—再提出问题的循环模式不断地学习。幼儿在这个直接感知、亲身体验的过程中把搭建和生活进行链接，在选择适宜的材料、鸟窝的概念、基本构造方面进行了再创新，创作出很多有创意的鸟窝作

品——“吊床鸟窝”“水瓶鸟窝”“双向入口鸟窝”。在这个过程中，教师坚持了管住手、克服了包代办，让幼儿培养了独立思考、小组分工、沟通表达、再造创新、回想总结的能力。同时，教师也不断地引导和支持幼儿，让他们观察和评价自己和别人的鸟窝，指出优点和缺点，提出改进的意见和建议。教师还邀请了鸟类专家，让幼儿了解更多鸟儿和鸟窝的知识，比如鸟儿的种类、特征、习性，鸟窝的功能、特点、构造等。通过这样的教学活动，不仅让幼儿学习了鸟窝的知识和技能，还培养了他们的创造力、想象力、合作意识、自信心和责任感。

（四）探究三：怎么把鸟窝送给小鸟呢

通过专家的支招，孩子们经过多次尝试，终于制作出了自己满意的鸟窝。他们用树枝、干草、树叶、羽毛等材料，搭建出了各种形状和大小的鸟窝，有的像碗，有的像篮子，有的像帽子。他们把鸟窝放在地上观察和比较，互相赞美和鼓励。做好鸟窝后，孩子们迫不及待地要给鸟儿安个家，但是问题再一次出现了：怎么把鸟窝送给小鸟呢？

孩子们发现，他们的鸟窝虽然很漂亮，但是很难挂到树上去，因为树太高了，他们的手太短，力气太小了。他们想了很多办法，但是都不太成功，他们感到很沮丧，也很困惑。他们问老师，为什么鸟儿可以把鸟窝搭在那么高的地方，我们却做不到呢？

老师告诉他们，鸟儿是用嘴巴一点一点地把材料搬到树上去，然后用爪子和嘴巴一点一点地把材料编织在一起，形成一个坚固的鸟窝。鸟儿搭窝的过程很辛苦，也很耗时，但是它们为了保护自己和家庭，不惜付出这样的代价。鸟儿把鸟窝搭在高处，是为了避免被其他动物发现和攻击，也为了适应不同的气候和环境。鸟儿的窝是它们的家，也是它们的堡垒。 孩子们听了老师的话，对鸟儿的智慧和勇气感到很敬佩。

他们决定不放弃，继续寻找方法，把鸟窝送给小鸟。最终他们想到了一些新的办法。

航航:“用梯子搭在大树上慢慢地爬上去，把鸟窝挂在树枝上。”

侯王:“让老师把我们举高，把鸟窝扔到树上去。”

安安:“用轮胎架起来爬上去，把鸟窝放在轮胎里，让轮胎滚到树上去。”

沐希：“我们可以邀请保安叔叔来帮我们挂到树上，他比我们都高，也比我们都强壮。”

兴宇:“我们可以用绳子把鸟窝系在树枝上，这样就不会掉下来了。”

教师反思：幼儿通过多种方式，探索了怎样把鸟窝送给小鸟的问题，他们运用了自己的知识和经验，也借鉴了别人的方法和技巧，他们发挥了自己的想象力和创造力，也展示了自己的勇气和信心。

梯子挂鸟窝很稳，但小朋友们挂的鸟窝太矮了。

兴宇：“我看到的鸟窝都在很高的树顶上，我们的鸟窝那么矮小鸟会来吗？”

侯王:“老师，我想爬上去，爬到树上去挂。”

孩子们都想把自己做的鸟窝送给小鸟，都想爬上树去自己挂鸟窝。

孩子们想爬树？老师知道爬树对孩子们来说意味着增强四肢肌肉力量，提高身体控制和平衡能力、科学探究能力，增强安全意识、自我保护意识等。所以老师决定支持孩子们自己上树去挂鸟窝的想法。

四、观察和质疑

（一）小鸟喜欢什么样的树呢

孩子们终于完成了自己的鸟窝，高兴地拿着鸟窝跑到操场上，想要把鸟窝挂在树上，送给小鸟们。

侯王："老师，我们的鸟窝做好了，我们要把它挂在树上。"

沐希："对啊，我们要让小鸟们住进去。"

老师："好啊，那你们觉得小鸟会喜欢什么样的树呢？"

雨汐："我觉得小鸟会比较喜欢叶子很多的树，这样它会更安全。"

航航："不对。小鸟喜欢又高又壮的树。"

幼儿在此获得经验，大多数鸟类会选择在枝叶茂盛的地方筑巢，这样可以遮风挡雨，而且很安全。孩子们兴奋地跑到一棵高大枝叶茂盛的树下，开始尝试把鸟窝挂上去，可是他们发现了一个问题。

曼曼："老师，这棵树太高了，我们够不着啊。"

优优："我们要怎么把鸟窝挂上去呢？"

老师："你们有没有什么办法呢？孩子们开始思考，有的提议找一个梯子，有的提议找一个长长的棍子，有的提议找一个大一点的鸟窝，有的提议换一棵树。"

（二）树太高，如何上树

班上动作最敏捷的侯王最先站出来："让我来，让我来！我可是爬树高手！"说着就徒手开始爬树。他抱住树干往上爬，可马上就嗖地一下滑了下来。侯王："老师我的手没力气啦。"安安："你没力气，要不我们来推你！"这个提议得到了孩子们的支持。第二轮的爬树开始了，侯王双手抱住树干，撅着小屁股，双脚蹬着树干，孩子们急忙围了过来，你用一下力，我用一下力，把侯王推得左摇右晃，"哎呀，我又没有力气啦，我要掉下来啦！"爬树再次失败。

老师："还可以怎么上树？还记得刚才你们提出的一些办法吗？你们觉得哪些办法可以尝试一下呢？我们可以回幼儿园找一些工具来帮忙。"

孩子们开始尝试，有的去找梯子，有的去找棍子，还找来了积木区各种长短不同的木板，他们用各种方法，有的往树上甩绳子想吊绳子上树，但绳子甩不上去，有的搭木板往树上爬，但木板老是滑落，孩子们又搬来了轮胎，由于木板太短了，孩子们还是没办法爬上树……

教师思考：用绳子上树、搭木板上树、抬梯子上树、叠轮胎上树，是孩子们经过预测上树方法后验证的过程，是一个试误法探究的过程，对于幼儿的学习是有价值的，有益于知识经验的建构。因此，应该把困境和麻烦留给孩子，给他们操作、体验、探究的空间，不要过多地去干预其自主解决问题，即使是失败，孩子也收获到了很多的知识。

在挂鸟窝的过程中，孩子们通过直接感知、实际操作找到了最适宜、安全的方法，积累了新的生活经验。

孩子们小心翼翼地把鸟窝挂在了树上，充满了乐趣，他们互相帮助，想各种办法解决了问题，体验到了挑战和困难，也体验到了成功的喜悦。他们把鸟窝送给了小鸟，也收获到了自己的成长。可是他们又发现了一个问题。

憬琛："老师，我们的鸟窝挂上去了，小鸟会来住我们制作的鸟窝吗？"

可可："我在鸟窝里放了一些稻草和树叶，小鸟住进去会很舒服呢。"

涵涵："我的鸟窝还有花朵来装饰，小鸟肯定会喜欢我的鸟窝。"

沐希："我们要怎么让小鸟们来呢？"

教师："你们有没有想过，小鸟们是不是有什么害怕的东西呢？它们才不会来。"

孩子们开始观察周围的环境，有的说小鸟害怕人，有的说小鸟害怕噪音，有的说小鸟害怕风，有的说小鸟害怕其他动物。

老师："你们说得都很对，小鸟们有自己的恐惧，如果我们能给它们提供一个安全和舒适的环境，它们就会更放心地来我们的鸟窝。"

小鸟会住进来吗？后续我们将继续关注，孩子们和鸟窝的故事还在继续。

教师思考：在一日生活的各个环节，幼儿的探究欲望受好奇心和兴趣的驱使。没有观察就不会有思维、想象与创造。对于游戏中的幼儿来说，掌握知识技能不是目的，游戏的结果并不重要，在游戏中深入探索的过程才最重要。这次无意间与鸟窝的邂逅，引发幼儿对鸟窝的好奇心、探究欲，对身边的自然现象和人与自然的关系有了更进一步的认识，发挥了幼儿的主观能动性，在不断地尝试操作中促进幼儿身体机能、合作意识、想象空间、实际操作等领域的发展。

教师要及时捕捉孩子的兴趣点，通过讨论、设计、创作鼓励幼儿提出问题，引导幼儿在讲、做、玩、想的过程中，调动感官参与活动，使他们既巩固观察所获得的知识，又加深观察所获得的印象，从而对鸟窝的系列活动认识更加全面深刻。

对鸟窝的探索尚未结束，我们从幼儿实际需要出发，由孩子们发现，生成课程。我们会继续追随孩子们的兴趣，满足幼儿的需求，尽一切可能帮助幼儿获得新的知识经验。期待我们发现更多关于鸟窝和小鸟的秘密吧。

五、思考与创新

在探索鸟窝的过程中，孩子们不仅了解了鸟窝的形状、大小、材料、结构、位置、方向等特点，还感受了鸟窝对鸟的意义和价值，以及人与自然的和谐关系。他们通过观察、质疑、实践、创造，培养了自己的观察力、想象力、创造力、合作力、表达力等多方面的能力，使孩子们能够将这些能力运用到新的场景中，解决新的问题，或者创新玩法。

鸟窝作品如何策展呢？

经过了两个月，幼儿在课程活动中和"鸟窝"发生了很多故事，从未知到寻知，从失败到成功，从纯搭建到做游戏，幼儿和鸟窝产生了深厚的情感。孩子们提议将自己制作的鸟窝带到幼儿园，组织一场鸟窝展览会，向其他班级的同伴介绍自己的鸟窝，分享给幼儿园更多的人。欣赏和评价其他孩子的鸟窝，交流自己的想法和感受。在整个活动过程中，幼儿留下了很多活动成果，举办一个鸟窝展览会成了幼儿最好的总结和展示。幼儿化身鸟窝讲解员，给客人、老师和其他小朋友介绍自己搭鸟窝的故事，演唱了鸟窝的歌曲，回忆了户外游戏活动等。

通过这些活动，孩子们通过亲子寻鸟窝—搜集鸟窝的材料—尝试搭建—反思搭建失败的原因，感悟到“原来搭鸟窝这么难啊！小鸟好聪明啊！鸟窝搭得这么不容易我们要好好保护小鸟、保护它们的家”等真实的感想和经验。暂时的不成功没关系，但是不断试错和探寻思考的能力已经是孩子们收获的财富，也是教师实践的经验。孩子们将自己在探索鸟窝过程中获取的认知和形成的能力，迁移到新场景中，解决新问题，或者创新玩法。他们不仅拓宽了自己的知识面和视野，提高了自己的审美能力和表达能力，还培养了自己的自信心和合作精神。课程中，每一位孩子都是心智自由的学习者与思考者。

如何设计班里的符号

一、筛选资源

生活中有许多不经意的标识符号，能够在我们产生疑惑时为我们指引方向。而符号的出现，让我们的社会存在秩序，成为我们生活中隐形的规则要求。幼儿具有一双善于发现的眼睛，在生活中孩子们看到了充满趣味性且不同形状的交通符号，于是产生了许多不同的问题："为什么每一个符号都是不一样的呢？""我们生活中还有其他不一样的符号吗？"

面对孩子们产生的不同疑问，幼儿对符号的兴趣也日益高涨。于是我们将围绕幼儿的兴趣点，支持幼儿在深入探究符号的过程中，理解符号所带来的秩序性，能够创造性地设计一些不同的符号，便于人们的生活。在幼儿园中，我们能够为孩子们提供充足的环境资源，支持幼儿使用充足的游戏材料，在环境创设过程中大胆表现自己的想法。而家长资源也是本次活动的重要资源之一，我们将鼓励幼儿与家长共同开展探究，支持幼儿在社区幼儿园等周围社会环境中，去探索与发现。因此，我们也将以符号的兴趣点为契机，同幼儿拉开本次"如何设计班里的符号"活动序幕。

二、感知和认知

幼儿在日常生活中大都见过一些简单的符号，而幼儿具有一定的观察能力以及探究精神。活动中幼儿能够自主探究，我们将引导幼儿通过调查、寻找、观察、对比、记录、设计等方式，帮助幼儿进一步了解符号在生活中的运用。课程目标如表 3-4 所示。

表3-4　“如何设计班里的符号”课程目标

目标领域	发展目标
语言领域	1. 能够主动分享自己的收获，遇到问题及时提出 2. 能够有序、连贯、清楚地表达自己的想法 3. 敢与同伴共同讨论，并介绍自己设计的符号用途 4. 用图符号表现实物和故事，坐姿端正，书写名字，熟悉书面文字的字形
社会领域	1. 知道符号在生活中的作用，能够遵守符号的要求 2. 能够与同伴分工合作，在与同伴意见不同时能与同伴协商，当发生问题时，能想办法解决 3. 承担小导游时可以自信地介绍各区域的内容及规定
艺术领域	1. 能够观察发现生活中的许多不同图案的符号 2. 自主设计不同符号，使用不同的绘画、手工设计方式 3. 能主动积极地将看到的信息用符号和标记呈现
科学领域	1. 主动对比观察不同的符号特点，并进行分类 2. 知道符号的具体用途，理解符号的重要性 3. 能够用简单的文字、数图、表等进行记录 4. 能够根据事物的共同属性做不同水平的概括，会对物体进行分类并且计数
健康领域	1. 通过符号了解男女之间的不同，能够设计不同性别的符号表示 2. 能够自主剪贴、设计，发展手眼协调能力 3. 能利用自己身体创造出许多不同的符号

教师鼓励幼儿一起讨论班级区域符号，从内容的选择到材料的收集，幼儿自己做主，师幼共创。教师不断支持与帮助，鼓励幼儿利用调查的方式进一步了解符号出现的地方以及其基本作用，丰富自身对符号的关键经验。在活动探究过程中，教师给予幼儿自主交流的机会，幼儿通过逐步深入地探讨，能够在活动中大胆地思考，引发自身设计符号的想法，自主设计符号的多种用途。

三、探索和实践

（一）活动起源

孩子们对符号充满了好奇，为了能够让孩子们进一步了解和探究符号，我们为幼儿制作了“什么是符号”调查表，鼓励幼儿与爸爸妈妈开展调查。在一番调查后，孩子们来到了班级中分享自己的收获。

桐桐：“我妈妈说符号是一种标志。”

涵涵：“符号它可以传播信号。”

川川：“爷爷说符号就是一种图形。”

松松：“我和爸爸在书上看见打招呼的动作，爸爸说这就是符号。”

孩子们通过调查、分享了解到符号是承载交流、传播信息的一种图形。大家经过讨论，也从中了解了符号的不同样式及其作用。

（二）符号在哪里

幼儿在调查、探索符号的过程中发现了符号形状的多样性以及多义性，孩子们发现符号不仅仅在路上作为交通指示标识，在超市中也有一些不同的符号。“这些符号为什么会出现在这里？”“哪些地方才需要符号？”孩子们对此展开了积极的讨论，随即开始了寻找符号之旅。孩子们在幼儿园、小区里、家里、路途中寻找到了许多不同的符号。发现楼梯间有安全出口标识的符号；在活动室中发现小朋友画的区域符号标识以及约定符号；小区里的符号藏在树干上、草丛里、器械上等，都被孩子们找了出来。

桐桐：“为什么符号出现在这里？”

思斯：“要遵守约定的地方就需要符号。”

帅帅：“对，这样我们就知道这个符号代表的意思。”

琪琪：“我知道符号还有，在很多的地方，但是我想要自己做出来。”

孩子们通过讨论了解到符号在每一个角落，几乎无处不在。每一个符号都在相应的位置站岗，告诉来往的人们应该怎么做。孩子们探索的兴趣不断升级，他们产生了把符号留下来的想法。为了让孩子们能够将自己的想法在制作中体现，我们支持孩子们自主选择材料。思斯使用玉米芯，制作了两个不同的符号：“这是我们的道路符号。”帅帅等小朋友则是在画纸上分别作画，画出了很多不同的样式，有的孩子画出了箭头符号，有的孩子画出了信封的样式，有的拿出了彩泥，在纸板上进行制作。每个孩子都有自己的想法，也能够大胆想象绘制出了不同的符号标识。

（三）怎样用符号

“符号在我们生活中的许多地方，那符号到底要怎么用呢？”当孩子们产生了不同的疑问后，我们便与孩子们一同开展交流讨论，鼓励幼儿迁移自身的生活经验，想一想在生活中是怎样运用符号的。

桐桐：“可以用符号来表达我的想法。”

川川：“我知道可以在男女厕所前放男女生的标志符号，这样就知道了。”

楠楠：“还有就是我们的路上有很多标识符号，像红绿灯，我们在等待的时候就可以看红绿灯，知道红灯停、绿灯行。”

月月：“斑马线的符号就是让小朋友知道过马路要走斑马线。”

通过孩子们的交流分享，孩子们了解到符号的作用很重要，可以用符号表示自己的想法并能够运用绘画的方式将自己的想法进行具象化体现。当有孩子在画作前询问时，孩子们也能够主动表达自己的想法，并能将自己绘画的设计意图与同伴讲述。

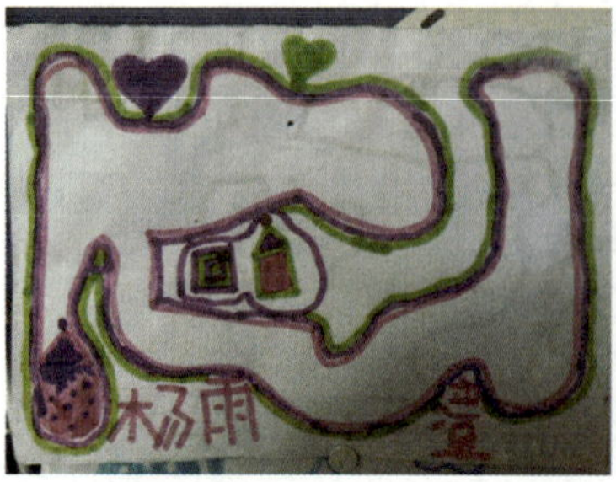

（四）符号那么多，我们怎么分类呢

当孩子们不断观察后，他们找到了很多不一样的符号，幼儿能够将自己找到的符号使用不同的绘画、手工方式呈现。

熙熙："我们找到了那么多的符号。"

彦禧："看起来还都是不一样的呢！"

松松："我们有这么多的符号，要怎么进行分类呢？"

当幼儿产生了分类的想法后，孩子们纷纷说出了自己的分类想法，有的孩子认为可以按照从大到小进行分类；有的孩子提议按颜色进行分类。孩子们在观察中发现了有交通符号、表情符号、标点符号等不同的类型。

希希："我发现了可以按照人、交通、数字、天气、表情和标点进行分类。"

萱萱："我会写，我写出来，你们按照我写的去分类。"

桐桐："这个没问题，我现在已经发现了几个不一样的了！"

在萱萱写完后，孩子们在萱萱的帮助下也将符号进行标记，完成了符号的分类。孩子们将分类好的符号粘贴于墙面之中，大家纷纷在墙面前说着自己的分类想法，并主动向同伴讲解介绍。

四、观察和质疑

（一）班里哪些地方需要符号

孩子们对符号有了较为深入的了解，并能够根据符号的意思进行大胆运用。在我们的班级里有哪些地方是需要用到符号的呢？为了让孩子们进一步观察周围的事物，孩子们便踏上了调查之路。

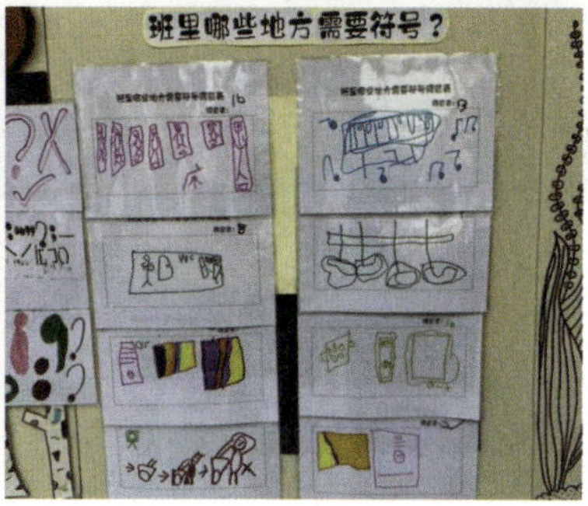

萱萱拿着自己的问卷进行调查，我们的床都要有符号标记，这样才知道哪个床是谁的。

松松：“在我们的厕所里也有符号，这样我们才会知道哪个是男生厕所，哪个是女生厕所。”

思斯：“还有钢琴上也要有符号，才能够让人家知道弹奏什么音符。”

涵涵：“在我们的口杯架子上也要有符号，我们才会知道哪个杯子是我的。”

大家在班级中找到了许多需要使用符号的位置，并在调查表中体现。

（二）创造符号需要哪些材料

孩子们在探索中，萌发了自主设计制作符号的想法，于是孩子们与同伴共同投票，决定先设计出厕所急需使用的符号。怎么样才能够创造出不一样的厕所符号呢？孩子们发挥自己的想象开始进行设计。

萱萱：“我觉得男生可以用领带表示，女生可以用蝴蝶结表示。”

提莫：“男生可以用奥特曼的袜子符号，女生用蝴蝶结的袜子符号。”

川川：“我画出了男生和女生，这样最清楚了。”

乐乐：“那我们可以用到哪些不同的材料？”

幼儿都有着自己的想法，于是孩子们便踏上了寻找材料之路。有的孩子找到了玉米芯，有的孩子找到了石头，有的则找到了木板、网套、PVC管、卷心筒等不同的材料。

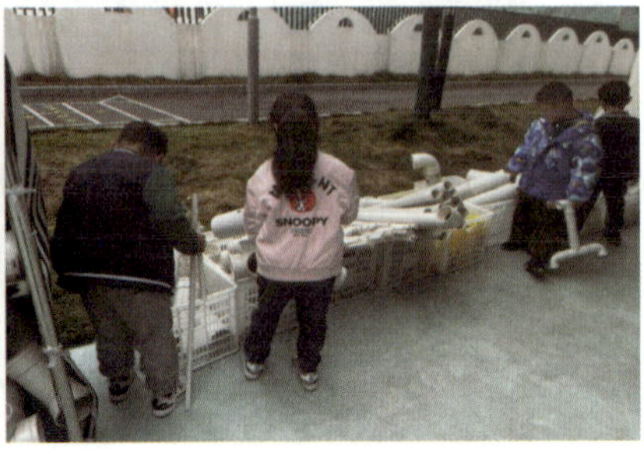

（三）开始设计符号

许多不同的材料摆放在孩子们的面前，大家纷纷进行思考：应当如何设计不同的符号呢？孩子们将想要使用的材料拿出，而后进行组合设计。

松松："我用卷心筒设计了一个黄色的小人，这个就是女生标志的符号。"

丑丑："我是用网套还有松果，这样是不是就像一个小人一样呢？"

欣欣："我在我的松果上还画了他的表情，在松果的根部这里还给他系上了绳子，你们看，这个像不像是他的脚呢？"

每个孩子心中都有一颗美的种子，孩子们能够自主进行材料的组合，将其设计成独一无二的符号。而幼儿也能够经过举手投票，选出他们心中想要的符号。

孩子们最终决定选用潼潼设计的作品，其中的毛线小人具有创造性，且性别标识较为清晰，便于幼儿直接感知。

（四）成立符号工厂

孩子们将潼潼的小人拿了出来，但问题随之产生。由于潼潼设计的性别符号只有一组，但幼儿园里的厕所又不只有一个。

思斯："幼儿园有那么多厕所，我们只选出一组男女厕所符号，怎么办？"

希希："可以分工，每组多做一点。"

帅帅："可以多做几组。"

萱萱："对对对。"

孩子们在讨论中想到了分工合作作为本次活动的解决办法，并且成立了符号工厂。幼儿在成立工厂后，纷纷与同伴进行讨论分组，筹划了设计组、组装组、成品组以及宣传组。每个小组都有自己的岗位职责，孩子们能够根据自身的岗位职责进行活动，并进行作品的制作。

◎ 分析与反思：

《学前儿童科学学习与发展核心经验》中提出，科学领域的学习与发展是紧紧围绕着激发探究和认识兴趣，体验探究和解决问题的过程，发展初步的探究和解决问题的能力，凸显"探究"这一终身受益的核心价值。在活动探究中，我们支持幼儿针对所产生的问题进行自主调查。在家长的合作支持下，幼儿发现了生活中许多不同的符号，并能够清晰地认识到符号的作用。幼儿在观察学习的过程中纵向深入地了解符号的用处，并能够积极寻找班级中需要符号的地方。通过周围问题的萌发，幼儿产生了解决问题的想法。

幼儿能够自主寻找各种不同结构的游戏材料进行设计，通过材料的拼接，创造出了许多不同的艺术作品。且幼儿能够自主开展公平投票，选出了自己认为最喜欢且最适宜的作品。其中孩子们发现作品的数量不足以解决整个幼儿园缺少男女厕符号的问题，在交流讨论中萌发了进行分组合作的想法。通过四组幼儿的共同合作，孩子们能够将自己的发现与同伴分享，并能够在游戏中大胆地表达自己的想法，发展自身的创造能力与合作探究能力。

（五）为自己设计符号

经过符号工厂的制作，幼儿园中每个厕所都张贴上了孩子们设计的标识符号。在一次游戏中，孩子们发现自己的身体可以做出好多符号，"你看，这是一个大字”“这是数字一”孩子们纷纷模仿觉得有趣极了。孩子们在为大环境制作了符号后，产生了为自己设计符号的想法。

萱萱：“我做这个动作的时候，我的好朋友就会来抱我。这是我和她之间的秘密。”

芮芮：“我们可以有自己的密码本，在里面有属于我俩之间的暗号。”

希希：“感觉我们设计的符号其他人都会看不懂。”

龙龙：“我们先说一个让别人猜猜看吧！”

乐乐：“可以啊，我们先玩一个小游戏，看看我们之间的默契吧！”

孩子们采用了你说我猜的方式进行游戏。通过游戏，幼儿能够进一步了解同伴的想法。在游戏开始后，孩子们便认为可以进行暗语符号设计。

帅帅：“好朋友之间可以有一个属于自己的暗语符号。”

思斯：“我画一个滑滑梯，这样就知道我在玩滑滑梯了。”

丢丢：“我如果做出了这个手枪的动作，我们等下就一起去野战区玩。”

源源：“这是身体符号吧！我还可以做骑自行车的样子呢，我比较喜欢骑行区。”

孩子们发现只要是想做新的符号，便需要新的材料支持。为了能够让孩子们自主设计不同的身体符号，我们请孩子们一同进行材料的收集。孩子们在户外找到了许多树叶以及树枝，也到材料区找到了很多卡纸、纸皮等不同的材料。

潼潼：“我们的身体符号就不用材料了，我们的身体就是我们的符号材料。”

孩子们一致同意潼潼的想法。幼儿将自己所找到的材料进行设计与制作，画出了许多不一样的作品，并与同伴积极分享。有的孩子也对同伴的作品提出了指导意见，孩子们也能够乐于接受，并进行修改。大家将自己设计的符号都放进了自己的密码本之中。

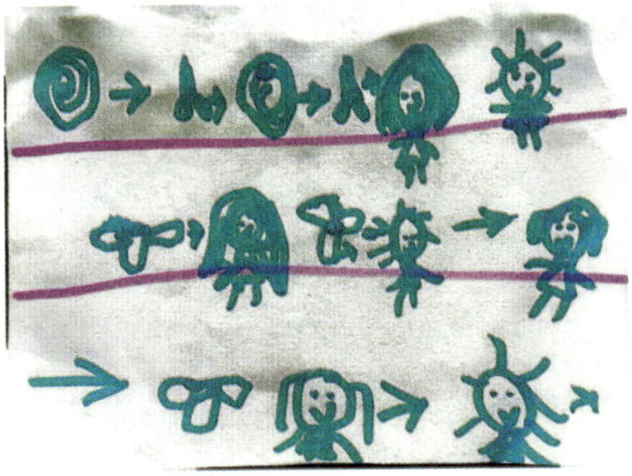

丢丢："如果我们忘记了这个暗号的意思，就可以拿密码本出来看一眼了！"

在孩子们的游戏活动结束后，我们也请爸爸妈妈带着孩子们来到了博物馆，在博物馆中孩子们了解了符号和文字的演变，对符号的了解进一步加深，并能够以此获得经验的提升。

◎ 分析与反思：

探索的过程由幼儿的问题引发，当幼儿一个个问题提出后，教师能够积极地引导，支持幼儿按照自己的想法去感受和探索。幼儿能够将自己的真实想法与同伴分享。教师在活动中始终作为游戏的观察者、支持者和引导者，鼓励幼儿在游戏中自由地创想，并获得多元化的发展。教师在活动中并未过多地干预幼儿的行为，当孩子们发现游戏材料不足后，教师也并没有提出用自己选择的材料，而是支持孩子们自主进行探究，在活动中去寻找自己能够使用的材料，并能够按照自己的想法去组合设计。在本次探究过程中，幼儿想到了身体符号的运用，使得暗语的游戏形式逐步形成，也形成了符号的演变。为了能够让孩子们的经验再次提升，我们通过家园共育的方式，为幼儿提供了参观博物馆的机会。幼儿在亲身感知中发现了符号演变成文字的过程，丰富了自身的经历。

五、思考与创新

幼儿的想法天马行空，而我们要善于捕捉幼儿的想法，支持幼儿在活动中大胆畅想、交流、实践。每个孩子心中都有一颗美的种子，也有一颗想要探索的种子。幼儿能够持续不断地思考，关注活动中所产生的问题与变化。我们要注重体会活动中的现象与发展，看到孩子们能够主动收集经验，在碎片化的经验分享中获得成长。

为了能够让孩子们在此模式下持续探究并获得成长，我们引导幼儿去观察生活中和游戏中所存在的问题，支持幼儿去感受生活中还有什么不一样的地方缺少符号标识，什么地方的符号标识能够进一步优化。当幼儿将自身经验运用于生活之中后，孩子们能够成为生活真正的主人，对于生活中的事物也会有自己的见解。

教师在游戏中不断地支持幼儿探究，且并未直接干预幼儿的游戏，能够始终坚持以“幼儿在前，教师在后”的游戏理念，我们看到了孩子们学习的主动性与积极性较强，并能够在活动中获得多元化的成长。万伟所著《课程的力量》一书中说道：“今天的课程是孩子们学习的跑道，未来却有可能成为串联他们点点滴滴人生轨迹的那条线。”兴趣是最好的老师，幼儿在活动中的兴趣持续高涨，虽然有时候会遇到一些不一样的问题，但孩子们并未因为问题的产生而退缩，而是能够积极探究解决问题的方式。

幼儿对世界的探究充满着极大的好奇心，当他们发现自己所未知的领域时，总有一股勇往直前的冲劲。我们发现，每个孩子的潜力都是无限的，每个孩子的创造力都是无限的。我们在今后的活动中，要继续支持幼儿去大胆地表达自己的想法。

我要上小学啦

一、筛选资源

《3～6岁儿童学习与发展指南》中提出，5～6岁儿童社会适应的合理期望是“对小学生活有好奇和向往”。大班孩子毕业后即将迈进小学的大门，实现基础教育阶段的第一个转折，这也是儿童成长过程中的一个重大转折。孩子们对小学神秘的学习生活充满着向往和期待。对于这个陌生又充满新鲜感的地方，孩子们好奇小学到底和幼儿园有什么不一样？小学里面有什么？同时也担忧小学有好多自己不会的东西怎么办？“小学”对孩子们来说有很大的吸引力，成了他们最关心最感兴趣的话题。小学到底是什么样的呢？带着孩子们的疑问，我们展开了关于“小学”的探索。

二、感知和认知

孩子们通过自主学习、探索、发现、总结，对话题讨论不断地尝试和探索、想象和创造，自然地把幼小衔接的四个准备（身心、生活、社会、学习）经验融合在一起。我们根据孩子的需要和兴趣，为孩子营造宽松、自由、开放的生活环境，使幼儿对小学生活充满向往。课程目标如表3–5所示。

表3–5 “我要上小学啦”课程目标

目标领域	发展目标
健康领域	1. 保持良好的心态、心情，大胆表达自己的情绪以及对于上小学的担忧 2. 有规律地作息，做好时间规划，有良好的行为习惯，乐意参与体育活动
语言领域	1. 能大胆地表达自己的想法和感受，愿意说，敢说 2. 愿意与他人讨论问题，分享自己的感受，大方地在同伴面前说话
社会领域	1. 能做好自己力所能及的事情，整理自己的物品，增强自我服务意识 2. 大胆地探索新鲜事物，对新鲜事物保持好奇心，对小学生活有好奇和向往 3. 通过参观小学，了解小学生的学习和生活，喜欢小学

续表

目标领域	发展目标
科学领域	1. 通过“挑战一分钟”等活动，感知时间的流逝，知道不管我们有没有在做事情，时间都会一直转动流逝，从而合理安排自己的时间 2. 对于自己感兴趣的事情能刨根问底，积极地探索并与他人合作
艺术领域	1. 乐意参加艺术活动，如：毕业典礼的表演、日常活动的表征记录 2. 愿意用绘画、手工等方式记录表征对于小学的探索过程

三、探索和实践

（一）活动起源

在谈话活动时，孩子们你一言我一语讨论起来。

宸骁：“我姐姐上一年级了，她的书包总是很重，里面有很多的书和本子，还有文具盒。”

玥玥：“对，我妈妈说等到9月份，就可以上小学了。”

昕泽：“姐姐说，上小学后不能迟到，教室里也没有玩具。”

景睿：“你们知道我们就要上小学了吗？”

（二）小学的秘密

1. 你知道的小学是什么样的

小学里面是什么样子呢？哥哥姐姐在小学里是怎么上课的？围绕小学的话题，孩子们展开了讨论和分享，每个孩子对于“小学”的认识都不一样。这也使孩子们对于“小学”更加好奇，激发了幼儿探索的欲望和兴趣。

语潇：“我知道小学有课间十分钟可以玩。”

宸骁：“小学有少先队员，我姐姐告诉我的。”

小杜：“老师，小学有很多作业。”

煊煊：“老师，小学有很多的书吧。”

孩子们带着好奇心回去，向哥哥姐姐了解小学，和爸爸妈妈一起去附近的小学看了看，回到幼儿园之后与同伴一起讨论自己调查到的情况，讲述着自己的所见所闻。

语潇：“我回去问了我家的邻居哥哥，哥哥告诉我小学一天会上很多节课，每节课的老师都不一样。”

阳阳：“我姐姐在上小学，她说小学有很多同学。”

俊奕：“小学里还需要跑步。”

凯伦：“可是我跑不快怎么办？”

2. 上小学，我担忧……

“小学里有什么呢？”“小学的书真的有很多吗？”一个接着一个的问题，对于孩子们来说，小学是一个既期待又陌生的地方，他们的心情又有什么不同呢？有的开心，有的向往，还有的是担忧！

上一次通过各种方式去了解小学以后，孩子们回到幼儿园后的话题多了一些“怎么办”“我怕”等。原来是小朋友了解到的小学与心中的小学有很多不一样，对小学生活有了不一样的认识，那上小学前孩子们又有哪些担忧呢？

垚垚：“老师，我们下学期就要上小学了，可是我有点担心，因为小学有很多作业，而且老师也很严厉。”

凯瑞：“而且上小学了还要考试，我害怕我考得不好。”

玥玥：“我姐姐读小学，书包好重哟，可费力了。”

3. 小学 VS 幼儿园有什么不同

幼儿园和小学是两个特别不同的学段，对幼儿来说却是一个连续的进程，教师要积极推动幼儿园和小学的双向衔接，通过多种途径科学做好幼小衔接。

于是带着孩子们的各种担忧我们进行了谈话活动，在观察与倾听中发现，孩子们的讨论点集中在了小学有什么，幼儿园没有什么？有了前期调查了解以后，孩子们对于小学的认知有了更深层次的了解。开始了小学和幼儿园有什么不一样的讨论。

维维：“幼儿园有床，小学没有。”

妍妍：“幼儿园的教室有很多玩具，小学是没有的。”

小昭：“幼儿园和小学的桌子、凳子不一样。”

凯瑞：“小学要考试，幼儿园不会。”

萱萱：“小学会有很多作业，幼儿园不会。”

孩子们将收集的信息进行讨论，并用绘画的方式表达出来。在这一活动过程中，幼儿培养了对于小学生活的向往之情以及热爱。

（三）探秘小学

为了减轻孩子们的忧虑，从了解孩子的需求开始，关于小学，孩子们想知道什么呢？孩子们围绕环境、书本和生活提出了自己的疑问，例如：我家附近的小学、我家到小学的路线、小学教室里有什么、书包里有什么等，同时在老师们的指导下共同制作调查表进行经验分享。

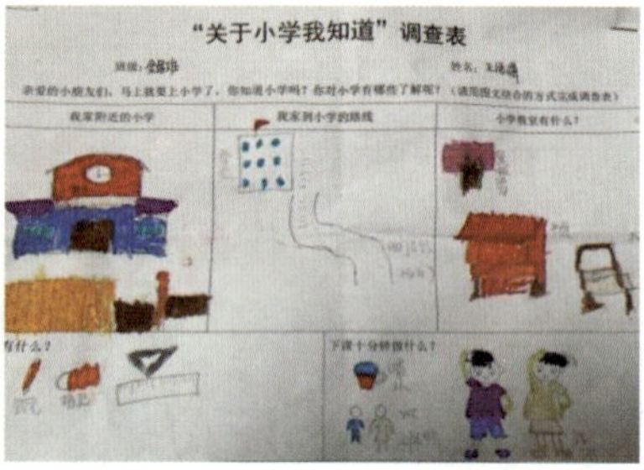

我可以去小学里面看看吗？家离小学有多远？怎么去小学？对于孩子们的这些问题，我们开始进行探讨，为了保护幼儿的探索欲，鼓励幼儿开始自己设计路线图。

维维：“老师，我家离小学需要过一条马路，然后右转过去一直走。”

景睿：“上一次妈妈带我到小学门口参观，我们是坐的公交车，从幼儿园前面那里坐的。”

垚垚：“我的路线图会经过竹文化公园！”

林林：“老师，我的设计图是从幼儿园出发的，经过我家楼下的大马路，还要经过科技馆外面，就能到小学了。”

孩子们做完设计后，开始分享自己的路线图。

（四）参观小学

第二天在做游戏时，孩子们看到前一天自己设计的路线图，又讨论了起来。孩子们纷纷表示想要进到小学里面看看，去看看小学里面到底是什么样的，哥哥姐姐上课是什么样。

阳阳："上一次我去姐姐的学校门口，看到学校好大啊。"

垚垚："我也是，门口就很大。"

玥玥："但是我从来没有进去过，里面是不是更大呀？"

昕泽："我想看看他们上课是什么样的，是不是也很好玩呀？我姐姐说她们上课下课都有铃声。"

维维："我也想，上次我们去小学门口，小学保安叔叔都不让我们进去。"

于是，在 4 月 11 日，孩子们怀着激动与好奇的心情，带着满满的期待和问题，走进宜宾市人民路小学临港学校一同参加周一大朝会，参观了校史馆、教室、操场等。

语瑶："哇，他们的操场好大呀，我感觉可以装下 5000 人。"

凯瑞："是 5 万人，这里好多同学呀，这么多人。"

昭昭："对啊，还有很多老师，这个舞台也好大。"

辰宸："原来他们的学校是这样的。"

孩子们认真地观察着校园的每个角落，美丽的跑道、高大的教学楼，感受着与幼儿园的不同。走进教室与一年级的老师、哥哥姐姐们进行了一番细致探索，体验到新鲜、有趣且丰富的小学课堂，进一步激发了孩子们对小学生活的憧憬和向往。

参观之前孩子们对小学的经验还是建立在看照片、观视频的层次，他们对小学的印象是零星、散乱的。真正参观时，他们主动去发现小学里的秘密，一些原来百思不得其解的问题（小学的教室怎么没有床？小学生在哪里上厕所？），在参观的过程中迎刃而解。

四、观察和质疑

（一）认识时间

在参观完小学后，孩子们不禁感叹，哥哥姐姐在小学里都是有时间规定的，当上课铃声响起就会看到同学们快速地回到教室坐好等待上课。什么是时间呢？在哪里看时间？一分钟、十分钟到底有多长？面对孩子们一系列的问题，我们学习了认识时间，了解了时钟的基本构造，知道了原来时钟上有时针、分针、秒针，它们长短不一，每根针转一圈代表的时间也不一样。

凯瑞："我知道，最长的针是秒针，转一圈就是一分钟。"

阳阳："不短也不长的是分针，转一圈就是一个小时了。"

佳轩："原来是这样，我知道啦。"

奕帆："老师，我看到我妈妈的手表是正方形、红色的，我也要做一个。"

玥玥："老师，我想设计一个我喜欢的时钟。"

说完孩子们开始积极地操作起来，完成以后迫不及待地分享着自己的喜悦，通过集体的教育活动以及增设的墙面环创，孩子们对于时钟的认识更加深入。

媛媛："老师，你看，这是我和妈妈一起制作的时钟，它还能站起来，针还能转动。"

凯瑞："这是我和妈妈一起做的时钟，时针、分针、秒针都能转，花边是我自己找的，我和妈妈一起粘上去的。"

（二）如何规划好时间呢

孩子们对于时间以及时钟有了初步的认识和了解，但是无法感知到在这些规定的时间里到底能做些什么事情？于是我们给了孩子们 1 分钟的时间，提问孩子们：你们觉得 1 分钟能完成些什么事情呢？让孩子们利用短暂的时间为自己做好规划，并且去感知体验以及挑战，去感受 1 分钟到底有多长。

阳阳："老师，我觉得我 1 分钟就能叠好一个纸飞机。"

程程："我 1 分钟可以跳 100 个绳。"

芮夕："老师，我想用这 1 分钟画一幅画。"

孩子们大胆地表达自己的计划，在计划之后便支持他们去挑战，在体验过后，有小朋友感叹道："老师，这 1 分钟也过得太快了。"有的孩子感叹道："老师，这 1 分钟好慢啊，我跳绳都跳不动了。"他们在体验自己规划的活动时间后，发现 1 分钟内做的事情不同，感觉也会不同，当我们做喜欢的事情会感觉到时间过得很快。

在感知过一分钟以后，孩子们思考并问着：那小学的 10 分钟我们可以做什么呢？ 10 分钟又有多长啊？孩子们对于时间依然存在疑惑和好奇，为了帮助孩子们在进入小学以后合理安排好自己的课间 10 分钟，我们在第二天便开始"挑战 10 分钟"的游戏。

一好："我想用这 10 分钟玩益智区的玩具，10 分钟很快的，一会儿就结束了。"

维维："我们就在教室里玩这个圆筒吧，比一比看谁保持得久，不摔跤。"

瑶瑶："煊煊我们玩跳绳吧。"

孩子们计划好自己 10 分钟要做的事情后计时开始，有的人选择先去上厕所，有的选择一开始就玩玩具。当铃声响起，小朋友们结束自己的事情。

家乐："老师，这么快吗？我还没有上厕所呢？"

一好："我们的玩具还没有收好。"

萱萱："终于到时间了，我在圆筒上都掉下来好几次了。"

维维："这就到10分钟了呀？"

◎ 分析与反思：

通过自主规划10分钟，孩子们感知到时间的流逝，以及10分钟怎样规划才会合理，比如：有小朋友在时间结束后说没有上厕所，但是已经要上课了。在活动中幼儿主动发现探索到需要合理地规划好时间并对时间建立一定的概念以后，他们会合理地安排好自己的时间，也不会担心10分钟来不及上厕所这样的问题。

（三）怎样设计名字贴

在一次绘画活动中，钰垚说："老师你看我会写我的名字了。"其余小朋友也纷纷围过来看。涵涵说："老师，我还装饰了我的名字呢。"我表扬了孩子们的大胆想象创造，就这样关于"名字"的话题就此展开。

一好："老师，我的名字很简单。"

阳阳："我予阳的予字也很简单。"

煊煊："姐姐说去小学都是自己写名字，但是我还不太会写。"

玥玥："诗涵的名字好像妈妈在网上给我看的名字贴，我也想那样写。"

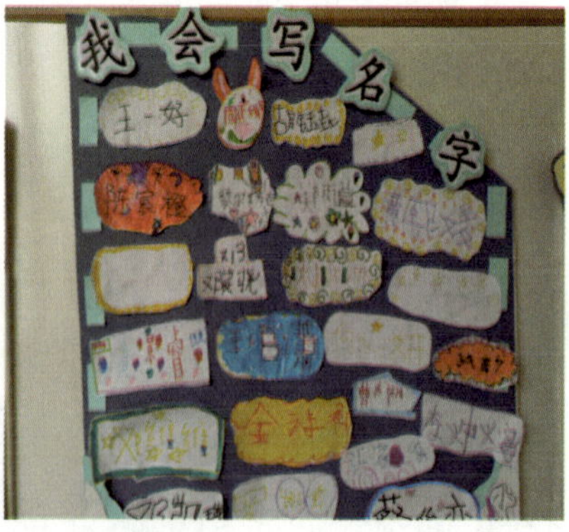

孩子对于写名字有很大的兴趣，基于幼儿的兴趣，我们通过认识、规范书写自己的名字，激发幼儿对书写的兴趣，培养幼儿规范、整洁的书写习惯和正确的坐姿，为即将进入小学做好准备。

（四）如何保护自己的书本

在一次自主区角游戏时，孩子们发现我们的图书破损了一些。

俊奕：“老师，你看这本书怎么变成这样了。”

畴伊：“它坏掉啦，需要修补。”

妍妍：“好几本书都是这样的。”

听到孩子们的讨论，我抛出问题：“那我们怎样保护好书本呢？”随后大家针对这个问题说出不同的答案，最终的商议是“包书皮”。通过活动的开展，孩子们对书皮的来源和每个年代书皮的不同都有了基本了解。

通过对“书皮”的了解，激发了幼儿浓厚的兴趣，于是孩子们开始动手操作起来。

涛涛包好以后说：“这个包好以后怎么打不开了呀。”

妍妍看到后接过书开始尝试：“真的打不开了，怎么看书呢？”

景睿在旁边包着书，一边说：“你把书全部都包完啦，只包住前面第一页和最后一页。”

宸骁：“对啊，你看这样不就好了吗？我就只包住了第一页和最后一页。”

活动中小朋友不断地尝试和探索，刚开始小朋友都在探索怎么包，在探索中他们不断地完善和调整，开始思考如何让书皮包得更美观。

剪一剪

折一折

压一压

画一画

写一写

◎ 分析与反思：

包书皮看似是一件很普通、简单的事情，对孩子来说却是一件非常有益的事情。通过实践练习包书皮，孩子们在操作过程中发现问题、解决问题，最终能熟练地把书皮包好，并把书名写好，不仅锻炼了剪、折、压、画、写等技能，还树立了自我服务的意识，为入小学打好基础。

（五）书包怎么整理

书包也是小学生必备的学习用品，要保护好书也要让书包里整齐一点，那书如何放在书包里不会被挤坏呢？如何整理好书包呢？小学书包里哪些东西是必需品？

凯伦："老师，你看我书包里有奥特曼。"

维维："哇，你这个这么大，书包都满了，书放在哪里呀？"

沅林："我的书包里装了衣服水杯，已经满了。"

孩子们打开自己的书包观察并讨论着，都觉得书包里装不下了，而且很多小朋友的书包很乱，什么都有。那书包要怎么整理才能装下我们的必需品呢？怎么合理地利用好书包的空间？对于书包的整理，小朋友们开始操作并讨论起来。

俊奕："小学的书那么多，需要先把书给装好。"

瑶瑶："我也觉得，要保护好我们的书。"

沅林："要不然就不带水杯了，好占位置。"

馨语："那上学那么久怎么喝水呀？上次我们去参观小学，学校都没有杯子啦。"

芮夕："对啊，杯子是必需品要带。把它放在书包的两边不就好了，我看到姐姐的杯子就是这样放的。"

垚垚："可以，这样还不会打湿书啦。可以把玩具放在家里，小学都用不上玩具了。"

大家都觉得先把书放在书包里，玩具放在家里，书包就可以节省很多的空间。在讨论与实践操作中，孩子们对于整理书包有了基本的认知经验。

在整理好书包以后，芮娴提问："以后上小学我们是不是要换书包了？针对这个问题，孩子们开始自由地谈话讨论。”

玥玥：“以后我们会换一个更大的书包吧？”

煊煊：“那我想要一个小魔仙的书包，粉色的上面有小魔仙的图案。”

妍妍：“我想要艾莎公主的图案，我喜欢艾莎公主。”

第二天，早操过后孩子们拿起自己的记录本开始设计昨天讨论的理想书包。

（六）毕业前想做些什么

随着孩子们对于“小学”的探讨，距离我们毕业的时间越来越近，在一次餐后散步时，孩子们说到家长告诉他们快要“毕业”的话题。

景睿说：“老师，我妈妈说我还有几个星期就要毕业了。”

雨萱说：“那么快吗？就要去小学了吗？”

垚垚喊着：“要去小学啦，要毕业啦。”

维维抱着妍妍说：“妍妍我可不想和你分开呀。”

我回答道：“是呀，我们就快要毕业了，那接下来的时间，你们想要做些什么事呢？”

在午睡起床后，我们开始讨论问题：即将幼儿园毕业，怎样让这个毕业季更有意义？针对这个问题，大家展开了讨论。

语潇说：“我想和小朋友们一起拍照。”

维维说：“我想和大家一起表演节目。”

大家的想法各不相同，景睿说：“老师，我把想法画在记录本上可以吗？”

我说：“当然可以呀。”

萱萱：“老师，我们拍毕业照可以自己设计动作吗？我想在中庭拍。”

乐乐说："对啊，我想和好朋友们一起在小兵训练营拍。"

我回应道："可以设计哟。"

睿睿："我想和好朋友在幼儿园的户外草坪上手拉手拍照。"

语潇："我想和小朋友在小兵训练营草坪上拍照。"

第二天来到幼儿园后。

小朋友开始问："老师，我们什么时候拍毕业照啊？"

我说："我们需要联系好摄影师的时间，请他帮我们拍呀。"

煊煊说："可以用手机先拍啊。"

在设计完拍照动作后，跟随孩子们的意愿，来到幼儿园种植向日葵的地方，老师配合他们提前对自己设计的拍照动作进行演练。

妍妍："昕泽、萱萱快来，我们就站在向日葵中间这条路拍。"

昭昭："宸骁，我搭在你的肩膀上。"

芮夕："馨语、沅林，我们一起摆花的动作吧。我在中间，馨语你在左边。"

◎ **分析与反思：**

在设计拍照动作以及自主组织拍照的过程中，幼儿思考、探索、交流、表达，不仅能提高孩子的语言表达能力和思维能力，还能增强孩子的自信心与勇气，营造良好的学习习惯和氛围。孩子们积极讨论关于毕业拍照的话题并分享，最后通过表征方式记录心中的毕业拍照、设计动作。在孩子的心中，幼儿园生活结束，到小学生活是全新的，通过拍照记录有助于孩子从心理上和身体上都做好入学的准备。

拍照过后，我们谈论"幼儿园毕业典礼"需要准备什么，我们可以做些什么。大家认真思考毕业活动应该怎样做才有意义，把想法进行表征，且一起谈论分析。

昕泽说："毕业典礼意味着我们真的成长了，典礼当天，爸爸妈妈都会来看我们的演出。"

妍妍说："我们每个小朋友都需要上台表演，还要颁发毕业证书。"

睿睿说："我设计的是大家一起围坐吃点心。"

大家通过观看舞蹈视频最终选择表演“栀子花开”，耳畔是优美的旋律，舞台上是小朋友灵动的舞步，舞台下是爸爸妈妈殷切的目光，晚风裹挟着不舍与期望，吹在每个人的身上，吹进每个人的心里。

爸爸妈妈也为孩子准备了节目，一起跳亲子舞蹈，并见证颁发毕业证书的重要时刻。

◎ **分析与反思：**

伴随着毕业典礼的结束，孩子们在幼儿园的时光也逐渐归零，但在这一学年的过程中，孩子们体现出来的自主意识确实值得我们思考。幼儿面对生活中的事物能萌发自主的意愿，在筹办毕业典礼的过程中，常常能听到小朋友说“让我来”“我可以”“我想”，这就是大班孩子自主意识与能力的体现，也是我们一直以来追求的自由、自主、愉悦、创造！不断挑战自我，直至达成心愿，这是大班孩子良好的学习品质与解决问题能力的体现。在毕业典礼节目的活动中，每一位小朋友都参与其中，每一颗星星都有发光的机会，让教育看见每一个孩子的闪亮与独特。

五、思考与创新

通过孩子们的谈话我们开启了“小学”的探索，讨论心中的小学、讲讲小学有趣的活动，唤起了孩子们对小学生活的好奇和向往。《幼儿园保育教育质量评估指南》指出，要关注幼儿发展的连续性，注重幼小科学衔接，有针对性地帮助幼儿做好身心、生活、社会和学习等方面的准备。活动中教师尊重孩子们的探索欲望，孩子们一步步去探索小学的“秘密”，通过一个接一个的问题，孩子们有了自己解决问题的能力，在遇到问题时会独立地思考，并且大胆地表达自己的想法。

活动中教师应该顺应幼儿的发展特点与兴趣点，对幼儿进行引导和支持，应站在让幼儿主动学习的立场，鼓励幼儿自主讨论、解决遇到的问题，使幼儿以问题为导向，在实践中学习。

"字"从遇见你

一、筛选资源

汉字既是中华文化的承载者又是中华文化的一部分。文化是一个国家、一个民族的灵魂。文化的主要载体是语言文字。习近平总书记 2022 年在河南安阳殷墟博物馆考察时强调："中国的汉文字非常了不起，中华民族的形成和发展离不开汉文字的维系。"随着大班幼儿年龄的增加，孩子们对汉字越来越感兴趣。《3～6 岁儿童学习与发展指南》要求幼儿"对图书和生活情景中的文字符号感兴趣，知道文字表示一定的意义"。大班幼儿的思维方式已经由具体形象思维逐渐向抽象逻辑思维过渡。在阅读绘本时，他们不再只对书中的图画感兴趣，而是更多地关注书上的文字。面对幼儿越来越强烈的识字兴趣，班级教师开始思考如何既满足幼儿识字的愿望，又避免填鸭式教学，从而让幼儿继续保有对中国语言文字的浓厚兴趣。我们尝试以绘本为导引，同时融入真实的生活场景，让幼儿的识字活动变得生动有趣，引导幼儿感受汉字与我们生活密切的关系，并启发幼儿思考文字本身的文化内涵与交流功能。提供身边随处可见的自然资源，让幼儿能够通过亲身体验，感知和认知与汉字相关的形态和特征。这些资源可以让幼儿在生活中和自然界中进行观察和探索，培养他们的观察力、探索欲望和对自然的兴趣。

由此我们围绕"汉字"与孩子们展开了一场探寻之旅。

二、感知和认知

（一）幼儿已有经验

1. 汉字的存在意识

幼儿初期会意识到汉字在日常生活中的存在。在家长或老师的引导下，一些物品或环境中出现了有关汉字的标识或文字。

2. 汉字的基本认知

开始对一些常见汉字有一定的认知，能够辨认一些简单汉字，如自己的名字或常见的物品名称。

3. 汉字的书写初步尝试

尝试用笔或其他工具进行一些简单的汉字书写。模仿老师或家长的书写动作，尝试书写一些简单的笔画。

4. 汉字的意义理解

尝试理解一些汉字的意义，与老师或家长一起探讨一些简单汉字的含义，如“大”“小”“人”等。

5. 汉字学习的兴趣培养

通过看图认字、玩字卡游戏等方式，逐渐对汉字学习产生积极的兴趣。

（二）课程目标

“‘字’从遇见你”课程目标如表 3-6 所示。

表3-6 “‘字’从遇见你”课程目标

领域	目标
健康	1. 培养幼儿对文化遗产的认知和尊重，包括理解汉字在中国文化中的重要地位。引导幼儿热爱祖国的语言文字，对汉字文化产生浓厚兴趣；通过分析汉字形体增强文化自信，提高文化认同感，激发幼儿热爱中华民族文化的情感等 2. 通过活动，培养幼儿对传统文化的兴趣，促进他们身心健康地发展。鼓励幼儿运动、活跃身体，有助于提高身体的灵活性和协调性
语言	1. 引导幼儿了解汉字的来源、发展和演变，知道象形文字的来历，认识象形文字与现代汉字的区别；了解文字的字形结构特点和深刻内涵，认识田字格的结构；知道文字与人们生活的关系，感受文字符号，帮助幼儿认识和理解汉字的基本形状和含义 2. 通过活动激发幼儿对汉字学习的兴趣，促进他们语言表达能力和识字能力的提升 3. 提供丰富的听觉材料，例如故事、诗歌、歌谣等，帮助幼儿提高听力 4. 引导幼儿讨论和分享汉字的意义和用途，促进他们语言表达和社交能力的发展
社会	1. 培养幼儿对传统文化的理解，提升他们在日常生活中的文化自信 2. 培养幼儿合作和共享的观念，一起探索和学习汉字，培养幼儿团队合作和沟通技巧 3. 引导幼儿自主阅读，保护他们对符号、文字的兴趣和敏感性等；通过制作小书签、小名片、写生日卡、写信等方式，培养幼儿的书写兴趣
科学	1. 通过观察和实验，引导幼儿发现汉字与身边事物的关联，增强他们的观察力和探索欲 2. 通过观察和探索，让幼儿理解汉字在自然界中的来源和象形之意 3. 培养幼儿的好奇心和科学思维，提高他们对自然界和文化遗产的认知

续表

领域	目标
艺术	1. 鼓励幼儿用绘画、手工制作等方式，表达他们对汉字的理解和感受。引导幼儿把握汉字的笔画和间架结构，幼儿有自发书写行为时，示范正确的书写姿势，帮助幼儿学习由上至下、由左至右的运笔技能，保持正确的书写姿势 2. 培养幼儿良好的阅读、书写习惯和技能，能运用汉字的构形特点创造性地解说自己的观点，欣赏艺术字的造型，能为自己的名字设计艺术字，培养幼儿对汉字美学价值的感知和艺术表达能力 3. 提供多样化的艺术活动，如汉字书法、剪纸等，运用文字和符号辅助幼儿记录和总结游戏的过程、想法，鼓励幼儿用图画、符号、文字等方式为自己的活动区、生活活动设施制作标识等，培养幼儿的审美意识和创造力

通过幼儿自主观察、探究、实践、反思等过程，激发幼儿对汉字的兴趣，培养他们的认知能力和创造力。通过感知和认知汉字的过程，促进幼儿在健康、语言、社会、科学和艺术多个领域的全面发展。同时培养他们的观察能力、逻辑思维能力、合作能力和身体协调性。通过探索和互动，帮助幼儿建立积极的学习态度和自主学习能力，为他们未来的小学学习生活做好准备，奠定坚实的基础。

三、探索和实践

（一）活动起源

在一日的区角游戏活动中，阅读区的小朋友们翻到了一本特别的书——《然后》。

晨雨："你们知道这是什么吗？怎么有点像毛笔画的画？"

小金："这不是画，是字！"

嘉晋："我知道，这个是象形字。这是古时候的字，和现在的字不一样。"

其其："哪里不一样？它们是从哪里来的呢？"

每一次孩子阅读图书时都会来问老师：“这个是什么字？”“那个是什么字？”因此，我们追随着幼儿对汉字的兴趣，开启了探索有趣的汉字之旅。

◎ 分析与反思：

《幼儿园教育指导纲要（试行）》指出：“培养幼儿对生活中常见的简单标记和文字符号的兴趣。”基于孩子们对汉字的好奇，我们将“汉字”有效地融入课程中，开展了以“‘字’从遇见你”为主题的系列活动，让孩子们通过直接感知、亲身体验、实际操作的方式探索、感知、体验文字别样的魅力。

（二）寻·汉字足迹

汉字文化在人们生活中体现在方方面面，这表明汉字不仅具有视觉美学价值，也是中华文化的重要组成部分。汉字存在于我们生活中的每一个角落，孩子们发现幼儿园和班级很多地方都有汉字，从而产生了好奇，于是我们开展了从身边开始探索汉字的活动，让我们化身为观察员一起出发寻找！

孩子们发现家里也能找到汉字，家里零食包装袋、牛奶盒上等都有汉字。

◎ 分析与反思：

幼儿通过生活中的观察、寻找、探索，了解到汉字可以连成一句话、可以帮助我们学习，给了我们信息，如果没有汉字，我们将会有很多的困扰和不便。

（三）追·汉字演变

1. 汉字的起源

其其：“老师，这个字到底是从哪里来的呢？”

娜娜："老师，这个字为什么这么写？"

在寻找汉字的过程中，孩子们对汉字的起源充满了好奇。为此，我们通过集体活动，借助科普小视频，帮助幼儿了解汉字的起源，从而满足幼儿对汉字的好奇心。

观看《仓颉造字》，"在远古时期，人们只会说话，不会写字，只能靠结绳记事，后来有一位叫仓颉的人，他根据各种物体的样子发明了一种符号，这就是汉字最开始的模样。"我们知道了仓颉创造汉字的过程，知道了汉字方便了我们的生活，也更加了解了汉字的意义。

洋洋："古代的火字真的很像火烧起来的样子啊！"

嘉晋："对啊！所以我们祖先就是这样发明了文字。"

禾雅："我感觉我们的祖先太厉害了。"

2. 结绳记事

结绳记事是文字发明前，人们使用的一种记事方法，即在绳子上打结，用以记事。中国古代的甲骨文和金文中也有很多结绳的痕迹，因此有人认为结绳可能是中国文字的起源之一。

孩子们也想体验古老的记事方法——结绳记事，来记录自己在幼儿园一天做的事情。

小李："用绳子怎样打结呢？"

晨雨："我们一起来试试吧！"

娜娜："老师，我忘记这个结代表什么事情了？"

通过讲述的故事、结绳记事的体验，孩子们知道了符号和文字诞生的意义，发现文字方便了古人的生活，可以帮助古人记录事情，传播知识。

3. 汉字的演变

通过故事，孩子们了解到汉字经过了数千年的发展和演变，是历史上最古老的文字之一，那汉字是如何进行演变的呢？我们决定一起探索汉字的演变过程。为了满足孩子们对汉字演变的好奇心，我们一起走进了有趣的象形文字世界。

嘉晋："老师，象形字跟现在的字不一样呢？"

朵朵："除了象形字还有其他的字吗？"

茂茂："象形字到底是怎么变成现在汉字的呢？"

我们一起通过观看图片、视频，了解了汉字的演变经历了数千年的历史。

孩子们还了解到现代汉字是从甲骨文、金文、小篆、隶书、楷书、草书、行书等演变而来的。

4. 认识象形字

为培养幼儿对汉字的兴趣，我们一起阅读了一本有趣的象形故事书《三十六个字》，孩子们通过观察书中讲述的故事发现，象形字就是跟实物体轮廓非常像的一种符号，老师用字、图、形帮助幼儿理解象形字和实物之间的关系，了解象形汉字"以形表意"的特点，并认识了一些常见的象形字。

5. 创编象形故事

象形字是由图画文字演化而来的，是最古老的字体之一，一个字一个故事，孩子们发现了许多象形字和画画很像，初步认识了象形字后，孩子们玩心大起，开始探究用多种形式来解密象形文字。这些象形字碰撞在一起会发生什么有趣的故事呢？字里面又藏着怎样的故事呢？孩子们画出一个个象形字，把它们组合在一起，用图画文字来"写"故事，发挥想象力，创编出了一个个生动有趣的小故事。

作品名称：下雨天

下午突然下雨了，田地里的牛和马在吃草，农民伯伯赶紧下山，回到家把小动物们都关进了篱笆里面。

作品名称：采花的小女孩

在一个阳光明媚的下午，有一个小女孩，她穿过田地，绕过山坡和小溪，去山下采花。

◎ **分析与反思：**

教师应善于发现和保护幼儿的好奇心，充分利用自然和日常生活，引导幼儿通过观察、比较、模仿等方法进行学习。

大班幼儿愿意用图画和符号表现事物和故事。从认识到书写再到创编象形故事，是孩子们对象形字的认识、理解及运用。在不同的故事里，我们可以感受到孩子们童趣十足的“一百种语言”。班级的孩子们对汉字来历的兴趣度较高，并通过自主探索发现了汉字的秘密，而教师是幼儿观察的支持者，应该有意识地引导幼儿观察，并且通过多种方式启发幼儿思考。

（四）探·汉字奥秘

汉字作为最重要的交流手段，作为记录信息的载体和传媒，在整个中华民族的政治、文化、经济生活中，一直起着无可替代的重要作用。中华文字博大精深，在我们的生活中，离不开文字的帮助，孩子们对汉字的认识也在悄然发生变化。那汉字有什么作用呢？孩子们对此展开了激烈的讨论。

朵朵：“有了汉字我们就能看书。”

茂茂：“有了汉字才能记录我们说的事情。”

晨雨：“汉字能让我们找到木星班教室，不会迷路。”

幼儿园里还有哪些汉字呢？这些汉字分别代表什么意思呢？小小观察员们再一次出发，去寻找生活中的汉字。

沁沁：“这个字我认识，这是去哪的去。”

晨雨：“这个是大字，大人的大。”

幼曦：“老师老师，这个水字我认识，水星班的水字。”

那么“字”是怎么让更多的人知道的呢？通过我们中国古代的四大发明之一——印刷术，汉字传播起来就更快了。孩子们对印刷术也非常感兴趣，也想感受一下古人们发明的神奇的印刷术。

洋洋：“怎么‘白’字的那一撇反过来了？”

晨雨：“啊？印章上面的‘雨’字也是反过来的。”

通过前期的试验我们发现了一个印刷术的重要秘密，那就是在刻字的时候要反着刻，如果刻的字像我们平常写的一样，那印出来的字就会是反的，发现了印刷术的秘密后，我们便动手尝试做刻板。

写好后我们照着自己反着写的字，在刻板上刻下来。刻好后我们在刻板上刷上了颜料，把白纸放到上面轻轻按压，白纸揭下来后便看到神奇的一幕，宝贝们都感叹好神奇！

孩子们通过自己动手感受到了古代人们的智慧，同时也感受到了印刷术的神奇。

◎ **分析与反思：**

孩子们通过观察寻找，发现在幼儿园的各种物品、多个地方都有汉字，孩子们用抄写的方式记录了自己找到的生活中的汉字。我们随处都可以看到汉字，汉字可以告诉我们很多信息，如果生活中没有汉字，会给我们带来很多困扰和麻烦。

四、观察和质疑

（一）玩·汉字趣味

汉字除了可以写出来、画出来，还可以用什么表示汉字呢？在区域活动时，孩子们用各种材料及身体进行拼搭汉字游戏，亲身体验感知汉字的具体形象和独特性。

豪豪：“我可以用身体摆出一个字。”

梦洁："你们猜猜，我摆的是什么字？"

朵朵："我还会用玩具摆汉字呢！"

在小朋友们天马行空的想法中，汉字"活起来"了。

在幼儿的实际操作中，在"玩中学、学中玩"的理念指导下，通过游戏和学习的有机结合使幼儿对汉字的印象更深，原来中国汉字不只是手写，我们还可以玩。

◎ **分析与反思：**

《3～6岁儿童学习与发展指南》指出："幼儿的学习是以直接经验为基础，在游戏和日常生活中进行的。""玩中学"使幼儿对汉字的感知更加深刻，原来汉字除了书写外，还有丰富的汉字游戏。在活动中，幼儿感受到了中国汉字文化的博大精深。同时，活动激发了幼儿继续探索汉字的兴趣，使幼儿在潜移默化中积累了前阅读、前书写的经验，为幼儿正式走向阅读、书写奠定了基础。孩子们运用天马行空的想象力，想出一个又一个跟汉字有关的游戏。在不同种类的游戏中，孩子们探寻着关于汉字的秘密。最令人感动的是，孩子们不仅仅是在玩一个个游戏，更是用心在创作、合作、坚持。在活动过程中，老师给予孩子们充分的支持与肯定，敏锐地捕捉了很多童趣的表达。

（二）知·汉字文化

汉字是以象形字为基础，以形声字为主体的表意文字体系，总数约有1万个，其中百家姓氏都有500多个。而现在使用的汉字，都是象形字演变而来的。那演变后的汉字和我们的生活又有什么关系呢？

禾雅："当然有关系了，我们的名字就是汉字组成的。"

梦洁："而且我们每个人的名字都不一样。"

其其："我的名字里有一个'陈'，那是我的姓。"

梦洁："我妈妈说我的姓氏是两个字的。"

通过谈话活动"百家姓"，让幼儿了解"姓氏"是中国的文化瑰宝，姓氏还分为单姓和复姓，是我们中国文化和文字的传承。幼儿从活动中感受到了中国深厚的传统文化，以及一个简简单单的中国字背后所代表的重大意义。

关于名字最神奇的部分就是"姓氏"——我们中国有"百家姓"。在班级里，小朋友们发现有和自己相同的姓氏以及不同的姓氏，于是，孩子们对班级所有小朋友的姓氏进行了一次调查活动。

晨雨："我们班一共有多少个姓氏呢？"

豪豪："哪个姓氏的人数最多呢？"

通过统计，发现我们班一共有 20 个不同的姓氏。其中陈姓最多有 4 人，其次是刘姓、王姓、李姓都各有 3 人。

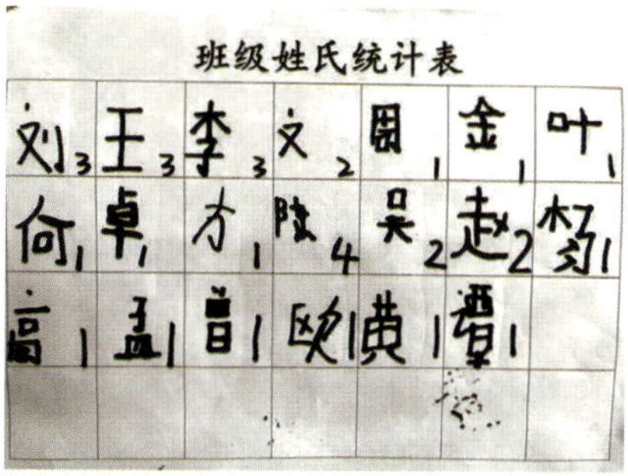

随着孩子们对文字的认识逐渐增多，他们意识到汉字不仅能够作为符号来代表生活中的物品、经验，还能用文字来代表一个人，没错，就是我们的名字。每一个小朋友都有一个"独一无二"的名字，代表着独立的个体。

在学写自己名字的过程当中，孩子们对自己和他人的名字产生了好奇，为了让孩子们进一步探索汉字，我们开始"名字的故事"活动，了解自己名字的含义。

一起来看看我的名字故事吧！

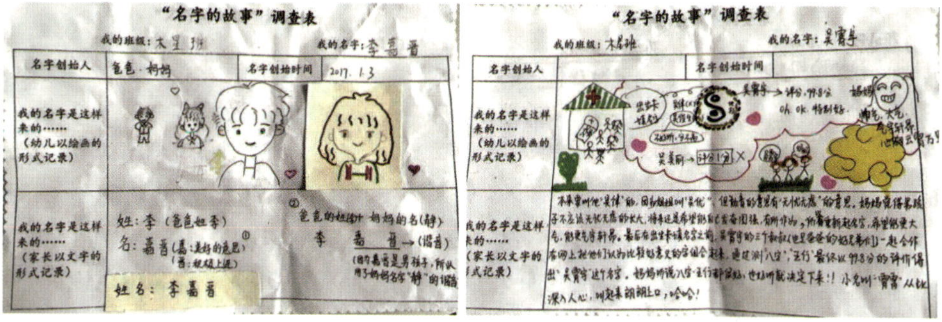

◎ **分析与反思：**

孩子们了解到每个人的名字都是"独一无二"的，是每个人的专属符号，但又不仅仅是一个简单的符号，它蕴含着家庭对子女的爱、期望和传承。教师要引导幼儿接触环境和生活中美好的人和事物，丰富幼儿的感性经验和审美情趣，并让他们通过亲手设计装饰自己的名字，大胆表达自己的情感，更好地感受美、热爱美、表现美。

（三）创·汉字魅力

娜娜："老师，我们能不能用我们的名字画画啊？"

禾雅："我要把我最喜欢做的事情画上去。"

小金："画上喜欢的水果，这样我的名字也甜甜的。"

小朋友们跃跃欲试，都想画一画自己的名字，于是我们又开展了"姓名创意画"的活动，鼓励孩子们或画或写或装饰，把自己的名字以最美的姿态展现出来。

一张小小的书签，留下阅读的足迹。方寸之间，给人以无限的诗情画意和想象……孩子将自己的名字融入书签当中，小小的书签在孩子们的手中被创造了出来，每一张仿佛都有了生命！

◎ 分析与反思：

当书写和绘画同时出现，孩子们是兴奋的，在创作的过程中，有的孩子给名字设计了美丽的背景，有的给笔画涂上漂亮的颜色，有的则在涂色上下功夫，层层渐变，画出孩子天真烂漫的内心世界。在大大地写出自己姓名的同时，一股自豪感溢出了画纸，幼儿创作的过程，是自我认知的过程，更是自我肯定的过程。

五、思考与创新

通过本次"'字'从遇见你"课程活动，幼儿从"寻·追·探·玩·知·创"中了解了汉字的起源和演变过程，知道了现代汉字是由古代象形文字发展而来的，萌发了对中国文字的兴趣。

通过了解汉字背后的文化故事，孩子可以深入体验汉字的独特魅力，更好地理解中国文化的底蕴，也能够以更加有趣、新颖的形式学习汉字。这些课程不仅可以丰富孩子的知识，还可以激发孩子的学习兴趣，促使他们更深入地探索汉语世界的奥秘。在教师的带领下，孩子们可以通过对汉字的学习，更加亲近、认知和尊重中国的传统文化。

活动中充分尊重孩子身心发展规律，用孩子对汉字的兴趣和敏感性，培养他们对前识字核心经验的兴趣，以及对阅读兴趣和阅读习惯都会起到良好的作用，让孩子们了解中国汉字的起源和特点，感受中国汉字的博大精深。一字一趣味、一词一世界，关于汉字的故事很多，关于汉字的文化流行还很漫长，希望孩子们继续保持着这份探究的好奇心，而教师要做的就是在孩子们成长的关键时刻，点亮一盏灯，为幼儿的探索提供有效且必要的支持，以汉字为媒介，融合汉字艺术与现代设计，不断打破常规，尝试赋予汉字文化更多可能性；鼓励孩子们在自己的“探索之路”上勇往直前。

恰“桥”相遇

一、筛选资源

桥在我们的生活中十分常见，也给我们的生活带来了很多便捷，比如：拉近两地的距离，让不同车辆可以从不同桥面通道通行（高铁、小汽车等），在三江新区也有很多桥，对于桥的外形、功能、作用孩子们都有一些前期的经验，对于桥从哪里来？桥可以用来干什么？古代的桥是用什么做的？孩子们有着持续的兴趣。我们和孩子们共同确定了以桥为班级探究型课程的起点，了解桥的由来、桥的基本作用，以孩子们知道的“桥”为课程支架，在和孩子们的互动过程中渗透关于桥的材质、形状、结构、用途等知识，为后续的建桥活动获取经验支持。在环境的支持上，三江新区有长江一桥、二桥，宜宾城区也有南门桥、戎州桥、岷江桥等关于桥的资源，公园里也有各种各样的桥，孩子们可以通过实地考察获得关于桥的直观知识，除开外部环境的支持，园所也有内部环境的支持，园内有四五座真实的小桥供孩子们探索和实践。在建构材料上，有大的积木块、PVC 管，小的积木墙等，孩子们可以在观察中探索、搭建，通过与材料一次又一次的互动，搭建经验可以从一维到二维到三维的具体故事场景逐步累积。随着话题讨论开始，孩子们也正式开启了一场关于“桥”的探索之旅。

二、感知和认知

通过自主学习、小组讨论、实地考察和探究，了解桥的基本作用，知道桥的功能、结构、材质，能将这些知识点用于后续搭建活动，最终让孩子在“桥”的主题中实现五大领域的发展。课程目标如表 3-7 所示。

表3–7　“恰‘桥’相遇”课程目标

具体领域	核心目标
语言领域	幼儿在情景游戏、集体活动、小组探究活动中通过思考、合作、交流、探索，能够用完整、连贯的语言表达自己解决问题的方法和过程，能将自己所了解的关于桥的知识点进行讲述，敢说、想说、喜欢说，能主动讲述与桥相关的绘本故事
健康领域	知道桥对于我们的作用，能根据提供的材料玩一些具有创意性且与“桥”相关的运动类游戏
社会领域	通过搭建活动、谈话活动对桥知识进行延伸，引导幼儿了解人与人之间存在沟通的桥梁，从沟通环境中促进幼儿社会性的发展
艺术领域	能根据自己所见自主创意地使用不同材料进行桥的设计，如：胶泥、蜡笔、水彩笔等，创造性地进行桥的二维、三维创作
科学领域	通过比较、观察、记录、测量等不同的方式进行与桥相关的数学知识探索，同时，结合幼儿游戏的需要和兴趣，引导幼儿自主收集可以搭建的游戏材料进行自主搭建，在搭建过程中进行承重测试。（搭建过程中发现并解决材料、方法与桥稳固之间的关系，以及桥的美观性）

三、探索和实践

（一）桥是怎么来的

通过关于“桥”的话题讨论，我们衍生出了小主题“为什么要用桥”“桥的演变过程”，了解桥的前世今生（古代、现代以及未来桥的畅想）。老师以问卷调查、查阅视频、书籍查看等方式引入家长资源，通过家长的协助，让孩子们更加直观地了解桥的作用，最后得出结论，桥可以缩短两地的距离，为人们的出行带来便利，在桥的演变过程中了解中国人造桥的智慧，从平桥、拱桥到欣赏桥，了解造桥材质、形状改变的进程，为下一阶段新主题的提出提供经验支持。

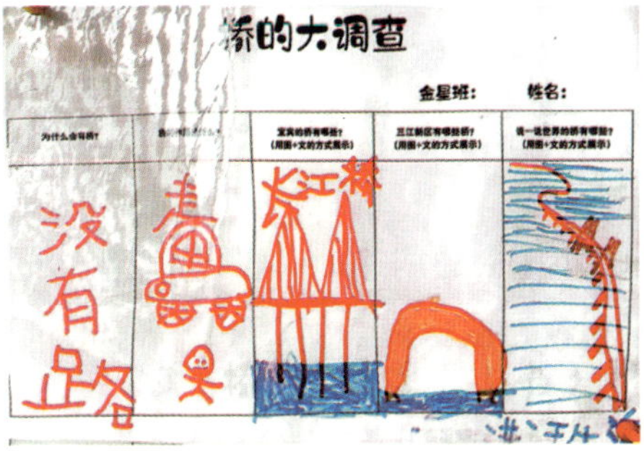

◎ **分析与反思：**

关于桥的作用，孩子们可能有一些浅显的认识，但是知识的广度和深度不足以支撑后续关于桥的探索，通过引入家长资源，让孩子们可以从多维度的空间获得关于桥的相关知识，为后续持续学习搭建支架，作为教师要善于利用家长资源，为孩子们的学习提供支持。

（二）各种各样的桥

桥有哪些类型呢？从第一个衍生主题后孩子们又抛出了一个新的问题，有的孩子说：有硬的、有玻璃的、有木质的；有的孩子说：拱形的、有悬挂的；还有的孩子说：有铁路的桥、高架桥、公路桥等。《幼儿园教育指导纲要（试行）》指出：“教师应成为幼儿学习活动的支持者、合作者、引导者。”通过孩子们原有经验支持其新经验的生成，根据孩子们的兴趣，老师们梳理了关于桥的特性分支主题，衍生出两个小主题“我知道的桥”“各种各样的桥”，在“我知道的桥”小主题中引导幼儿发现家乡、中国、世界桥的不同之处，激发幼儿爱祖国、爱家乡的情感。在“各种各样的桥”小主题中引导幼儿从桥的材质、外观、结构和用途上进行探索，树立完整的关于桥的经验，知道不同外观和材质的桥，在设计结构上和用途上也会有很大的差别。通过小主题的探索和持续推进形成完整的关于桥的知识链。

◎ **分析与反思：**

当孩子们提出了关于桥的形状和外观以及桥的用途时，教师顺应孩子们的学习兴趣点，帮助孩子们梳理知识点，形成知识架构，确定分支小主题的内容，分别衍生桥的材质、外观、结构、用途等知识，把孩子们提出的知识内容梳理成完整的知识点并且持续深入地开展下去。孩子们的经验是碎片化、不成系统的，教师需要具备梳理和整合知识点的能力，整合经验，诱发生成，让幼儿在思考中寻求进步，在探索中习得经验。

（三）我们幼儿园的桥大调查

说到桥，除了我们了解的长江桥、戎州桥、竹文化公园里的桥以外，离我们最近的地方有桥吗？我们幼儿园有桥吗？幼儿园的桥有哪些秘密我们可以去探究？

悦悦："我们幼儿园有桥！"

七七："玩水区有桥！"

其他孩子也回应："对，玩水区有很多座桥。"

天天："感知体验林还有荡桥呢！"

老师："我们幼儿园有几座桥？每座桥有多长？有多高？什么样的方式可以知道桥具体的高度和长度？"

浩浩："我们可以去测量。"

天天："对，可以使用吸管测量。"

瑞瑞："还可以用雪花片。"

于是孩子们带着各自挑选的测量工具和调查表开始分组行动。

坤坤："我要用雪花片，我测量，菡菡记录结果。"

只见楠楠正在计数："一、二、三、四、五……这座桥有八根吸管那么长。"

一旁的小杰也正认真地计数："一、二、三、四、五、六……这座桥有二十五个雪花片那么高。"

在孩子们的调查中，发现在我们幼儿园居然有六种不同高度、不同长度、不同材质的桥。

◎ 分析与反思：

幼儿园教育应该密切联系幼儿的实际生活进行，将身边的事物和现象作为幼儿探索对象。当孩子们对桥产生浓厚兴趣时，教师抓住这一教育契机，利用幼儿园的已有资源，引导幼儿探索幼儿园中桥的各种秘密，充分满足了孩子的好奇心和求知欲。

四、观察和质疑

（一）什么材料适合搭建桥

想要造一座桥，应该做哪些准备呢？

熙熙说："我们应该先探究桥是长什么样子的？搭桥需要哪些材料？"

在商量了要搭桥之后，孩子们迫不及待地搜集搭桥材料，什么材料最适合用来搭建呢？

轩轩："积木适合，以前我们在幼儿园中庭就使用了积木进行城堡搭建的游戏。"

七七："我要用纸杯，做一座很高很高的桥。"

桐桐："我们可以用奶粉罐搭建，奶粉罐很硬的，小朋友站上去不会倒塌。"说着说着桐桐就向活动室里的建构区跑去，只见他取出一个奶粉罐，小心翼翼地站上去，果然奶粉罐可以承受一个小朋友的重量。

熙熙："我们还需要各种车子玩具，因为桥上会有车子行驶"。

天天："纸砖也可以当桥面。"

经过孩子们的讨论，我们总结出了：易拉罐、奶粉罐、纸杯、各种玩具车、积木等材料适合搭建桥。可是我们活动室没有那么多材料怎么办？

天天：“我家有很多易拉罐。”

其他小朋友也跟着回答“我家也有。”

就这样，在小朋友、家长和老师的共同努力下，我们收集到了很多搭建桥的材料，有：纸砖、易拉罐、奶粉罐、纸筒、纸杯、各种玩具车等。

（二）小小设计师

想要搭建一座桥，在我们收集好材料之后应该先做什么呢？

天天：“我们可以用材料开始搭建了呀！”

小禹持反对的意见，他说：“我们还没有画设计图呢！”

菡菡：“对，我们要先画设计图，之前我们搭城堡都是先画设计图的。”

其他小朋友也跟着回应：“我们来分组画设计图吧。”

可是问题来了，谁来主笔画呢？那不画的小朋友做什么呢？有了前期画图纸的经验，孩子们很快就商量出来办法：每组选两位画画比较好的人主笔，如果意见不统一，就举手投票决定，不画的小朋友思考自己的想法，再把自己的想法告诉主笔的孩子。说着说着孩子们开始插上了想象的翅膀，有想搭拱形桥的，还有想搭长江桥、人行天桥的，在你一句我一句的讨论过程中，他们的设计图逐渐完成，并带着满意的笑容开启下一段游戏。

（三）搭桥初体验

带着孩子们满意的设计图，我们准备开始搭建，可是在哪里进行搭建游戏呢？哪里足够宽阔？材料比较多？

小杰：“我们中庭有很多梯子和平衡木可以组合在一起就会是一座大桥啦！”

俊俊：“对，我们利用中庭的材料，就可以搭建大大的桥，老师我们想去试一试！”

嘉伟："对，我们还可以带上收集的材料，我们搭出来的桥可能会更漂亮。"

于是孩子们带着想法和材料来到了中庭，只见大家都在搬运自己觉得适合的材料，有自己搬运竹梯的，有两位小朋友合作搬运人形木梯的，有三四位孩子一起抬着材料框的。一个人形木梯接一个平衡木，平衡木下接一个直梯，直梯旁接一个竹梯，还有增加滚筒的，在小朋友们的合作和努力下，他们的"大桥"搭建完成了，小朋友们建议开始进行测试，检测一下自己搭建的桥是否稳固，是否好玩。

七七："等一下，我发现这里还差一个东西。"

话音刚落，只见他去拿了两根圆形木头柱子，并放在了桥的梯子两边，他说："这下你们下梯子的时候就有扶手了，戎州桥的梯子那里也有扶手的，没有扶手容易摔跤！"

随后小朋友们开始检验自己搭建的桥，大家脸上都洋溢着开心的笑容，似乎对自己搭建的桥感到很满意，玩着玩着，我发现：小朋友们特别容易在同一个地方滑倒，有的孩子甚至差点摔跤，为什么呢？搭建的桥不是很高，在草坪上滑倒不疼，小朋友们似乎没有发现，都是摔了自己起来然后继续开心地游戏，这时我也加入到他们的游戏中，然后故意在那个地方滑倒，并说道："哎呀，我在这里滑倒了，你们在这里滑倒过吗？"这时有好几位小朋友跑过来，笑嘻嘻地说："我刚刚也差点在这里滑倒了，我说为什么呢？为什么我们经常在这里滑倒？"这时，小朋友们都在观察，细心的嘉伟发现，原来是两组材料连接的地方没有卡紧，导致经常移动，于是他们开始调整，调整过后用手使劲晃动，发现比较稳固，大家继续游戏。

（四）我遇到的问题

游戏结束后，我们以绘画的形式进行游戏回顾，孩子们将自己在搭建游戏中遇到的问题画了下来，并进行小组分享。

七七：“我们搭的桥摇摇晃晃的，我都差点摔倒了！”

天天：“对，我也差点摔了。”

俊俊：“我们用了木梯、竹梯、平衡木、滚筒，这个桥很快就通过了。”

菡菡：“是太简单了。”

灏灏：“因为材料少了，搭出来的桥不漂亮。”

最后小朋友们总结出了本次遇到的问题：材料太少了、搭出来的桥不稳固。那需要怎样搭建我们的桥才会稳固呢？为了让桥变得更加漂亮，我们需要使用哪些材料呢？怎样搭桥才会更有趣呢？

◎ 分析与反思：

在收集材料谈话活动中，孩子们能根据自己已有的生活经验，回忆适合搭建的游戏材料，能够思考什么样的材料更适合搭建桥。在绘画设计图活动中，能在已有生活经验的基础上大胆进行桥的设计，并自主解决“谁是主笔人”的问题；在搭建初体验时，孩子们能自主选择游戏合作伙伴、游戏材料、搭建方法，真正成为游戏的主人。

教师要支持和鼓励幼儿在探究过程中积极主动动手动脑寻找答案、解决问题。因此在活动中，教师始终以观察者和支持者的身份参与孩子的游戏，观察每位孩子的游戏行为，肯定孩子的想法，当孩子游戏遇到问题时，教师没有直接告知孩子答案，而是以平行游戏的方式加入孩子的游戏，以提问的方式引导孩子发现问题，并尝试解决问题，提升了孩子解决问题的能力，推动了孩子探索旅程！

（五）优化后的桥

伴随着孩子们的思考，我们搜集到了积木、纸杯、易拉罐、汽车玩具等，孩子们带着材料来到了中庭，思考今天要搭建什么样的桥。

嘉伟："我们比赛搭人行天桥吧！上一次我们搭的桥很容易垮，这一次我们比赛看谁搭的桥稳固！就这样，孩子们自由分组进行搭建活动。"

灏灏："我需要纸杯，我要用纸杯当桥墩。"

七七："那，我们一起吧，我去拿纸杯，你来组合。"

嘉伟："我要用易拉罐当桥墩。"

真懿："那用积木块当桥面吧。"

天天："人行天桥要怎么搭呀？"

真懿："在第一层桥面下加易拉罐，再在易拉罐上面铺桥面就可以啦！"

果果："那我们试一试吧！"

就这样，有的孩子使用纸杯当桥墩，有的孩子使用易拉罐当桥墩，只见真懿和嘉伟使用易拉罐当桥墩时，有些地方是将易拉罐一个接一个的形式排列当桥墩，有些地方是两个易拉罐并列当桥墩，长条积木当桥面，当桥搭好之后，孩子们开始承重测试，灏灏和一丁他们是用纸杯当桥墩，灏灏将小汽车放在上面，汽车能够正常行驶，桥比较稳固。

一丁："我要站上去试一试。"

只见一丁刚一只脚踏上去，他们的桥就开始塌陷，他们组的孩子连连发出尴尬的声音。一旁用易拉罐当桥墩的真懿和嘉伟也开始承重实验，第一次实验，他们从起点往终点行走，开始走到两个易拉罐并列当桥墩的桥面时，桥很稳固，并没有倒塌，当他们走到一个接一个易拉罐排列当桥墩的桥面时，桥直接倒塌，他们第一反应很惊讶。

嘉伟："啊，倒塌了！"

于是他们开始修复，但修复出来和倒塌前是一样的，他们又开始第二次测试，测试结果和第一次一样，紧接着他们两位小朋友又开始修复，这次我以游戏者的身份介入，我说："这里发生什么啦？"

真懿："我们的桥倒塌了。"

我："咦！为什么那边的桥面没有倒塌呢？有什么不一样吗？这时，真懿和嘉伟开始仔细观察。"

嘉伟："我发现这下面的桥墩是两个挨在一起的，倒塌那里的桥墩是一个接着一个。"

真懿："那我们来改造一下吧！"

经过孩子们的改造，人行天桥果然稳固很多，真懿小心翼翼地走上去，桥没有倒塌。

真懿兴奋地说："嘉伟，你看，你也上来试一试。"

于是嘉伟也小心翼翼地站在桥面上，他们缓缓地往前行走，桥依然稳固地矗立在那，真懿和嘉伟的兴奋引起了旁边小朋友的注意，小朋友们纷纷想要站上去试一试，在真懿和嘉伟的同意下，这座桥居然能承受七位小朋友的重量，甚至更多，孩子们为自己的成功感到无比自豪。

（六）我的思考

在上一次进行承重测试后，孩子们有了很多新发现，围绕孩子们的游戏，我们展开了一次谈话活动"你的发现有哪些？"

灏灏："如果桥要载人，就不能用纸杯，因为纸杯软软的。"

瑞瑞："可以用硬硬的材料。"

真懿："对，需要用硬硬的材料，比如易拉罐。"

嘉伟："桥墩的材料需要多一点，就像我们搬东西一样，人多力量就会变大。"

天天："对，那样的话，桥就可以很稳固。"

◎ 分析与反思：

在"人行天桥"搭建活动中，孩子可以自由选择搭建方法，使用不同的材料当桥墩，桥墩的排列方式也是错乱不一。在进行承重实验时，孩子通过观察发现桥墩的材料和排列方式能直接影响桥的稳固性，并通过思考、重新操作解决了桥缺乏稳固性这一问题，最终搭建出能够承受多人重量的桥梁。

游戏中，教师一直引导孩子通过直接感知、亲身体验和实际操作进行桥的探究活动，让孩子不断积累经验，并运用到下一次游戏活动中，不断提高孩子的探究能力。

五、思考与创新

兴趣是学习的动力，拥有对学习的兴趣，孩子们才能够更加积极和主动地进行探究，作为教师我们要关注孩子的兴趣点，抓住教育契机，充分保护好孩子的好奇心和探究欲，让孩子在体验探究过程中，发展初步的探究能力。

游戏是促进幼儿学习与发展的重要途径，游戏能提升幼儿的认知发展水平，有助于幼儿的社会性发展。总的来说，游戏是幼儿积累经验、获得体验、开阔视野的一种重要方式。在教育过程中，我们要以游戏的方式引导幼儿进行探究，孩子是游戏的主人，作为教师，一定要"瞄准"儿童的定位，在探究过程中，教师始终坚持以观察者、支持者、引导者、参与者的身份支持孩子，充分给予孩子权利，让孩子成为游戏的主体；为了更好地支持孩子，教师还应不断学习，努力提升自身科学文化知识，不断更新自身的教育观和儿童观。

对于孩子来说，学习不应该局限于“集中教学”，活动的开展也不局限于室内，著名教育家陶行知指出“生活即教育”，孩子的探究应贯穿于一日活动，一切有助于孩子积累经验、获得发展的活动皆课程。

这次孩子们从寻找桥、走进桥、畅想桥、搭建桥中探索桥的秘密，开启了一场充实的探秘之旅！孩子是天生的探索家，在活动中，孩子们了解到桥的演变过程和基本架构，从实际操作、亲身体验发现搭建问题，通过与同伴讨论、思考、分析、操作、观察、对比、测量、实验中探究和解决问题，从游戏回顾中总结经验，游戏水平逐渐提升。从本次活动中感受到，幼儿在前，教师在后，孩子能在活动中自主探索、勇于创新，我们与“桥”的遇见还在继续，孩子们的探索和发现还在继续。

我和时间有个约定

一、筛选资源

（一）课程的来源

时间管理能力对于人的一生具有深远的发展意义，随着幼儿学习、生活时间的不断交替，幼儿在小时候是否能够掌握更好的时间管理能力对于幼儿而言是较为重要的。管理好时间是幼小衔接的重要内容，这有助于培养孩子正确的时间观念，养成珍惜时间的好习惯，懂得时间管理的孩子更自律、自主。这对以后的学习、生活都有重要影响。

《幼儿园入学准备教育指导要点》中提出：幼儿要有初步的时间观念，做事不拖沓。教师要引导幼儿逐步树立时间观念，可以通过多种方式引导幼儿在日常生活和游戏中感受时间，学会按时作息，养成守时、不拖沓的好习惯。

（二）物理环境

为了推动幼儿时间观念的进一步提升，在园所中我们为幼儿准备了丰富的活动资源。支持幼儿选择自己所需要的游戏材料进行活动。幼儿的实践场地主要是在班级以及户外，教师为幼儿提供丰富的自主游戏的机会以及自由探究的时间，支持幼儿主动学习。

二、感知和认知

课程目标如表 3-8 所示。

表3-8 “我和时间有个约定”课程目标

领域	目标
健康领域	1. 感受时间的意义，知道时间的宝贵 2. 知晓时间的重要性，养成按时作息的良好习惯 3. 体验时间给生活起居带来的变化，学会珍惜时间
语言领域	1. 愿意大胆交流自己的看法，懂得合理安排时间 2. 建立时间概念，了解时间在人们生活中的基本作用 3. 欣赏故事内容画面，能用连贯的语言描述基本内容
社会领域	1. 在观察时间、探究时间之中养成良好的时间观念 2. 知道时间是有限的，事情能够分轻重缓急 3. 体验一分钟、挑战一分钟，能够学会珍惜时间
科学领域	1. 通过观察、动手制作钟表，感受时间，认识时间 2. 认识时钟，对一分钟以及十分钟有概念 3. 对数字感兴趣，能够主动规划自己的时间
艺术领域	1. 了解现实的时钟，尝试完成创作操作 2. 在欣赏的基础上，巩固对时钟结构的了解 3. 体验色彩和图案创作带来的美感，发展动手与想象能力

三、探索和实践

（一）活动起源

对于大班幼儿而言，时间观念的养成是影响其一生的。拥有良好的时间观念且具备一定的时间管理能力，是幼小衔接阶段幼儿必须具备的一项能力与素质，这有助于孩子入学后合理高效地安排其生活和学习活动，减少做事拖沓，不能按时完成老师布置的小任务等现象发生。在我们的日常生活中，孩子们的时间意识不足，经常发生迟到、时间规划不合理等现象。在幼儿的日常生活中，孩子们发现琪琪总是迟到，大家也对琪琪的迟到产生了疑问，为了能够使得幼儿进一步理解时间，知晓时间易逝，且学会自主规划时间，养成良好的时间观念，我们开展了关于时间的活动。

（二）建立时间概念

1. 时间是什么

孩子们聚在一起讨论迟到的原因。

琪琪说：“因为我昨晚睡太迟了，我妈妈没有叫我起床所以我迟到了。”

凯凯说：“你没有小闹钟吗？我都有小闹钟，我家里的小闹钟时间到了我就会起床的！”

乐乐问道：“什么是时间呢？”

月月说：“时间就是生命，时间就是金钱，妈妈说不能浪费时间！”

娜娜说：“时间就是钟表上面的刻度。”

孩子们兴致勃勃地分享着自己的想法，但时间到底是什么呢？孩子们带着调查表回到了家中，同爸爸妈妈一起开展调查。在调查中孩子们记录了自己上学、放学、起床、睡觉的时间。

楠楠说：“时间就是我们每天做事情时候会发生的。”

凯凯说：“时间过了就真的消失了，明天就又是新的时间。”

2. 认识时钟

知道了时间是什么，但孩子们并不会自主看时间。

凯凯说：“我都不知道现在几点了。”楠楠说：“十点十分。”

月月说：“十点一百分。”

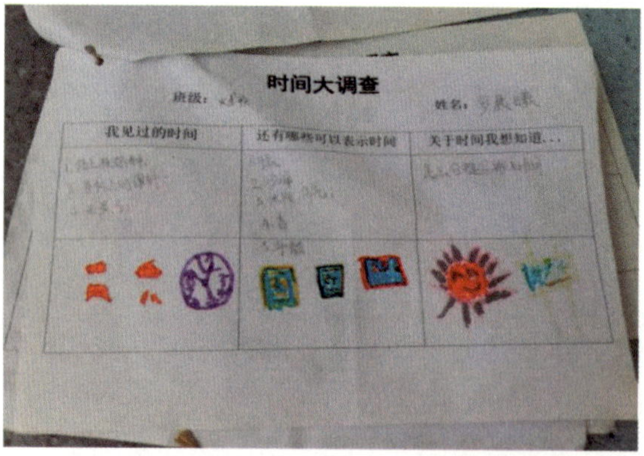

孩子们随意地说着，为了能够让孩子们学习掌握看时间的能力，我们为孩子们直观地呈现了钟表的造型。

我说道：“孩子们你们看，这个是什么呢？”

孩子们异口同声地说道：“时钟。”

我问道：“那你们会看时钟吗？”

大家纷纷摇头，为了能够让孩子们学会观看时钟，我们通过观看视频、图片等多种方式，帮助幼儿认识时钟。

3. 古今计时不一样

在了解了时钟的计时方式后，孩子们总会不自觉地看向时钟，而后说出点数。

这天月月问道：“我们现在是用时钟看时间，那以前的人都是用什么看时间呢？”

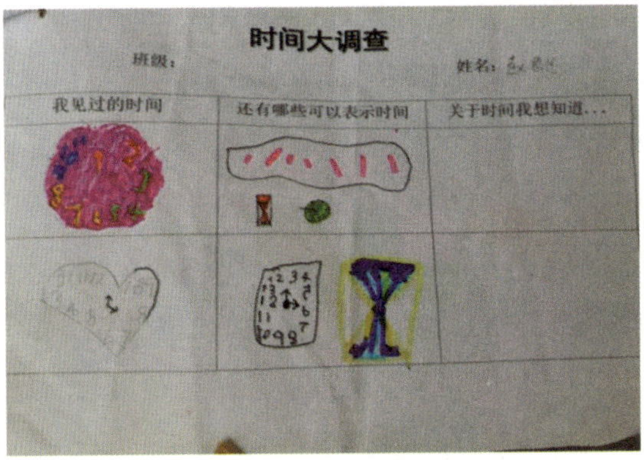

为了能够丰富幼儿的认知，我们借助多媒体为孩子们播放了日晷等相关图片，让孩子们能够直观地感受古今计时的不同之处。

娜娜说：“我也想要做一个日晷，去看看时间。”

于是孩子们带着问题自主与同伴制作日晷，并将其放在了太阳下，观察日晷的变化。

4. “金老爷买钟”

孩子们发现了古今计时方式的不同，并在活动中了解建立了关于时间的基本概念。为了能够激发幼儿进一步地学习与探索，我们与幼儿一起学习了《金老爷买钟》的故事。

楠楠在故事讲述的过程中问道："为什么金老爷家里这么多的钟，时间都不一样呢？"

在看完故事后，孩子们也发现了原来时间是会流逝的，我们在生活中是难以停留于某一个时间的。

◎ 分析与反思：

时间的长度是固定的，幼儿在活动中能够通过谈话的方式认识时间，但幼儿对时间的认识更多是来自生活经验。教师能够以家园共育的方式让家长有针对性地对幼儿的时间观念给予一定的重视。幼儿通过碎片化的经验获取，进一步提升自己对时间的认知。而教师能够以直观的视频、图片等方式，让孩子们认识时钟，了解古今计时的不同，丰富幼儿对时间概念的认知。而对于时间的概念不仅仅界定于时间的长度，为了能够让幼儿进一步了解时间并不是趋于停止的，而是易于流逝的，以此为后续激发幼儿学会珍惜时间提供一定的支持。

四、观察和质疑

（一）感受时间长度

时间的长度究竟是怎么样的呢？我们在限定的时间内能够完成什么事情呢？孩子们在建立时间的基本概念后，也产生了许多问题。为了能够帮助幼儿进一步探索和感知时间，我们便与幼儿一同开展实践探究，通过幼儿的亲身体验，支持幼儿能够在活动中收获成长与发现。

1. 我们的一分钟

为了能够帮助幼儿进一步了解一分钟的基本概念，我们通过视频的方式与幼儿一同学习了《一分钟》，孩子们知晓了元元是由于多睡了一分钟而迟到的故事。通过钟表中秒针走动 60 秒是一分钟，来理解一分钟的长短。一分钟到底有多长，为此，我们请孩子们观察自己的一分钟、家长的一分钟以及老师的一分钟，增强自身对一分钟的了解。

（1）我们的一分钟。孩子们画出了许多不同的造型。

楠楠说："我用了一分钟就画完了。"

我问道："你们知道一分钟有多长吗？"

凯凯说："一分钟就是我搭积木的时间。"

楠楠说："一分钟我画完了画。"

琪琪说："一分钟我可以跳绳很多个。"

每个孩子都说出了自己对一分钟的理解，于是我们同孩子们一起耐心倾听，共同感受一分钟的长度。

月月看着多媒体说："一分钟到了，圆走一圈又回到这里就是一分钟。"

（2）家长的一分钟。孩子们回到了家中，向自己的爸爸妈妈借了手机作为计时器，在爸爸妈妈进行活动时观察爸爸妈妈一分钟的时间能够完成一些什么事情。

月月说："妈妈一分钟炒菜时翻炒 20 下，切土豆 32 下，看了 30 页书，吃了三口饭。"

凯凯说："奶奶一分钟的时间会边做饭，边做菜。"

楠楠说："我爸爸一分钟都躺在沙发上玩手机，一动也不动！"

琪琪说："妈妈一分钟可以把沙发周围的地板给拖干净。"

孩子们发现了自己的爸爸妈妈在家中的一分钟其实也能够完成一些事情。

（3）教师的一分钟。孩子们对老师的一分钟也充满兴趣。于是孩子们分工合作，有的人看着墙上的时钟，有的人记录观察老师的行为。

楠楠说："老师一分钟从班级走到了厕所又从厕所走到了班级。"

琪琪说："老师一分钟都没有喝水。"

乐乐说："老师一分钟的时间说了七次'来'。"

孩子们的观察角度不同，发现了一分钟其实能够完成许多不同的事情。

2. 挑战一分钟

孩子们在观察了不同人的一分钟后，提出了问题。

楠楠问道："那一分钟能够做多少事情呢？"

孩子们开始了一分钟游戏的挑战，看着钟表一秒一秒地走过，嘟嘟在一分钟的时间里将三张凳子收了起来；多多在一分钟的时间能够跳绳 70 下；瞳瞳在一分钟的时间里用雪花片搭了一根长长的棍子。

登登说："一分钟能够做很多事情，但是不能够全部完成。"

为了能够更好地挑战一分钟，我们开展了一分钟跳绳、一分钟搭积木、一分钟绘画的游戏挑战，感受着与时间争分夺秒的乐趣。

3. 感知十分钟

了解了一分钟后，有小朋友提出为什么小学有课间十分钟，那十分钟究竟有多长呢？

月月说：“十分钟就是十个一分钟呀！”

琪琪说：“十分钟肯定能够做更多事情。”

为了能够让孩子们更好地感知十分钟，我们为幼儿打开了计时器，支持幼儿按照自己的想法去感受十分钟的长度。

◎ **分析与反思：**

一分钟到底是长还是短，决定权在我们自己手中。“一寸光阴一寸金，寸金难买寸光阴”，时间是宝贵的，过去了就再也不会回来。通过本次活动中的操作环节，幼儿亲身体验，直接感知，知道了一分钟的重要性，虽然一分钟很短，但如果我们抓紧时间，依然可以做很多的事情。时间是由一分一秒累积而来的，不能小看每一分、每一秒，只要我们抓紧每一分钟的时间，做事认真不拖拉，我们就完成得更多更好。幼儿通过实践活动中的观察与记录发现，同样的一分钟，相同的人做不同的事情，或者不同的人做相同的事情，结果都是不同的。十个一分钟就是十分钟是幼儿对十分钟最直白的表述，知道了十分钟到底是多长时间，更有利于幼儿了解小学生的课间十分钟。

五、思考与创新

（一）课间十分钟

孩子们知晓课间十分钟的基本概念，但对于为什么要存在课间十分钟还不是很了解。基于幼儿的疑问，幼儿便开展了本次关于课间十分钟的调查。孩子们放学后去问一问附近的邻居哥哥姐姐，问一问爸爸妈妈，孩子们通过调查，认为课间的重要目的是让他们在每两节课之间有一个过渡，可以用来上厕所、喝水、休息、与同伴交流和问老师问题等。

琪琪问道：“那如果没有课间十分钟会怎么样呢？”

楠楠说：“可能会尿裤子、口渴、头昏，找不到下节课的书。”

月月说：“而且我们一直上课一直上课，会很难受的。”

凯凯说：“都没有休息的时间，会很累的。”

听着孩子们说的话，我追问道：“那课间十分钟到底要做什么呢？你们觉得要怎么安排更好呢？”

豪豪说：“我知道，我有问我的姐姐，我姐姐说最好是先去上厕所和喝水，因为这样等下上课才不会着急。”

乐乐说：“下课的时间最好不要到处乱跑，就散散步，呼吸新鲜空气就好了。”

楠楠说：“还有我们要提前两分钟回到教室里，把下一节课要用到的书本给拿出来。”

大家根据自身的想法以及相关经验进行绘画，设计出了自己认为可行的课间十分钟安排表。

（二）时间规划游戏

由于孩子们还没去小学，大家又想要实现规划自己时间的想法。于是孩子们将目光转移到时间规划游戏之中。而幼儿一开始便将时间规划的方向转移到了家中。

乐乐说：“那这次我们是不是可以设计一个时间规划的记录表呢？”

乐乐说：“这是一个好主意，我们以后把要完成的任务都记录在记录表里面，然后就可以回家完成了！”

凯凯说：“我们今天的任务就回家给小花浇水吧！”

楠楠说：“这个好，可是我不会写浇水呀！”

琪琪说：“这不简单，你画出一个小花，还画出浇水壶不就好了？”

月月说："还可以再加一个任务，给爸爸妈妈捶捶背！"

乐乐说："那就再加一个回家阅读三十分钟！"

楠楠说："还有回家扫地、洗碗！"

孩子们将许多不同的任务带回家开展，这时孩子们发现任务太多了，并没有办法较好地完成，于是我们再次展开了讨论。

凯凯说："我昨天都来不及洗碗了，因为洗碗的时候我在给爸爸妈妈捶背。"

乐乐说："我昨天都来不及阅读了，等我到了睡觉的时间，我都不能够再阅读半小时了。"

我问道："你们现在有这么多的任务，要怎么完成呢？"

琪琪说："一起完成不太可能！"

楠楠说："一件一件地完成！"

凯凯说："我知道了！我们是不是可以到家就先自己阅读，等到爸爸妈妈回来了再给他们捶背！"

乐乐紧接着说道："吃完饭了就可以洗碗，洗好了等爸爸妈妈先洗澡的时候就可以扫地了！"

我说道："是啊，你们可以先完成现下比较适合完成的项目，分清楚轻重缓急，更容易完成任务。"

（三）我设计的钟

大家一同规划时间后，孩子提出想要设计一个自己的钟表。在与孩子们共同讨论后，我们为孩子们准备了适宜的游戏材料，支持孩子们进行钟表设计，有的孩子则是想到了手表的设计。

琪琪说："我最喜欢的就是小猫了，我要设计一个小猫的钟表。"

楠楠说："我要设计一个宇宙飞船的！"

孩子们都有着自己不同的想法。

月月指着自己设计的手表说道："我手表上的时间是六点呢！"

凯凯说："我的表是没有时间的，等下想写了再写。"

娜娜说："我设计的时间是六点十分！"

大家与同伴分享着自己的设计作品，并乐在其中。

（四）明日歌

看着自己设计的钟表，孩子们说出了自己在哪个时间点想要做一些什么样的事情，为了能够进一步帮助幼儿学会珍惜时间，我们借助故事《明日歌》让孩子们直观地感受。

琪琪说："我们不能够天天想着明天。"

娜娜说："今天的事情就要今天做完，不要留到明天。"

我问道："那你们今天都应该要完成什么事情呢？"

楠楠说："我们可以把自己的时间安排表设计出来，这样大家都能够知道时间的安排了。"

琪琪说："自己有完成的事情就能够打钩，做到今天的事情今天完成。"

孩子们萌发了较强的规划时间的念头，于是幼儿自主设计规划时间，将自己今天应当完成的事情画在记录本上。

琪琪说："我的任务记录本我要带回家，完成了我就打钩。"

大家满怀信心地带着自己的任务本进行一日活动，完成了对时间的规划和管理。

兴趣是孩子最好的老师，幼儿的活动主要是以兴趣为主。通过开展"由无意到有意，由个人到集体"的活动，幼儿能够主动开展调查，了解课间十分钟的主要任务。通过经验的收集以及合理规划，可以为幼儿的幼小衔接做准备。

幼儿能够自主规划时间。在游戏过程中我们不难发现，幼儿在游戏开始时并没有较强的时间规划概念，甚至一个简单的规划都没有完成，然而在后续的探究中幼儿能够主动解决问题、完成任务。在本环节中孩子们的时间规划意识明显提升，但是孩子们还是产生遗漏事情的现象，于是幼儿再次探究，以兴趣为导向，发现了任务之间的主次关系，能够以轻重缓急以及切合时间点的方式完成时间规划下的任务。

幼儿在萌发了规划时间的念头后，产生了设计钟表的想法。其创造过程中能够主动设计并融合自身的创造性思考。而幼儿对时间的规划能力还是较弱，于是教师以此为契机，支持幼儿学习《明日歌》，以此帮助幼儿理解“今日事、今日毕”的重要性。幼儿萌发了自主规划时间的想法，并能够主动规划并贯彻落实，幼儿的时间规划能力获得提升与发展。

时间与我们的生活密切相关，幼儿对时间产生了好奇，通过这样一系列的活动开展，幼儿感知一日生活中时间的流动，知道时间的长短，知道遵守时间的重要性，知道完成内容时要分主次。相信未来他们面对各式各样的问题时都能做到有条不紊、不慌张。而我们大人也应以身作则，提前合理规划，拒绝唠叨，对孩子保持积极关注，及时鼓励，逐步放手，让他们真正拥有自主管理的意识和能力。

幼儿不仅仅学会了自主分配时间，也能够在亲身体验、实际操作的过程中不断尝试，虽有失败经历，但亦是一次宝贵的收获。对于幼儿来说，生活中发生的一切都是真实的。偶然发现时间的存在，并对时间进行持续探究，是抓住幼儿的兴趣，从幼儿已有的生活经验出发开展的探究活动，不仅仅有利于促进幼儿的学习与发展，更是为了幼儿今后的幼小衔接做充足的准备。

综上，时间管理是幼小衔接的一项重要内容，也是一项需要长期坚持去做的工作，帮助孩子养成良好的时间观念，不仅能够提升孩子的自主意识、强化任务意识和规则意识，还能够激发孩子更加独立自主，为进入小学做充足的准备。